Der Mensch im Unternehmen:
Impulse für Fach- und Führungskräfte

Christoph Negri, Leiter IAP Institut für Angewandte Psychologie ZHAW Zürcher Hochschule für Angewandte Wissenschaften, Zürich, Schweiz   *Reihenherausgeber*

Diese Buchreihe widmet sich aktuellen Themen und Trends in den Bereichen Personalwesen und Führung aus Perspektive der angewandten Psychologie. Praxisnah aufbereitet und kompakt im Umfang finden Führungskräfte, Unternehmensleiter/-innen, Personal- und Organisationsentwickler/-innen sowie Coaches und Berater/-innen Fallstudien und Best-Practice-Fälle aus führenden Unternehmen, Interviews mit Experten und Meinungsbildnern sowie konkrete Handlungsanleitungen für die Führungspraxis. Die Buchreihe begleitet die sich an Praktiker richtende, jährlich stattfindende Veranstaltungsreihe „IAP-Impuls" des renommierten IAP Instituts für Angewandte Psychologie.

Weitere Bände in der Reihe: http://www.springer.com/series/15747

Christoph Negri
Daniela Eberhardt
Hrsg.

Angewandte Psychologie in der Arbeitswelt

Hrsg.
Christoph Negri
Leiter IAP Institut für Angewandte Psychologie
ZHAW Zürcher Hochschule für Angewandte
Wissenschaften
Zürich, Schweiz

Daniela Eberhardt
Direktorin Human Resources Management
Stadt Zürich
Zürich, Schweiz

Die Online-Version des Buches enthält digitales Zusatzmaterial, das durch ein Play-Symbol gekennzeichnet ist. Die Dateien können von Lesern des gedruckten Buches mittels der kostenlosen Springer Nature „More Media" App angesehen werden. Die App ist in den relevanten App-Stores erhältlich und ermöglicht es, das entsprechend gekennzeichnete Zusatzmaterial mit einem mobilen Endgerät zu öffnen.

Der Mensch im Unternehmen: Impulse für Fach- und Führungskräfte
ISBN 978-3-662-60464-9   ISBN 978-3-662-60465-6 (eBook)
https://doi.org/10.1007/978-3-662-60465-6

Die Deutsche Nationalbibliothek verzeichnet diese Publikation in der Deutschen Nationalbibliografie; detaillierte bibliografische Daten sind im Internet über ▶ http://dnb.d-nb.de abrufbar.

Springer
© Springer-Verlag GmbH Deutschland, ein Teil von Springer Nature 2022, korrigierte Publikation 2022
Das Werk einschließlich aller seiner Teile ist urheberrechtlich geschützt. Jede Verwertung, die nicht ausdrücklich vom Urheberrechtsgesetz zugelassen ist, bedarf der vorherigen Zustimmung des Verlags. Das gilt insbesondere für Vervielfältigungen, Bearbeitungen, Übersetzungen, Mikroverfilmungen und die Einspeicherung und Verarbeitung in elektronischen Systemen.
Die Wiedergabe von allgemein beschreibenden Bezeichnungen, Marken, Unternehmensnamen etc. in diesem Werk bedeutet nicht, dass diese frei durch jedermann benutzt werden dürfen. Die Berechtigung zur Benutzung unterliegt, auch ohne gesonderten Hinweis hierzu, den Regeln des Markenrechts. Die Rechte des jeweiligen Zeicheninhabers sind zu beachten.
Der Verlag, die Autoren und die Herausgeber gehen davon aus, dass die Angaben und Informationen in diesem Werk zum Zeitpunkt der Veröffentlichung vollständig und korrekt sind. Weder der Verlag, noch die Autoren oder die Herausgeber übernehmen, ausdrücklich oder implizit, Gewähr für den Inhalt des Werkes, etwaige Fehler oder Äußerungen. Der Verlag bleibt im Hinblick auf geografische Zuordnungen und Gebietsbezeichnungen in veröffentlichten Karten und Institutionsadressen neutral.

Springer ist ein Imprint der eingetragenen Gesellschaft Springer-Verlag GmbH, DE und ist ein Teil von Springer Nature.
Die Anschrift der Gesellschaft ist: Heidelberger Platz 3, 14197 Berlin, Germany

SPRINGER NATURE springernature.com

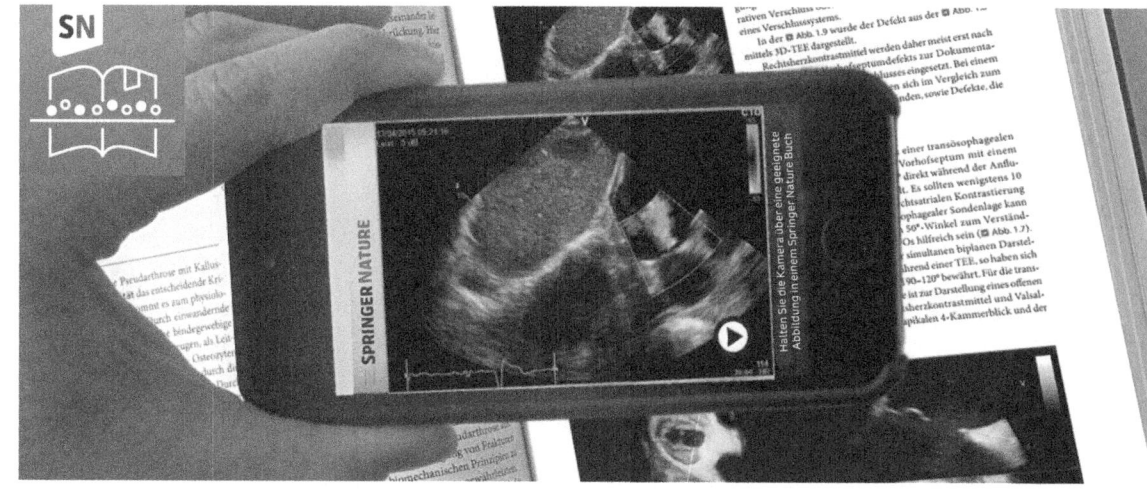

Springer Nature More Media App

Videos und mehr mit einem „Klick" kostenlos aufs Smartphone und Tablet

Kostenlos downloaden

- Dieses Buch enthält zusätzliches Onlinematerial, auf welches Sie mit der Springer Nature More Media App zugreifen können.*
- Achten Sie dafür im Buch auf Abbildungen, die mit dem Play Button ⊙ markiert sind.
- Springer Nature More Media App aus einem der App Stores (Apple oder Google) laden und öffnen.
- Mit dem Smartphone die Abbildungen mit dem Play Button ⊙ scannen und los gehts.

*Bei den über die App angebotenen Zusatzmaterialien handelt es sich um digitales Anschauungsmaterial und sonstige Informationen, die die Inhalte dieses Buches ergänzen. Zum Zeitpunkt der Veröffentlichung des Buches waren sämtliche Zusatzmaterialien über die App abrufbar. Da die Zusatzmaterialien jedoch nicht ausschließlich über verlagseigene Server bereitgestellt werden, sondern zum Teil auch Verweise auf von Dritten bereitgestellte Inhalte aufgenommen wurden, kann nicht ausgeschlossen werden, dass einzelne Zusatzmaterialien zu einem späteren Zeitpunkt nicht mehr oder nicht mehr in der ursprünglichen Form abrufbar sind.

Vorwort

Wie lässt sich „best practice" gestalten und führen? Mit dieser Fragestellung beschäftigt sich das IAP seit nahezu einhundert Jahren. Und seit zehn Jahren gibt es die Veranstaltung IAP Impuls des IAP Instituts für Angewandte Psychologie, die immer ein relevantes und aktuelles Thema aufnimmt und aus der Sicht der Angewandten Psychologie und angrenzender Disziplinen ganzheitlich beleuchtet, fachlich fundiert und praxisnah darstellt und reflektiert.

Kennen Sie das auch aus der eigenen praktischen Tätigkeit? Es stehen Entwicklungen oder Veränderungen an, weil die Kunden- und/oder Mitarbeiterbedürfnisse sich verändern, weil die technologische Entwicklung andere Arbeitsformen oder Produktionsweisen ermöglicht, weil der Generationswechsel neue Perspektiven, Kompetenzen und Erwartungen hervorbringt, weil der Fachkräftemangel zum Umdenken zwingt oder weil der Standort Schweiz spezielle Anforderungen an die Produktivität, die Qualität und die Positionierung ihrer Organisation stellt. Oder Sie bemerken an ihrer eigenen Vorgehensweise, wie Anforderungen, Erwartungen aber auch die benötigten Kompetenzen sich verändern und die eigenen Vorgehensweisen, Positionierung im Unternehmen und Rollenwahrnehmung reflektiert und immer wieder neu definiert werden muss. Die Angewandten Psychologie bietet eine Vielzahl erprobter wissenschaftlich fundierter Analyse- und Gestaltungsansätze für Fragen zur Führung und Zusammenarbeit in tradierten und neuen Arbeitswelten, in verschiedenen Branchen, für verschiedene Rollen und auf der Ebene der Organisationsentwicklung, des Change Management, der Gestaltung der Arbeitswelten und im Kerngebiet der Psychologie auf der Ebene des individuellen Erlebens und Verhaltens und der Zusammenarbeit in Teams und Arbeitsgruppen.

In den letzten zehn Jahren hatten wir das grosse Glück hervorragende Keynote Referenten, Podiumsgäste und schriftliche Beiträge in den flankierende Fallstudienbänden als IAP Impulse zu präsentieren und damit interessante Diskussionen und Reflexionen auszulösen. Den vielen Akteuren, die das ermöglicht haben, möchten wir danken und mit ihnen den vielen Kundinnen und Kunden die mit ihrem hohen Interesse an der IAP Impulsveranstaltung eine intensive und konstruktive Auseinandersetzung mit der Vielfalt der Angewandten Psychologie ermöglicht haben. Mit dem vorliegenden Best-Off Band anlässlich der zehnten Durchführung des IAP Impuls Anlasses möchten wir diese Vielfalt an fundierten Vorgehensweisen in aktualisierter Form und in der ganzen Breite der Angewandten Psychologie zusammenfassen und als ganzheitliches Nachschlagewerk für diverse Transferfragen unseren Leserinnen und Lesern zur Verfügung stellen.

Den mitwirkenden Autorinnen und Autoren danken wir herzlich für die fachlich fundierte und engagierte Mitarbeit. Den Kundinnen und Kunden und Partner des IAP widmen wir dieses Band in Dankbarkeit für ihre konstruktiven Beiträge und Diskussionen in den Weiterbildungen und Beratungssituationen. Mit ihren Fragen, Reflexionen, ihrem Interesse und ihrer konstruktiven Auseinandersetzung zu allen möglichen Themen haben Sie diese Veranstaltungs- und Buchreihe initiiert und über all die Jahre unterstützt.

Die Erstellung eines solchen Buches ist nur möglich, wenn die inhaltliche Substanz und Liebe zur fundierten und gestaltungsorientierten Arbeit in der täglichen Arbeit gelegt und gelebt wird. Wir bedanken uns bei den Kolleginnen und Kollegen am IAP, die in der täglichen Arbeit die Angewandte Psychologie leben und jedes Jahr immer wieder den IAP Impuls Anlass vorbereiten, durchführen und zum Erfolg bringen.

Besonders großer Dank gebührt Marion Krämer und Anja-Raphaela Herzer als Verantwortliche und Projektleitende des Springer Verlags für ihre vielen konstruktiven Gedanken und Ideen und für die großartige Unterstützung und Geduld mit uns Autor/innen. Die langjährige Zusammenarbeit mit dem Springer-Verlag und Frau Krämer basiert auf viel gegenseitigem Vertrauen und wir freuen uns jetzt schon auf das nächste Fachbuch, das wir 2020/21 gemeinsam produzieren können.

Wir wünschen allen Leserinnen und Leser eine spannende Lektüre und viele interessante Denk- und Handlungsanstösse für den Transfer in den eigenen beruflichen Alltag.

Christoph Negri
Zürich, Schweiz

Daniela Eberhardt
Zürich, Schweiz
Oktober 2019

Inhaltsverzeichnis

1 Best off der Angewandten Psychologie für die Praxis 1
   Christoph Negri und Daniela Eberhardt

2 Changemanagement: Von der Strategie zur Umsetzung 7
   Thomas Klink

3 Die Pforten der Wahrnehmung erweitern 23
   Volker Kiel

4 Teamcoaching als Beitrag zu Teamentwicklung 43
   Gisela Ullmann

5 „We go for Gold" – Der Traum von WM-Gold 55
   Christoph Negri

6 „Etwas schaffen, worauf man stolz sein kann." Kulturentwicklung am
   Beispiel der Emmi AG 69
   Christoph Hoffmann

7 Das IAP führen heißt Vielfalt führen 87
   Daniela Eberhardt, Stephanie Claus, Ellen Gundrum und Christoph Negri

8 Wann passt eine Führungskraft? 109
   Roberto Siano

9 IAP Impuls 2017 – Psychologie des Unternehmertums 121
   Ladina Schmidt Boner

10 Führen in der Arbeitswelt 4.0 137
    Hans C. Werner und Ellen Gundrum

11 SRF auf dem Weg zu einem digitalen Medienhaus 147
    Gabriela Brönimann

| 12 | **Psychologie und künstliche Intelligenz (KI) – Parallelen, Chancen, Herausforderungen und ein Blick in die nahe Zukunft** .... 161 |

Marc Schreiber und Peter A. Gloor

Erratum zu: Psychologie und künstliche Intelligenz (KI) – Parallelen, Chancen, Herausforderungen und ein Blick in die nahe Zukunft E1

Serviceteil
Stichwortverzeichnis 183

Über die Autoren

Gabriela Brönimann
Studium der Kommunikations- und Medienwissenschaften an der Universität Fribourg.

Nach Abschluss des Studiums Journalistin/Redaktorin bei einer Lokalzeitung

Seit 1992 bei SRF in unterschiedlichen Funktionen: Journalistin, Redakteurin, Produzentin und Redaktionsleiterin bei Radio DRS. Berufsbegleitende Führungsausbildung am IAP Institut für Angewandte Psychologie und Management Summer School, Management Zentrum St. Gallen.

Wechsel in den Ausbildungsbereich als Leiterin Ausbildung Radio DRS. Weiterbildungen im Bereich Erwachsenenbildung u. a. SVEB 1. Master of Advanced Studies ZFH in Ausbildungsmanagement, ZHAW Zürcher Hochschule für Angewandte Wissenschaften/IAP.

Leiterin Führungsausbildung SRF Schweizer Radio und Fernsehen. Leiterin Ausbildung SRF, Stab Direktion. Weiterbildung „Organizational Learning in Action", IMD Lausanne.

Stephanie Claus, BA
Kauffrau und Businessadministratorin, ist Stabstellenleiterin Administration am IAP Institut für Angewandte Psychologie und Geschäftsleitungsmitglied des Departements Angewandte Psychologie in Zürich.

Langjährige administrative Tätigkeiten und Assistenzfunktionen in verschiedenen Branchen. Erfahrung in der Einführung/Aufbau von administrativen Systemen/Softwaren, Prozessen und Hilfsmittel, Organisationsentwicklung im administrativen Bereich sowie die Begleitung des administrativen Personals, Projektleitung.

Prof Dr. Daniela Eberhardt
Psychologin und Verwaltungswirtin. Interdisziplinäre Promotion in Psychologie und Management. Umfassende internationale Erfahrung in der Führungsentwicklung, der Einführung von Führungssystemen, dem Human Resources Management und Change Management. Von 2008–2015 Leiterin des IAP Institut für Angewandte Psychologie in Zürich, seit 2015 Direktorin Human Resources Management Stadt Zürich.

Prof Dr. Peter A. Gloor
Peter Gloor forscht am Center for Collective Intelligence des MIT (Boston) über Happiness, Schwarmintelligenz und kollaborative Innovationsnetzwerke und ist Honorarprofessor an der Universität Köln sowie an der Jilin University, Changchun, China. Daneben hat er an der chinesischen Akademie der Wissenschaften in Beijing, der Universidad Cattolica Santiago, Chile, der Aalto Universität Helsinki, der FHNW Brugg, der Universität Tor Vergata Rom, und der Universität Bamberg unterrichtet. Er ist Gründer und Chief Creative Officer des Software-Unternehmens Galaxyadvisors, das seine Forschungsresultate in sozialer Netzwerkanalyse und Happiness kommerzialisiert. Vor 2002 war er in leitenden Positionen bei Deloitte Consulting, PricewaterhouseCoopers und der UBS tätig. Er promovierte in Informatik an der Universität Zürich und war Postdoc am MIT Laboratory for Computer Science.

Seine beiden neuesten Buecher „Swarm Leadership" und „Sociometrics" erschienen 2017 bei Emerald.
cci.mit.edu/pgloor

Ellen Gundrum
Ellen Gundrum studierte Betriebswirtschaftslehre; nach einem Trainee-Programm im Marketing-Vertrieb in einem internationalen Industrieunternehmen arbeitete sie über 15 Jahre als Beraterin, Beratungsgruppenleiterin und Strategische Planerin in Kommunikationsagenturen in Deutschland und der Schweiz; sie ist Trainerin für Präsentation, Auftritt und Moderation sowie Mediatorin SKWM; 2006/2007 begleitete sie als Leiterin Marketing und Kommunikation die Überführung der Marke IAP Institut für Angewandte Psychologie in die ZHAW Zürcher Hochschule für Angewandte Wissenschaften; seit 2009 ist sie Leiterin der Stabsstelle Strategische Marktbearbeitung; seit 2015 leitet sie ein strategisches Projekt, das sich mit dem digitalen Wandel in der Arbeitswelt, Weiterbildung und Beratung befasst und diesen Wandel am IAP fördert; seit 2008 ist sie als freie Kommunikationsberaterin tätig

Christoph Hoffmann
Dipl. Psych. FH, dipl. Ing. HTL, Studium der Psychologie mit Schwerpunkt Arbeits- und Organisationspsychologie in Zürich. Weiterbildung in Andragogik und interkultureller Kommunikation. Internationale Berufserfahrung in der Erwachsenenbildung (Japan) Führungserfahrung in div. Erwachsenenbildungsinstitutionen. Am IAP als Berater und Dozent im Zentrum für Leadership, Coaching und Change Management tätig. Studiengangleiter des CAS Leadership Basic und von diversen Weiterbildungskursen. Schwerpunkte: Führungskräfteentwicklung, Coaching von Führungskräften, Neuroleadership, Begleitung von Veränderungsprozessen, Teambildung und Organisationsentwicklung.

Über die Autoren

Volker Kiel, Dipl.-Päd.
Studium der Diplompädagogik, Aus- und Weiterbildungen in Beratungsmethoden der Humanistischen Psychologie (BVPPT), Lösungsorientiertem Coaching (DBVC) und in systemischer Beratung (SG). Langjährige Erfahrung als Personal- und Organisationsentwickler bei der Bayer AG in Leverkusen, anschließend tätig als Senior Berater beim Malik Management Zentrum Sankt Gallen. Arbeitsschwerpunkte sind die Konzeption und Durchführung von Programmen zur Führungsentwicklung, Architektur und Begleitung von Veränderungsprozessen, Teamcoaching und Coaching von Führungskräften. Am IAP als Dozent und Berater tätig.

Thomas Klink, Dr. phil., Dipl. Ing. (FH)
Thomas Klink ist am IAP als Dozent und Berater tätig. Er studierte Product Engineering an der FH Furtwangen, Deutschland und arbeite bei der Robert Bosch GmbH in Japan, USA und Karlsruhe, Deutschland in den Bereichen Fertigungsoptimierung und Produktmarketing. Anschließend studierte er Psychologie in Fribourg, Schweiz und arbeitete als Head of Competences Management und HR-Businesspartner bei der Swisscom AG. Thomas Klink promovierte im Bereich der Stressforschung in einem Kooperationsprojekt zwischen der Uni Fribourg und der Swisscom AG. Am IAP ist er als Dozent und Kursleiter im MAS-Leadership und Management und als Co-Studienleiter im MAS-Human Resources Management tätig. Weitere Arbeitsschwerpunkte sind die Konzeption und Begleitung von Veränderungsvorhaben und Führungsentwicklungsprogrammen, Einzelcoachings und Beratungen von Teams und Organisationen.

Christoph Negri
Prof. Dr. phil. I, Arbeits- & Organisationspsychologe und Fachpsychologe für Sportpsychologie SBAP.
Langjährige Erfahrung als Leiter in der Aus- und Weiterbildung in Schweizer Detailhandelsunternehmen. Leitet das IAP Institut für Angewandte Psychologie. Er arbeitet als Dozent, hält Beratungsmandate für verschiedene Profit- und Non-Profit-Organisationen inne und berät diverse Schweizer Spitzensportlerinnen und Spitzensportler. Seit 2015 führt er am IAP verstärkt neue Entwicklungen im Bereich Lernen und Lehren ein und treibt den digitalen Wandel im Institut und in der Weiterbildung und Dienstleistung voran.
Im Springer-Verlag ist von ihm bereits erschienen:
Angewandte Psychologie für die Personalentwicklung (2010)
Psychologie des Unternehmertums (2018)
Führen in der Arbeitswelt 4.0 (2019)
Angewandte Psychologie – Beiträge zu einer menschenwürdigen Gesellschaft (2019), Hrsg. Zusammen mit D. Süss

Ladina Schmidt Boner

Ladina Schmidt Boner ist Dozentin und Beraterin am IAP Institut für Angewandte Psychologie der ZHAW. Die diplomierte Psychologin FH mit Schwerpunkt Arbeits- und Organisationspsychologie ist selber in einem Familienunternehmen aufgewachsen und zusammen mit ihrer Mutter und den zwei Brüdern Teilhaberin desselben.

Am IAP begleitet sie Einzelpersonen und Gruppen in ihrer Berufs-, Studien- und Laufbahnplanung, leitet Weiterbildungskurse zum Thema „Standortbestimmung und Laufbahnentwicklung" und berät Unternehmen zum Thema Nachfolgeplanung.

Prof. Dr. Marc Schreiber

Marc Schreiber ist Professor für Laufbahn- und Personalpsychologie am IAP Institut für Angewandte Psychologie der ZHAW. Er arbeitet als Berufs-, Studien- und Laufbahnberater, Dozent und Forscher und berät sowohl Privatpersonen als auch Unternehmen. Zudem leitet er den MAS ZFH in Berufs-, Studien- und Laufbahnberatung am IAP.

Geboren 1975 und aufgewachsen in St. Gallen. Studium der Psychologie, Volkswirtschaftslehre und Politikwissenschaft an der Universität Zürich. Promotion 2005 zum Thema Entscheidungen bei der Ausbildungs- und Berufswahl. 2002 bis 2006 Wissenschaftlicher Assistent im Fachgebiet Laufbahn- und Personalpsychologie sowie Diagnostik an der Universität Zürich. 2006 bis 2008 Market Research Analyst in der Telekommunikationsbranche. Parallel dazu Weiterbildung zum Erlangen des Fachtitels Fachpsychologe für Laufbahn- und Personalpsychologie FSP an den Universitäten Zürich, Bern und Fribourg. Seit 2009 Berater und Dozent am IAP Institut für Angewandte Psychologie der ZHAW. 2012 bis 2019 Leiter Zentrum Berufs-, Studien- und Laufbahnberatung am IAP Institut für Angewandte Psychologie der ZHAW. Forschungsinteressen: Laufbahn- und Beratungspsychologie, Diagnostik, Persönlichkeit

Roberto Siano, lic. phil.

Psychologe und Betriebswirtschaftler. Langjährige Arbeit in einem Beratungsunternehmen im HR Umfeld. Entwicklung und Umsetzung von Einzelassessments, Development und Assessment Centern auf unterschiedlichen Führungsstufen. Beratung von Führungsteams in der Strategie- und Führungskräfteentwicklung. Verhandlungstrainer und erfahrener Workshopleiter. Mitwirkung beim Aufbau eines Produktionsbetriebs für Luxusgüter für den arabischen Raum und Gründer eines Start-Ups im Bereich Spielentwicklung und Gamification. Spielpsychologe: Entwicklung von Spielen und gamifizierten Ansätzen für Learning, Development und Motivation. Entwicklung eines Development Game Centers und Nutzung von Spielmechanismen in der Gestaltung von Workshops und Seminaren. Am IAP als Dozent in den Bereichen Management Diagnostik und Spielpsychologie tätig.

Über die Autoren

Gisela Ullmann-Jungfer
wurde in Halberstadt geboren und durch die Stadt Berlin geprägt. Studium der Sozialarbeit in Berlin und Supervision an der Gesamthochschule Kassel. 1984–2007 freiberufliche Tätigkeit als gruppendynamische Trainerin, Beraterin und Coach im Profit und Non-Profitbereich. Seit 2001 am IAP Institut für Angewandte Psychologie der Zürcher Hochschule für Angewandte Wissenschaften in Zürich als Dozentin, Beraterin und Trainerin in den Bereichen Teamentwicklung, Krisenintervention und Veränderungsprozessen engagiert.

Hans C. Werner
studierte Wirtschaftswissenschaften und promovierte an der Universität Zürich. Bevor er 1999 zur Swiss Re wechselte, war Hans C. Werner als Rektor der Kantonsschule Büelrain in Winterthur tätig. Nach verschiedenen Funktionen innerhalb des Unternehmens war er von 2003 bis 2007 Head Global Human Resources bei Swiss Re. 2007 wechselte er zu Schindler, wo er bis Ende 2009 Head HR Schindler Aufzüge AG und danach HR Vice President, Europe North and East bei Schindler Management AG war. Seit September 2011 ist Hans C. Werner Chief Personnel Officer (CPO) und Mitglied der Swisscom Konzernleitung.

Er ist Vorstandsmitglied des Schweizerischen Arbeitgeberverbandes, Präsident des Institutsrats des international institute of management in technology (iimt) der Universität Fribourg sowie Verwaltungsratsmitglied des Kantonsspital Aarau.

Best off der Angewandten Psychologie für die Praxis

Christoph Negri und Daniela Eberhardt

Literatur – 6

© Springer-Verlag GmbH Deutschland, ein Teil von Springer Nature 2020
C. Negri, D. Eberhardt (Hrsg.), *Angewandte Psychologie in der Arbeitswelt*, Der Mensch im Unternehmen: Impulse für Fach- und Führungskräfte, https://doi.org/10.1007/978-3-662-60465-6_1

Zusammenfassung

Wie kann gute Praxis in den unterschiedlichsten Feldern des beruflichen Engagements, in verschiedenen Branchen, Berufsfeldern und mit unterschiedlichen Persönlichkeiten gestaltet, geführt und gelebt werden? Auf diese komplexe Frage gibt es keine einfache Antwort aber gute Ansätze zur Reflexion der persönlichen Stärken und des eigenen Handlungsspielraums, zur fundierten fachlichen Praxisgestaltung und zur Klärung von Rahmenbedingungen und Rollenerwartungen, damit Professionalität und ein authentisches Handeln gelingt.

Die Arbeitswelt ist im Umbruch und zeigt verschiedene Facetten der Veränderung für die Menschen, die damit konfrontiert werden (vgl. Negri 2019). In der Kommunikation und Abstimmung arbeiten wir mit Kolleginnen und Kollegen zusammen, die wir traditionell in Meetings und am Arbeitsplatz treffen. Im neuen normalen Alltag kommunizieren wir asynchron zu unterschiedlichen Zeiten, über verschiedene Kanäle, Standorte etc zusammen. Wir finden uns in mobil-flexiblen Arbeitswelten wieder und in Coworking-Spaces und sind gleichzeitig ganz traditionell in bisherigen Abläufen, Strukturen und Hierarchien eingebettet. Führung bedeutet schon lange nicht mehr über den Zugang zu Informationen Macht auszuüben und zu steuern, diese sind überall und in rauen Mengen vorhanden (vgl. Eberhardt und Majkovic 2016). Vielmehr braucht es Orientierung und Fokussierung in den scheinbar unzähligen Möglichkeiten der modernen Arbeitswelt. Überhaupt scheinen sich die Symbole der Macht von Firmenparkplätzen wegverlagert zu haben zur Anzahl an Follower in den digitalen Medien, Anzahl Likes und einer schillernden interessanten digitalen Persönlichkeit. Wir sind nicht mehr „Chefin" oder „Mitarbeiter" und müssen uns in dieser einen Rolle gut zurechtfinden und positionieren. Wir sind mal Chef, mal Projektleiterin, mal Mitarbeiter usw, unsere Rollen wechseln im Kontext und wir müssen diese flexibel adaptieren. Und wir haben es im Beruf wie auch im Privatleben mit verschiedenen sehr individuellen Persönlichkeiten, kulturellen Hintergründen und Vorstellungen, verschiedenen Lebensentwürfen bezüglich Berufsorientierung oder Vereinbarkeit von Lebensbereichen, verschiedener Altersgruppen, Geschlecht und sexuelle Orientierung, Berufsethos und interdisziplinärer Perspektive etc zu tun (vgl. Eberhardt 2016).

Wie können wir einer solchen Phase der Umbrüche uns navigieren, in der traditionelle Berufe, Hierarchien und Arbeitsweisen genauso real sind wie neue mobil-flexible Arbeitsweisen, die Zusammenarbeit mit Robotern, artifical intelligence und das Arbeiten in Netzwerken anstelle von festen Strukturen? Wie können wir unseren Weg finden und erfolgreich gehen?

In der Angewandte Psychologie für die Arbeitswelt werden Perspektiven für eine persönliche Entwicklung durch die eigene berufliche Realität, die gestellten Ansprüche und Anforderungen und im Rahmen der eigenen persönlichen Ressourcen und Möglichkeiten eröffnet. Wissenschaftlich fundierte Modelle, Best-Practices oder Ansatzweisen bieten den Rahmen und die Perspektive für ein fundiertes Vorgehen, d. h. wir bauen mit einem solchen Vorgehen auf den erprobten und reflektierten Vorerfahrungen von vielen anderen auf und müssen nicht erst selber herausfinden, wo sich Fallstricke oder Chancen „verstecken". Solche Vorgehensweisen wurden dokumentiert, reflektiert, die Wirkungen des Vorgehens vielfach ökonomisch wie sozial überprüft und in Handlungsempfehlungen überführt. Diese Aussagen, Modellvorstellungen, Checklisten oder erprobten Praxisbeispiele können als Ausgangspunkt für die Gestaltung der eigenen Praxis gewählt werden und bedürfen aber der Transformation und Reflexion für die eigene Situation. Sie sind eben keine „Kochbücher", auch wenn der Wunsch in der Praxis enorm ist, dass solche Hilfsmittel im Download verfügbar und direkt und einfach ohne weiteres zutun anwendbar sind.

In der Angewandte Psychologie geht es auch darum, diese erprobten Vorgehensweisen im systemischen Kontext zu betrachten, eine wichtige Perspektive nimmt dabei die eigene berufliche Rolle und die Rollenvorstellungen wie andere aus dem Unternehmen, dem Netzwerk und der Branche wie auch Landeskultur ein. Genauso wie die Vorgehensweisen zu studieren und für den eigenen Kontext zu übertragen ist auch die Auseinandersetzung mit den Rollenzuschreibungen und Erwartungen wie auch die Auseinandersetzung mit der eigenen Persönlichkeit, dem eigenen Potenzial, den eigenen Erwartungen und unsere Ressourcen für uns selber wichtig und ein „gutes Stück Arbeit" (vgl. Handbücher für Angewandte Psychologie für Führungskräfte (Lippmann et al. 2018), Personalentwicklung (Negri 2010) und HRM (Werkmann und Rietiker 2010)). Für diese Bewältigung helfen Impulse aus guten Fachtexten oder Impuls-Referaten, in der Auseinandersetzung mit Anderen zum Beispiel in Weiterbildungen, im Sparring mit einem Coach, Laufbahnberater oder einer Therapeutin, je nach persönlicher Fragestellung.

Mit dem IAP Impuls Anlass wurde vor zehn Jahren eine Veranstaltung ins Leben gerufen, die in der ganzen Breite der Angewandten Psychologie – Jahr für Jahr mit einem anderen Schwerpunktthema – Anstösse für gute Praxis, reflektiertes Handeln, neue Perspektiven, Transfermöglichkeiten mit der Möglichkeit zur Vernetzung mit anderen Fach- und Führungspersonen bietet. Die Veranstaltung richtet sich an Fach- und Führungskräfte aus allen Branchen und Organisationen, die mit dem IAP verbunden sind oder sich für das IAP interessieren. Alle Veranstaltungen waren bisher mit jeweils über 400 Teilnehmenden ausgebucht. Jedes Jahr greift das IAP ein aktuelles, profilierendes Thema aus der Vielfalt seiner Themen auf. Ein prominenter Keynotespeaker teilt seine Haltungen und Praxiserfahrungen mit den Gästen, im Anschluss diskutieren Expertinnen und Experten aus Wissenschaft und Praxis das Thema aus verschiedenen Perspektiven auf dem Podium.

Immer ging es um die Frage der reflektierten Praxisgestaltung, immer in der Kombination von Angewandter Psychologie, Fachthema, Rollenverständnis und Persönlichkeit.

Die Keynote-Speaker, Podiumsteilnehmer und weitere Fachpersonen haben flankierend zur Veranstaltung ihr praktische Vorgehen aufgezeigt, reflektiert und in einschlägigen Fallstudienbändern transparent gemacht. Bei der IAP Impuls Veranstaltung ging es immer auch darum ein aktuell relevantes Thema aufzunehmen und aus angewandter psychologischer und interdisziplinärer Perspektive zu bearbeiten.

- **IAP Impuls Themen**

2011: Like it, lead it, change it – Führung im Veränderungsprozess.
2012: Together is better? Die Magie der Teamarbeit entschlüsseln.
2013: Culture matters – Unternehmenskultur aktiv gestalten.
2014: Warum uns Arbeit (un-)glücklich macht?
2015: (Wie) lässt sich Vielfalt führen?
2016: Ehrlich währt am längsten? Was Integrität in Organisationen fördert, was sie gefährdet.
2017: Unternehmertum leben und beleben – Wie gelingt die Übergabe an die nächste Generation?
2018: Führen in der Arbeitswelt 4.0.
2019: Im digitalen Dilemma – die Vermessung von Mitarbeitenden in der Arbeitswelt
2020: Echtheit in der Arbeitswelt 4.0

- **Best Off Impulse**

Die vorliegende Fallstudiensammlung ist eine Best Off Sammlung verschiedener aktuellen IAP Impuls Themen der letzten zehn Jahre. Exklusiv für diese themenübergreifende Sammlung wurden Beiträge aus allen Themenfeldern aktualisiert, neu bearbeitet und durch neue Beiträge ergänzt. Es bietet die Gelegenheit sich mit einer umfassenden Auswahl von Vorgehensweisen im Bereich der Angewandten Psychologie in der Arbeitswelt auseinanderzusetzen. Es werden konkrete Vorgehensweisen und Fallstudien beschrieben, reflektiert, bewertet und für den thematischen Transfer in andere Settings aufbereitet und nutzbar gemacht. Allen Vorgehensweisen sind durch die Philosophie und Arbeitsweise des IAP geprägt: Es geht immer um die Verbindung von psychologischer Praxis und Innovation. Die Gestaltung der Praxis ist aufgrund wissenschaftlicher Erkenntnisse und theoretischer Grundlagen erfolgt. Die Umsetzung wurde reflektiert und ist geprägt von den individuellen Akteuren und deren persönlicher Vorgehensweise. Dies führt dazu, dass die Leserin und der Leser vielfältige Impulse erhält und einerseits ermutigt wird sich auf theoretisch und wissenschaftlich fundiertes „Best Practice Vorgehen" einzulassen und andererseits auch entspannter in die Praxisgestaltung einsteigt, weil es nie nur den einen richtigen Weg gibt. Führung und Zusammenarbeit hat immer auch mit Kommunikation und Reflexion zu tun und ermöglicht während der täglichen Zusammenarbeit auch Korrekturen und Anpassungen im Weg, solange die Grundhaltung konstruktiv, der Dialog proaktiv und die Vorgehensweise fundiert und reflektiert gewählt wird.

Das Buch mit seinen zwölf Kapiteln zeichnet sich durch seine Themenvielfalt und das vorliegende grosse Interesse an diesen Fallstudien aus.

Im ▶ Kap. 2 zeigt Thomas Klink aus der Perspektive eines HR-Businesspartners am Beispiel einer Division der Swisscom Schweiz AG auf, wie der Balance-Akt von Regel- und Zukunftsgeschäft vollzogen wird. Aufbauend auf strategische Entscheidungen wurde der Change-Prozess in einem breit abgestützten Projektteam bearbeitet. Die Tiefe der einzelnen Veränderungen wurde analysiert und für die Umsetzung eine Change-Architektur erarbeitet, die den Dialog mit den Mitarbeitern unterstützte und für die psychologischen Aspekte in Veränderungsprozessen sensibilisierte. Die Arbeit mit der Deep-Dive-Methode ist integraler Bestandteil der dargestellten Fallstudie.

Im ▶ Kap. 3 zeigt Volker Kiel am Beispiel der Einführung neuer Arbeitsstrukturen im Produktionsbereich der Bayer AG Ansätze der systemischen Beratung auf und beleuchtet die Rolle des Beraters als Initiator und Ermöglicher von Veränderung in klaren vorgegebenen Strukturen, Zielsetzungen und Rahmenbedingungen. Organisationsentwicklung als systemische Intervention zu verstehen, die Sinn stiftet und soziale Systeme in ihrer Selbstorganisation fördert, ist beeindruckend, wenn die Auseinandersetzung und Konstruktion der Wirklichkeit 160 Betriebe und 15.000 Mitarbeitende umfasst. Entwicklung ist „wundervoll", wenn ein Berater Jahre später den Meister in seinem Betrieb besucht und die gewünschten Veränderungen gelebt werden.

Im ▶ Kap. 4 beschreibt Gisela Ullmann-Jungfer Teamcoaching als Beitrag zur Teamentwicklung bei einer Sicherheitsabteilung der Polizei Zug. Das Teamcoaching setzt auf zwei Ebenen an, einem Gruppencoaching für die Steuergruppe eines umfassenden Veränderungsprojektes und bei der Leitung von Workshops zur Teamentwicklung. Das Vorgehen mit der Steuergruppe und den Abteilungsleitern wird beschrieben, die Leser können am Beispiel die Arbeit mit Teams mit den vier Zimmern der Veränderung erleben und die Rollen der Beratungsperson reflektieren.

Im ▶ Kap. 5 zeigt Christoph Negri am Fallbeispiel Vorgehensweisen und Möglichkeiten des Teamcoachings im Leistungssport auf. Das Juniorinnen-Curling-Team des renommierten Zürcher Sportclubs „Grasshoppers" GC arbeitet auf seinem Weg auf das Medaillen-Podest an der Zusammenarbeit im Team. Das Beratungsdesign, die Systematik der Teamberatung und die Chronologie der Interventionen werden dargelegt und reflektiert. Das Ziel der Teamberatung wird differenziert reflektiert und setzt nicht (nur) am sportlich erzielten Endergebnis an. Das Ziel wurde leider am Schluss nicht erreicht. Trotzdem haben alle Beteiligten im Frühling 2010 ein positives Fazit gezogen und betont, dass sie v. a. auch persönlich sehr stark profitieren konnten. Knapp 10 Jahre später bleibt die Einschätzung im Grundsatz positiv. An Hand der fünf Stufen zum Weg eines High-Performance-Teams wurde der Prozess nochmals reflektiert und kritisch beleuchtet. Die Leser/innen können nun ihre eigenen Erfahrungen daran überprüfen und einschätzen.

Das sechste Kapitel von Christoph Hoffmann zeigt einen Ausschnitt aus der Erfolgsgeschichte von Emmi: Es beschreibt, wie das größte Schweizer Milchverarbeitungsunternehmen in einem raschen agrarpolitischen Wandel kontinuierlich eine Firmenkultur aufbaut und damit eine wichtige Basis für den nachhaltigen Unternehmenserfolg legt. Die nachfolgende Fallanalyse zeigt, mit welchen Herausforderungen Emmi konfrontiert war und ist, wie Kulturentwicklung bei Emmi erfolgt, welche Ergebnisse und Erfahrungen dabei gemacht wurden und welche Erkenntnisse für Kulturentwicklung daraus abgeleitet werden können. Basis der Fallanalyse ist ein Gespräch zwischen der Personalleiterin Emmi, Natalie Rüedi, Mitglied der Konzernleitung, mit Christoph Hoffmann vom IAP Institut für Angewandte Psychologie, verantwortlicher Projektleiter der begleitenden Führungsentwicklung. Eingeflossen sind auch die Erfahrungen der Trainerinnen und Trainer der Emmi Führungsentwicklung. Es wird aufgezeigt, wie Emmi die Kultur gezielt beeinflusst und steuert, wie dazu Werte, Führungsgrundsätze und Instrumente erarbeitet wurden und welche Rolle die gezielte Führungsentwicklung dabei spielt.

Im ▶ Kap. 7 beschreiben Daniela Eberhardt, Stephanie Claus, Ellen Gundrum und Christoph Negri am Beispiel der Führung des IAP Institut für Angewandte Psychologie welche Dimensionen der Führung auftreten können, wenn mehrere Veränderungs- und Entwicklungsprozesse parallel und nachhaltig geführt werden. Das IAP hat eine nahezu einhundertjährige Geschichte als Dienstleistungs- und Weiterbildungsanbieterin für die Angewandte Psychologie. Vor rund zehn Jahren wurde es Teil der Zürcher Hochschule für Angewandte Wissenschaften und hat seine Wurzeln in der wissenschaftlich fundierten Gestaltung der Praxis reflektiert und auf die neuen Gegebenheiten im Markt, als Teil einer praxisorientierten Hochschule, als Institut innerhalb einer kantonalen Gesamtorganisation ausgerichtet. Strategisch wurden die Besonderheiten in der Breite der Themen, der einzigartigen Kombination von wissenschaftlicher Fundierung, Praxistransfer und Persönlichkeitsentwicklung weiter geschärft und diverse Entwicklungen nachhaltig eingeleitet und partizipativ geführt. Als Organisation deren oberstes Ziel die Entwicklung von Menschen und Organisationen steht entwickelt sich das IAP selber laufend weiter und positioniert sich mit neuen Themen wie flexiblen Arbeitsformen und nutzt die Digitalisierung für eigene Prozesse und Angebotsgestaltung.

Im ▶ Kap. 8 geht Roberto Siano der Frage nach, wann eine Führungskraft passt. Die große Bandbreite und die vielen Facetten des Themas Führung wird in der Selektion von Führungskräften gut sichtbar. Anhand dreier konkreter Beispiele aus dem Assessment-Alltag wird illustriert, wie unterschiedlich einerseits Anforderungen an Vorgesetzte und andererseits auch deren Persönlichkeiten sind. Zudem führt die Frage nach der Passung von Person und Stelle immer wieder zu neuen Antworten, abhängig nicht nur von der Persönlichkeit des Kandidaten, sondern auch von Faktoren wie Situation, Kultur des Unternehmens, Entwicklungspotenzial und Risikobereitschaft. Außerdem wird gezeigt, wie wichtig es ist als Diagnostiker aus dem Straus von unterschiedlichen Anforderungen den Fokus auf die jeweils relevanten Aspekte zu legen.

Das neunte Kapitel Psychologie des Unternehmertums von Ladina Schmidt Boner beschreibt wichtige Aspekte bei der Nachfolgeplanung in Familienunternehmen. In Familienunternehmen treffen zwei Welten aufeinander: die Familie und das Unternehmen. Die Gleichzeitigkeit familiärer und unternehmerischer Regeln wirkt auf die Familiendynamik, die wiederum Einfluss auf die Dynamik des Unternehmens haben kann. Familiäre Beziehungen mit ihren vielfältigen Verletzlichkeiten bieten ein gewisses Konfliktpotenzial, das jederzeit auf das Unternehmen überschwappen kann. Gerade Phasen von Veränderungen machen die Interaktionen konfliktanfällig – so auch bei der Unternehmensnachfolge. Für einen erfolgreichen Nachfolgeprozess sind gemeinsame Grundsätze im Umgang miteinander zentral. Auch Klarheit über die eigenen Bedürfnisse und denkbare Szenarien im Nachfolgeprozess sind wichtige Grundlagen für ein erfolgreiches Gelingen. Dieser Beitrag zeigt, was es für einen erfolgreichen Nachfolgeprozess braucht. Illustriert wird er durch zwei Praxisbeispiele; eine familieninterne und eine familienexterne Nachfolgeregelung.

▶ Kap. 10 Führen in der Arbeitswelt 4.0 dokumentiert Interviews, die Ellen Gundrum mit Hans Werner, Chief Personnel Officer bei der Swisscom geführt hat. Die Arbeitswelt verändert sich. Die digitale Transformation erfordert neue Kompetenzen und neue Arbeitsformen. Agilität scheint das Gebot der Stunde, mit spürbaren Auswirkungen auf die Art und Weise, wie wir zusammenarbeiten und wie wir führen. Hans Werner kann dazu viel aus den Erfahrungen bei der Swisscom mit aktuellen und neuen Führungsmodellen berichten. Er macht interessante Aussagen in Bezug auf die Herausforderungen der Führung in der Arbeitswelt 4.0, zur sich veränderten Rolle des HR-Managements sowie zu den Erfahrungen mit agilen Arbeits- und Organisationsformen bei Swisscom.

Im ▶ Kap. 11 beschreibt Gabriela Brönimann, wie sich das Schweizer Radio und Fernsehen (SRF) zu einem digitalen Medienhaus entwickelt. Der Motor, der die Medienlandschaft derart verändert hat und die modernen Medien weiter antreibt, heisst Digitalisierung. Der digitale Wandel verändert den Arbeitsalltag als Medienschaffende, die Arbeitsplätze und letztendlich auch die Mitarbeitenden selbst. Er nimmt Einfluss auf das Führungsverhalten und die Art und Weise, wie im Rahmen der Unternehmenskultur miteinander die täglichen Herausforderungen gemeistert werden. Im vorliegenden Beitrag wird anhand konkreter Beispiele aus der Praxis aufgezeigt, wie sich die interne Aus- und Weiterbildung, die Führungsausbildung und das innerbetriebliche Lernen bei SRF Schweizer Radio und Fernsehen aufgrund der Digitalisierung verändert haben.

▶ Kap. 12 von Marc Schreiber und Peter Gloor beschäftigt sich mit dem sehr aktuellen Thema der Psychologie in Verbindung mit künstlicher Intelligenz (KI), den entsprechenden Parallelen, Chancen, Herausforderungen und einem Blick in die Zukunft. Im vorliegenden Kapitel wird die KI im Kontext der Psychologie, der Lehre des menschlichen Verhaltens und Erlebens, betrachtet. Dabei wird mit der Theorie der Persönlichkeits-System-Interaktionen (PSI-Theorie) eine psychologische Theorie als Basis genommen, die von zwei Arten der Intelligenz ausgeht, nämlich einer analytischen und einer intuitiven. Nach einer Auslegeordnung auf der Basis der PSI-Theorie wird ein spezieller Fokus auf die psychologische Intelligenzforschung gelegt. Mit Bezug zur Intelligenzforschung werden sodann Gedanken zur Entwicklung der KI in der nahen Zukunft formuliert. Das Kapitel wird abgerundet durch die Beschreibung eines konkreten praxisbezogenen Projektes mit starkem Explorationscharakter, welches zum Ziel hat, KI und psychologische Beratungspraxis in den Bereichen Emotions- und Spracherkennung zu verbinden.

Literatur

Eberhardt D (2016) Führung von Vielfalt. Praxisbeispiele für den Umgang mit Diversity in Organisationen. Springer, Berlin

Eberhardt D, Majkovic AL (2016) Die Zukunft der Führung. Eine explorative Studie zu den Führungsherausforderungen von morgen. Springer, Berlin

Lippmann E, Pfister A, Jörg U (2018) Handbuch Angewandte Psychologie für Führungskräfte, 5. Aufl. Springer, Berlin

Negri C (2010) Angewandte Psychologie für die Personalentwicklung. Springer, Berlin

Negri C (2019) Führen in der Arbeitswelt 4.0. Springer, Berlin

Werkmann B, Rietiker J (2010) Angewandte Psychologie für das Human Resource Management. Springer, Berlin

Changemanagement: Von der Strategie zur Umsetzung

Thomas Klink

2.1 Das Neue Antizipieren – 9

2.2 Die Kraft der Zukunft – 9

2.3 Der Projektstart – 10

2.4 Die Konzeptionsphase – 12

2.5 Levels of Change – 13

2.6 Involvierung der Mitarbeitenden – 14
2.6.1 Deep-Dive – 14
2.6.2 Monitoringteam – 15

2.7 Die Umsetzungsphase – 16

2.8 Der Change nach dem Change – 17

2.9 10 Jahre danach: Eine Prozessreflexion – 18
2.9.1 Voraussetzungen – 19
2.9.2 Prozess – 20
2.9.3 Erfolge – 20

Persönliche Botschaft des Autors – 21

Literatur – 21

Elektronisches Zusatzmaterial Die elektronische Version dieses Kapitels enthält Zusatzmaterial, das berechtigten Benutzern zur Verfügung steht. https://doi.org/10.1007/978-3-662-60465-6_2. Die Videos lassen sich mit Hilfe der SN More Media App abspielen, wenn Sie die gekennzeichneten Abbildungen mit der App scannen.

© Springer-Verlag GmbH Deutschland, ein Teil von Springer Nature 2020
C. Negri, D. Eberhardt (Hrsg.), *Angewandte Psychologie in der Arbeitswelt*, Der Mensch im Unternehmen: Impulse für Fach- und Führungskräfte, https://doi.org/10.1007/978-3-662-60465-6_2

Zusammenfassung

Im Jahr 2009 startete die Swisscom AG im Bereich Network & IT Operations ein zweijähriges Veränderungsvorhaben. Der Change wurde durch einen vorgelagerten Strategieprozess ausgelöst, der für die Veränderungsreise einen Schlüsselfaktor darstellte. Mittels verschiedener Methoden zur Stimulation eines gegenseitigen Dialogs gelang die Involvierung der verschiedenen Anspruchsgruppen. Auch zehn Jahre nach dem Projektstart kann der Prozess als erfolgreich beurteilt werden. Dennoch gab es nach dem Change Schwierigkeiten zu bewältigen, durch welche sich die vorgesehenen Verbesserungen nur zögerlich und nicht im vollem Umfang realisieren liessen. Das Kapitel beschreibt das Vorgehen zwischen 2008 bis 2011 und reflektiert das Veränderungsvorhaben mit einem zehnjährigen Abstand. Der Changeprozess und die Zeit danach werden beleuchtet und alternative Herangehensweisen besprochen. Die Stärken und die Grenzen einer Changebegleitung werden dadurch sichtbar und die Leser können ihre eigenen Erfahrungen daran reflektieren.

Swisscom AG

Swisscom ist mit rund 5,5 Millionen Mobilfunkkunden und 2 Millionen Breitbandanschlüssen das führende Telekommunikations- und eines der führenden IT-Unternehmen der Schweiz mit Sitz in Ittigen bei Bern. 19.845 Mitarbeitende (Vollzeitstellen) erarbeiteten im Jahr 2018 einen Umsatz von CHF 11,7 Milliarden (Swisscom 2018).

Swisscom ist schweizweit präsent mit Dienstleistungen und Produkten für die mobile, die netzgebundene und die IP-basierte Sprach- und Datenkommunikation. Investitionen in die Netzinfrastruktur stellen sicher, dass dies auch in Zukunft so bleibt. Mit Swisscom TV positionierte sich Swisscom auch als Multimedia-Unternehmen in der Schweiz. In ausgewählten Bereichen lancierte Swisscom digitale Dienste, die zum Teil auf neuartigen, internetbasierten Geschäftsmodellen basieren. Mit dem Provider Fastweb ist Swisscom auch in Italien präsent.

Changemanagement: Von der Strategie zur Umsetzung

Der Changeprozess
Rolle des Autors: HR-Businesspartner im Bereich Network & IT Operations der Swisscom Schweiz AG
   Anzahl betroffene Mitarbeitende: ca. 1500
   Strategieworkshop: Herbst 2008
   Projektstart: Frühling 2009
   Reorganisation: April 2010
   Neuerungen:
- Einführung einer neuen Prozessarchitektur (Produktionsmodell)
- Einführung neuer Prozessrollen
- Reorganisation der Strukturen (z. B. Processowner, Processmanager)
   Reflexion des Prozesses und Überarbeitung des Kapitels im Juli 2019

2.1 Das Neue Antizipieren

Der Leiter des Bereiches Network &IT Operations (NIO) mit rund 1500 Mitarbeitenden erkannte die Notwendigkeit der Veränderung anhand verschiedener Signale. Im Vordergrund stand die Frage, wie der Bereich organisiert sein soll, um auch in Zukunft den Betrieb der Swisscom-Netze auf hohem Niveau sicherzustellen. Neue Technologien (z. B. All-IP-Technologie), steigende Mengen und die Nachfrage nach mehr Flexibilität erforderten zunehmend eine Anpassung der Strukturen und Prozesse. In der Anfangsphase bestand die Herausforderung darin, aus einer Vielzahl von Einzelfaktoren einen relevanten „Case for Action" (Handlungsgrund) abzuleiten und den richtigen Zeitraum der Veränderung zu bestimmen. Neben dem stark absorbierenden Tagesgeschäft war es schwierig, die Aufmerksamkeit auf die Zukunftsgestaltung zu richten. Diese Geschäftskonstellation verlangte eine Balance zwischen operativer und strategischer Denkweise. Es benötigte eine gewisse Unsicherheitstoleranz, die Komfortzone des Regelgeschäfts zu verlassen, um den Blick in die Zukunft zu richten. Dieser Balanceakt zwischen Regel- und Zukunftsgeschäft stellte für das gesamte Führungsteam und später auch für alle Mitarbeitenden eine große Belastung dar.

2.2 Die Kraft der Zukunft

Der Bereichsleiter wollte seine Annahmen und Vorstellungen in einer systematischen Form mit den anderen Mitgliedern des Führungsteams austauschen, differenzieren und konkretisieren. Dieser erste Schritt der frühen Abstimmung mit dem gesamten Führungsteam stellte sich als hoch relevant für die weitere Umsetzung des Veränderungsvorhabens heraus. In meiner Rolle als HR-Businesspartner empfahl ich dem Bereichsleiter die Durchführung eines Strategieworkshops nach der Business-Blueprint-Methode (Friedman und Gyr 1998). Das damals sechsköpfige Führungsteam diskutierte im Herbst 2008 die aktuelle Situation und das Zukunftsbild. Bei der Diskussion der Zukunft erhielten alle Führungsteammitglieder die Möglichkeit, ihre Annahmen vorzubringen und mit den Führungskollegen auszutauschen. In dieser Auseinandersetzung wurden die Überlegungen über die Zukunft das erste Mal systematisch und ausführlich besprochen und in einen Gesamtkontext gestellt. Der Business-Blueprint gibt die Möglichkeit, die aktuelle Praxis und die antizipierte Zukunft auf einer generischen Ebene zu betrachten. Dadurch treten die Anwender einen Schritt zurück und betrachten ihre Organisation und ihre relevante Umwelt mit Abstand. Anhand des gemeinsam erarbeiteten Zukunftsbildes wurden Unstimmigkeiten geklärt, Sichtweisen konsolidiert und relevante Einsichten geteilt.

Nach dieser bewusst oberflächlichen Betrachtung ist es notwendig, die resultierenden Konsequenzen und Massnahmen zu beleuchten. Daher wurden verschiedene Maßnahmen definiert, wie der Übergang von der Ist- zur Soll-Situation gelingen kann. Den Teilnehmenden

◘ Abb. 2.1 Exemplarischer Business-Blueprint. (In Anlehnung an Friedman und Gyr 1998)

wurde das erste Mal richtig bewusst, dass ein Changeprozess gestartet werden muss. Die Erstellung des Business-Blueprints startete somit ein Veränderungsvorhaben, welches die Organisation die nächsten zwei Jahre intensiv beschäftigte. ◘ Abb. 2.1 zeigt einen exemplarischen Business-Blueprint, um das Prinzip darzustellen.

Einer der wertvollsten Momente für mich als HR-Businesspartner entstand am Ende des Strategieworkshops, als der Bereichsleiter nachdenklich vor dem Zukunftsbild stand und mir in einem knappen Satz mitteilte „das gieße ich in ein Word-Dokument". In einem ausführlichen Teamprozess entstand auf diese Weise ein Strategiepapier mit dem Namen „Agile Operations", das den zukünftigen Betrieb der Swisscom-Netze definierte und als Leitbild für die gesamte Veränderungsreise diente. Die leicht abgenutzte Bezeichnung „Leitbild" bekam dadurch für uns wieder eine lebendige Bedeutung.

Ein Jahr danach
Ein Jahr nach dem Strategieworkshop präsentierte ich nochmals den Business-Blueprint im Rahmen eines Führungs-Retreats. Die Teammitglieder betrachteten konzentriert die Annahmen, die sie vor einem Jahr trafen. Eine Person äußerte spontan und sichtlich bewegt, dass sie erst jetzt die gesamte Tragweite des Changes verstanden habe. Das gesamte Führungsteam konnte auf diese Art nochmals würdigen, welchen Prozess die Organisation und sie selbst im vergangenen Jahr zurückgelegt hatten.

2.3 Der Projektstart

Nach der Erarbeitung des Strategiepapiers „Agile Operations" stand das Führungsteam vor der Entscheidung, wie das Veränderungsvorhaben geführt und gesteuert werden sollte. Zur formalen

Changemanagement: Von der Strategie zur Umsetzung

Tab. 2.1 Zwei Formen der Projektorganisation

	Führungsteam	Projektteam
Vorteile	Direkte Steuerung des Projektes möglich	Vollzeitliches Engagement für das Veränderungsvorhaben möglich
	Kurze Entscheidungswege	Entlastung des Führungsteams
	Hohe Involvierung des gesamten Führungsteams	Detailausarbeitung kann gezielter und rascher erfolgen
		Die Projektressourcen können flexibler angepasst werden
Nachteile	Das Tagesgeschäft (Kerngeschäft) leidet unter der Zusatzbelastung	Mögliche Distanz zum Führungsteam
	Das Führungsteam stellt einen begrenzten Ressourcenpool dar	Die Steuerung erfolgt nur indirekt
	Die inhaltliche Ausgestaltung verlangt hohes Detailwissen (z. B. Konkretisierung des neuen Prozessmodells)	Negative Signalwirkung hinsichtlich der Wichtigkeit des Vorhabens (Delegation)

Organisation des Vorhabens standen zwei mögliche Formen zur Auswahl (Tab. 2.1).
— Das Führungsteam gestaltet und steuert selbst das Projekt bzw.
— ein dezidiertes Projektteam gestaltet und steuert das Projekt.

Das Führungsteam entschied sich dafür, ein breit abgestütztes Projektteam zu beauftragen. Hierfür wurde ein Projektleiter ernannt, der bereits in einer Unterabteilung ein ähnliches Veränderungsvorhaben leitete. Das Projektteam umfasste fünf Teilprojekte, die von Teilprojektleitern geführt und mit Fachexperten aus der Organisation besetzt wurden (s. Abb. 2.2). Folgende Teilprojekte wurden lanciert:
— Organisation,
— Prozesse und Tools,
— Schnittstellen,
— Führungssysteme und
— Changemanagement.

Die Leitung des Teilprojektes Changemanagement (im Folgenden als „Changeteam" bezeichnet) übernahm ich in meiner Rolle als HR-Businesspartner. Als Teammitglieder wählte ich neben Vertretern des Human-Resources auch jeweils einen Vertreter aus den anderen Teilprojekten. Die Integration von Fachvertretern stellte sich als sehr unterstützend heraus, da diese direkt in Überlegungen zur Change-Begleitung involviert wurden. Neben der Vertreterrolle ihrer Disziplin im Changeteam erhielten sie auch die Rolle von Botschafter zur Sensibilisierung von Change-Prinzipien. Zudem war die Integration der Kommunikationsverantwortlichen des Bereiches in das Changeteam von besonderer Bedeutung. So gelang die kontinuierliche Abstimmung der geplanten Interventionen mit der Kommunikationsplanung.

Das Team erkannte sehr früh, dass die Veränderungen nicht losgelöst vom Gesamtsystem durchgeführt werden können. Aus diesem Grund beauftragten wir ein dezidiertes Teilprojekt zur Bearbeitung der Schnittstellen. Dieses Team organisierte Partner-Workshops, innerhalb derer die wichtigsten Schnittstellenpartner über die Neuausrichtung informiert und ihre Rückmeldungen systematisch erfasst wurden. Die Rückmeldungen wurden hinsichtlich ihrer Wichtigkeit und Umsetzbarkeit beurteilt und entsprechend in die weitere Konzeption einbezogen.

Ergänzend etablierten wir ein „Reflecting Team", bei dem die wesentlichen Projektmeilensteine dem übergeordneten Führungsteam

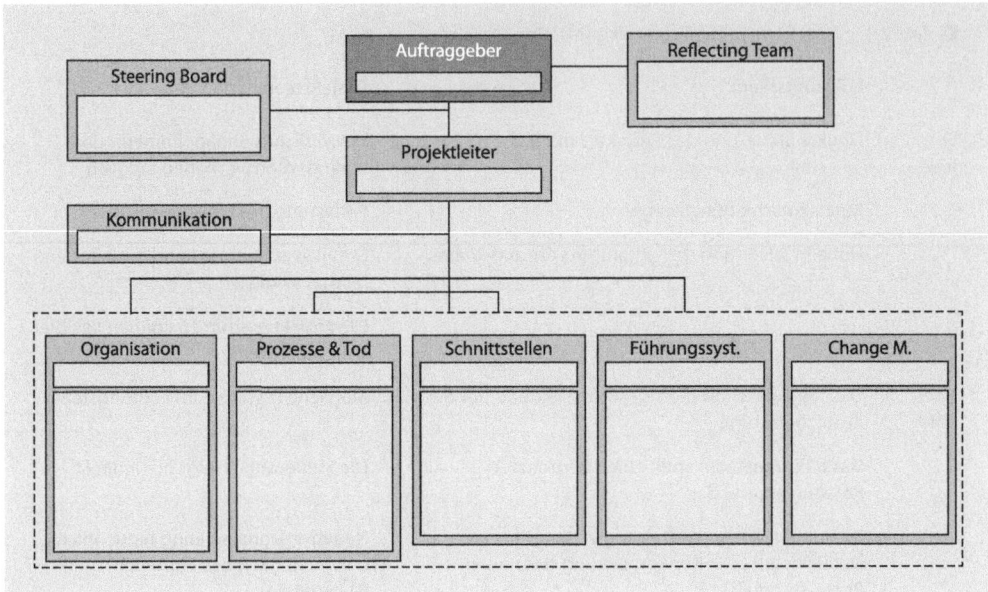

Abb. 2.2 Die gewählte Projektorganisation

ohne fixe Sitzungsagenda präsentiert und diskutiert wurden. Dieses Gremium stellte unsere Ergebnisse in einen Gesamtkontext und traf Entscheidungen auf unternehmenspolitischer Ebene. Auch für die interne „Vermarktung" und Steigerung der Akzeptanz unserer Ideen stellte sich diese Plattform als zielführend heraus.

Nach der Organisation der Projektstruktur und der Nominierung der Projektmitarbeitenden stand die rasche „Inbetriebnahme" der Projektorganisation im Vordergrund. In einer Kick-off Veranstaltung mit dem Führungsteam leiteten wir nochmals mittels Blueprint den Handlungsgrund her und zeigten die Projektziele und den ersten Entwurf der Projektplanung auf. Auf dieser Basis trat das Führungsteam mit dem Projektteam in einen Dialog, um Fragen und Unstimmigkeiten zu klären.

2.4 Die Konzeptionsphase

In der Phase der Konzeption stand zunächst die Bearbeitung inhaltlicher Fragestellungen im Vordergrund. Die im Strategiepapier skizzierten Veränderungen mussten konkretisiert werden. In dieser Phase lag der Hauptbeitrag der Change-Begleitung darin, Orientierung zu schaffen.

Im Projektverlauf beobachteten die Mitglieder des Changeteams, dass das Projektteam an sich selbst hohe Ansprüche stellte. Es wurde sehr viel konzeptionell erarbeitet ohne enge Rückkopplungsprozesse zum Führungsteam. Das Projektteam hatte den Anspruch, dem Führungsteam nur vollständig durchdachte Lösungen zu präsentieren. Die informelle Einbeziehung des Führungsteams in die Lösungserarbeitung musste zu diesem Zeitpunkt intensiviert werden. Wir organisierten für diesen Zweck einen Workshop für einen offenen Gedankenaustausch abseits der Projektplanung. Das Führungsteam und die Teilprojektleiter wurden dazu angeregt, sich in einem Kaffeegespräch zum Changeprozess auszutauschen. Aus diesem „Coffee Talk" kehrten die Personen zurück und führten einen offenen Dialog zu den diskutierten Inhalten. Diese Intervention gab dem gewünschten Kommunikationsverhalten einen wertvollen Impuls und unterstützte somit den offenen Dialog zwischen Projekt- und Führungsteam.

Changemanagement: Von der Strategie zur Umsetzung

In der weiteren Phase der Konzeption erhielten die verschiedenen Inhalte der Neuausrichtung mehr Kontur. Es entstand eine neue Prozessarchitektur, die u. a. die Ansprüche an Flexibilität und Durchgängigkeit der Prozesse berücksichtigte. Zur Unterstützung der Prozessabwicklung erstanden auch neue Prozessrollen. Diese Neuerungen verlangten auch eine Umstrukturierung der Aufbauorganisation. Das Veränderungsvorhaben umfasste somit Anpassungen der Ablauf- und Aufbauorganisation, der darin agierenden Rollen und Unterstützungsinstrumente.

2.5 Levels of Change

Die beteiligten Personen wurden sich bewusst, dass es sich bei den angestrebten Veränderungen um einen größeren Change handelt, der auf die Arbeitsabläufe und die Art der Leistungserbringung einen wesentlichen Einfluss haben wird. Es wurde immer offensichtlicher, dass die Veränderungen bei manchen Mitarbeitergruppen größere Anpassungsleistungen verlangten. Zu diesem Zeitpunkt fehlte jedoch ein differenziertes Bild darüber, wo die Veränderungen welche Konsequenzen haben werden. Es ging darum, eine Pauschalbehandlung aller Mitarbeitenden zu verhindern. Wir waren der Ansicht, dass zeitgemäßes Changemanagement nicht die maximale Involvierung verlangt, sondern eine angemessene Involvierung entsprechend der Betroffenheit der jeweiligen Zielgruppen.

Damit wir die Changeprozesse gezielt unterstützen konnten, mussten wir zuerst einen Überblick gewinnen, wo welche Veränderungen handlungsrelevant würden. Die Hauptfrage hierbei war: Welche Mitarbeitergruppen werden von welcher Veränderungstiefe betroffen sein?

Zur Abschätzung der Intensität der Change-Begleitung entwickelten wir das Modell der Veränderungstiefen „Levels of Change" (s. ◘ Abb. 2.3). Mit diesem Stufenmodell schätzten wir die Veränderungstiefen der jeweiligen Teilprojekte ab.

Auf Basis der „Levels of Change" wurden alle geplanten Veränderungskomponenten in einer Changelandkarte (s. ◘ Abb. 2.4) beurteilt. Die Teilprojekteiter bestimmten in einem gemeinsamen Workshop die unterschiedlichen Veränderungskomponenten (neue Prozessarchitektur, neues IT-Instrument, neue Prozessrollen, neue Organisationsform) und schätzten die entsprechende Veränderungstiefe für die Mitarbeitenden ab. So erhielt das Projekt- und das Führungsteam sehr rasch ein differenziertes Bild über die anstehenden Veränderungskomponenten und deren Auswirkungen auf die Mitarbeitenden. Nicht alle Veränderungskomponenten der Teilprojekte setzten einen

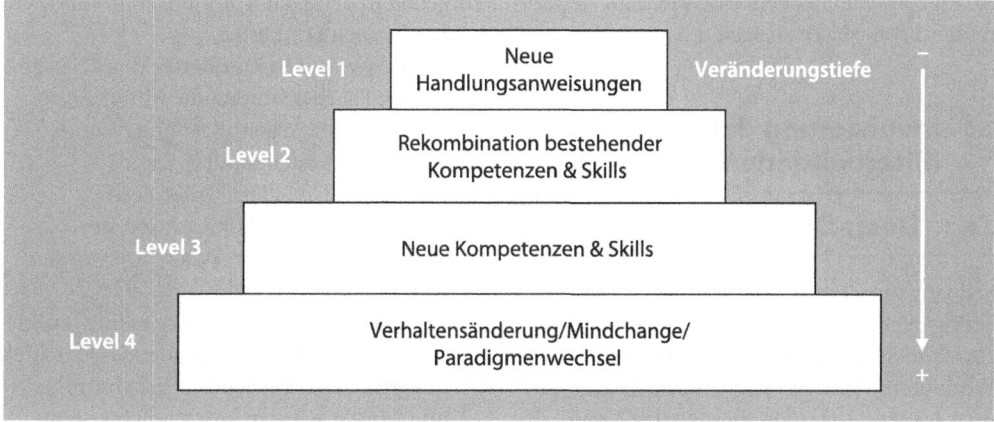

◘ Abb. 2.3 Levels of Change. Veränderung findet in verschiedenen Ausprägungen statt

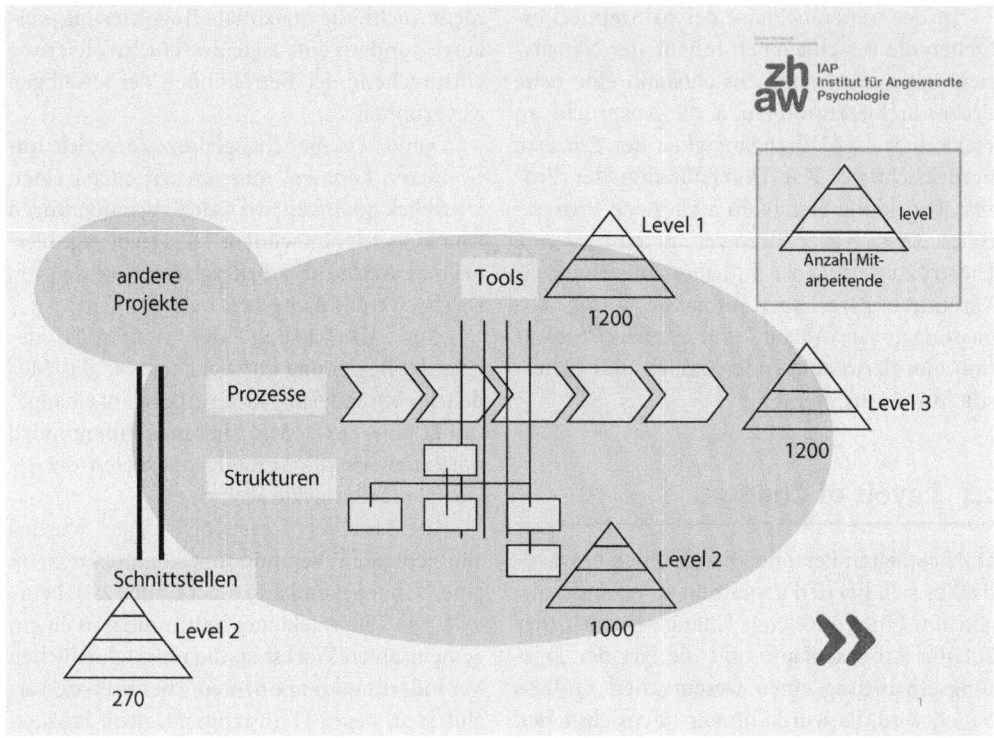

◘ Abb. 2.4 Exemplarische Changelandkarte. Überblick über die angedachten Veränderungen mit zugeordneten Veränderungstiefen

Paradigmenwechsel und daher eine engmaschige Changebegleitung voraus.

Entsprechend der Veränderungstiefe wurden angemessene Interventionen abgeleitet und in die Change-Architektur integriert.

So war es uns möglich, innerhalb dieses Change-Vorhabens den Überblick zu bewahren und Prioritäten zu setzen.

2.6 Involvierung der Mitarbeitenden

2.6.1 Deep-Dive

Seit längerer Zeit verwendete das Produktmarketing der Swisscom Schweiz AG neue Ansätze zur frühen Involvierung der Kunden in die Produktentwicklung. Hierfür wurde ein „Human Centered Design-Ansatz" des Unternehmens IDEO aus Kalifornien, USA bei der Swisscom Schweiz AG eingeführt. Wir erkannten das Potenzial dieses Ansatzes zur Involvierung unserer „Kunden des Change": Die 1500 Mitarbeitenden des Bereiches. Hierfür adaptierten wir den Involvierungsprozess „Deep-Dive" von IDEO (2015) und traten mit folgendem Vorgehen in den Dialog mit unseren Mitarbeitenden (s. auch ◘ Abb. 2.5):

- **Interviews durch Mitglieder des Changeteams:** Hierbei wurden die Mitarbeitenden an ihrem Arbeitsplatz ohne Vorankündigung besucht und in ihrer gewohnten Umgebung interviewt.
- **„Story telling" und Integration der Ergebnisse:** In einem Workshop wurden die Ergebnisse der Interviews als Geschichten präsentiert („story telling") und zu einer zusammenhängenden Geschichte integriert. Die abgeleiteten Erkenntnisse und Muster wurden anschaulich visualisiert (s. ◘ Abb. 2.5).

Changemanagement: Von der Strategie zur Umsetzung

Abb. 2.5 Prozessschritte eines Deep-Dives. (Adaptiert nach IDEO und Swisscom Schweiz AG)

- **Präsentation der Geschichte:** Diese Geschichte wurde in verschiedenen Führungsteams präsentiert und diskutiert. Die daraus gewonnenen Erkenntnisse dienten als Basis für weitere Interventionen und flossen in die Change-Architektur ein. An einem Mitarbeiteranlass wurden die Ergebnisse den Mitarbeitenden präsentiert und auch dort fanden Gespräche in Kleingruppen statt, die das gegenseitige Verständnis förderten.

Mit der Deep-Dive-Methode (Abb. 2.6) gelang es, folgende Ziele zu erreichen:
- Schaffung einer „offiziellen" Möglichkeit für die Mitglieder des Teilprojektes Changemanagement, mit betroffenen Mitarbeitenden in einen offenen Dialog zu treten. Die Erkenntnisse wurden direkt in die Teilprojekte zurückgespiegelt.
- Mitarbeitende und Teamleiter erhielten durch eine neuartige Methode eine Stimme.
- Sensibilisierung für psychologische Aspekte in Veränderungsprozessen auf allen Führungsebenen und bei den Mitarbeitenden.
- Vermittlung der Einsicht, dass bei der Kommunikation in Veränderungsvorhaben nicht nur Zahlen und Fakten relevant sind, sondern auch Geschichten und Emotionen ihre Kraft entfalten („numbers & stories").

2.6.2 Monitoringteam

Ein Hauptergebnis des Deep-Dives verwies auf einen „Graben" zwischen den Mitarbeitenden bzw. Teamleitern und dem Führungsteam (s. Abb. 2.6). Um den Kontakt zu den Mitarbeitenden zu erhöhen, etablierten wir ein Monitoringteam mit fünf Teamleitern aus verschiedenen Organisationseinheiten, die ihre Perspektive und die Perspektive ihrer Mitarbeitenden direkt dem Führungsteam spiegelten. Dieses Monitoringteam wurde bei entsprechenden Meilensteinen in das Führungsmeeting eingeladen. Dort präsentierte jede Person etwa fünf Minuten ihre Eindrücke und ihr aktuelles Empfinden, anschließend fand ein Austausch zwischen Führungs- und Monitoringteam statt. Nach etwa 40 Minuten verabschiedeten wir das Monitoringteam und diskutierten im Führungsteam über die neuen Erkenntnisse und definierte bei Bedarf entsprechende Maßnahmen. Die Erfahrungen mit dem Monitoringteam waren sehr positiv, da einige relevanten Punkte besprochen werden konnten.

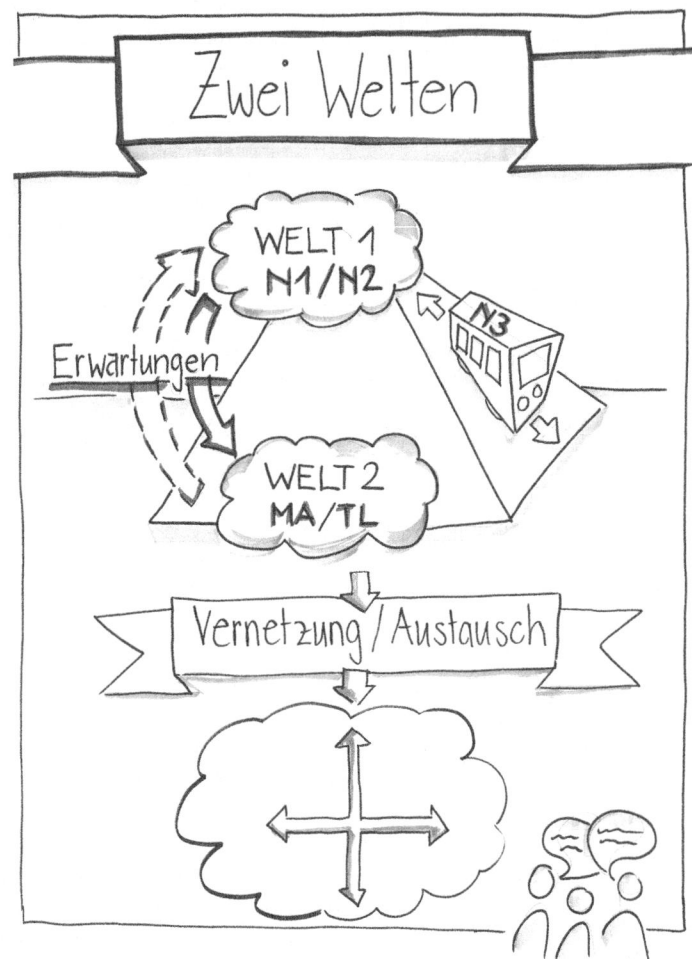

Abb. 2.6 Auszug aus der „Deep-Dive-Story"

2.7 Die Umsetzungsphase

Die Bereichsleitung wollte die anstehende Reorganisation nutzen, um die aktuellen Führungspositionen hinsichtlich einer optimalen Besetzung zu überprüfen. Das Führungsteam entschied sich dafür, nicht alle Führungspositionen neu auszuschreiben, sondern nominierte bewährte Führungskräfte direkt. Neue oder signifikant veränderte Führungspositionen wurden neu ausgeschrieben. Durch dieses Vorgehen konnten rund 80 Prozent der Führungspositionen rasch besetzt werden. Gleichzeitig nutzten wir die Chance, die Organisation punktuell mit neuen Führungskräften zu verstärken. Die neu formierten Führungsteams führten gemeinsam mit der nächsthöheren Ebene den Besetzungsprozess selbstständig durch. Ein zuvor erstelltes Führungskräfte-Portfolio (Einteilung der Führungskräfte in verschiedene Leistungs- bzw. Potenzialkategorien) diente als objektivierendes Element im Besetzungsprozess. Dieses Portfolio erstellten wir bereits im Vorfeld der Veränderung und konnten daher „just in time" darauf zugreifen.

Um die Organisation nicht zu überlasten, entschied sich das Führungsteam für eine sequenzielle Umsetzung der Neuerungen. Eine

Anpassung des Zeitplans machte es möglich, zuerst die Aufbauorganisation und die Rollen zu verändern, um anschließend die Prozesse und das IT-Tool sequenziell einzuführen.

Zum Zeitpunkt der Reorganisation erhielten alle Mitarbeitenden die Möglichkeit sich an 11 Informations- und Austauschveranstaltungen über die Neuerungen zu informieren. Dem Führungsteam war es dabei wichtig, in der gesamten Schweiz vor Ort mit den Mitarbeitenden in den Dialog zu treten. In dieser Dialogphase bildeten die Stellvertreter der Führungsteammitglieder eine wichtige Unterstützung bei der Bewältigung des Tagesgeschäfts.

Nach der Reorganisation wurden Prozess- und Rollenschulungen entlang eines Migrationsplans für alle betroffenen Mitarbeitenden und Rollenträger angeboten. In diesen Schulungen erarbeiteten sich die Teilnehmenden anhand konkreter Praxisfälle die Prozessschritte und Rollenzuständigkeiten selbst und wurden durch Trainer unterstützt. Die Rückmeldungen der Teilnehmenden waren durchgehend positiv, für die Umsetzung der neuen Prozesse und Rollen im Tagesgeschäft benötigten die Mitarbeitenden jedoch noch gezieltere Unterstützung.

Zur weiteren Begleitung der Umsetzung konzipierten die Prozessverantwortlichen spezifischere Trainingsmodule. Diese Trainings schafften für die Prozessverantwortlichen die Möglichkeit, konkret zu handeln und bestehende Freiräume zusammen mit den Prozessmitarbeitenden auszugestalten.

2.8 Der Change nach dem Change

Nach den verschiedensten Grossgruppenveranstaltungen, Trainings, Präsentationen und Gesprächen folgte der unspektakulärere Teil des Changemanagements. Um Neuerungen tatsächlich umzusetzen, müssen diese konsequent eingefordert, geübt und belohnt werden. Es bedarf großer Energie, damit Neues gegenüber Altbewährtem bestehen kann. Hierfür sind drei Aspekte besonders relevant:

- Disziplin in der Umsetzung der Neuerungen,
- konkretes Leistungsfeedback durch die Führungskräfte und
- positive Konsequenzen bei Einhaltung, negative Konsequenzen bei Verstoß.

Bei diesen Punkten handelt es sich um bekannte Herausforderungen für Führungskräfte, anhand derer sich rasch zeigt, ob die Veränderungen wirklich verstanden, akzeptiert und getragen werden. Nur wenige Führungskräfte treten in eine Auseinandersetzung mit ihren Mitarbeitenden und Kollegen, wenn die Veränderungen im Unternehmen nur halbherzig und unverbindlich umgesetzt werden. In dieser Phase findet ein gegenseitiges Beobachten statt. Besonders die Vorgesetzten werden stetig gewissen „Tests" ausgesetzt. In diesen „Momenten der Wahrheit" geht es darum, im Sinne der Neuerungen zu handeln. Auch hierbei muss allerdings ein gesunder Umgang mit Ausnahmen gefunden werden. „Work arounds" sind in komplexen Systemen teilweise sinnvoll, dürfen jedoch nicht systematisch die definierten Prozesse und Zuständigkeiten unterminieren. Das System muss sich zu diesen Fragestellungen neu eichen und austarieren. Besonders in dieser Regulierungsphase ist ein enger Dialog notwendig, der im Trubel des Alltags schnell vergessen wird.

Nach Veränderungsvorhaben eilt üblicherweise der Projektleiter rasch zu neuen Herausforderungen und die Führungskräfte verschieben ihre Aufmerksamkeit auf andere Vorhaben. Um dies zu verhindern, wurde eine schlanke Projektorganisation nach der Reorganisation beibehalten. Diese Rumpforganisation hatte die Aufgabe, die Umsetzung zu kontrollieren und Verbindlichkeiten beizubehalten. Sie begleitete zudem die Übergabe der Verantwortung vom Projektteam an die neu definierte Fachführungsstruktur in der Organisation.

Zusätzlich unterstützte ein Umsetzungs-Controlling die Prozessverantwortlichen in ihrer Rolle. Das Umsetzungs-Controlling sah vor, regelmäßig den Umsetzungsstatus vor dem Führungsteam zu präsentieren. Dies steigerte die Verbindlichkeit der Prozessumsetzung auf systematischer Weise. Um die Veränderungen zusätzlich zu verankern, erhielten die Prozessverantwortlichen (drei Processowner) einen permanenten Sitz im Führungsteam.

Diese Maßnahmen hatten das Ziel, eine nachhaltige Verbindlichkeit zu schaffen und die Aufmerksamkeit systematisch auf diesem Veränderungsvorhaben zu behalten. Dem Führungsteam war es wichtig, dass die angekündigten Anpassungen auch tatsächlich umgesetzt wurden. Die nachhaltige Verankerung des Changevorhabens bildet einen wertvollen Beitrag zur Akzeptanz neuer Veränderungsvorhaben. Der Change nach dem Change ist der vor dem Change.

> **Lessons learned im Jahr 2011**
> Das gesamte Veränderungsvorhaben war für mich als HR-Businesspartner eine gute Möglichkeit, meinen Betreuungsbereich von der Strategiediskussion bis hin zur Umsetzung zu begleiten. Als besondere Herausforderung empfand ich die Regulation von Nähe und Distanz in der Beraterrolle. Durch die intensive Auseinandersetzung mit dem Auftraggeber und den Mitgliedern des Führungsteams wuchs eine enge, teilweise freundschaftliche Verbindung heran. Diese Beziehung bildete eine wertvolle Vertrauensbasis, schränkte jedoch meine objektive Sicht als Berater teilweise ein. Umso wichtiger war auch für mich die Schaffung von Dialogplattformen mit den betroffenen Mitarbeitenden. Besonders die frühen Diskussionen im Rahmen der Deep-Dives und die Rückmeldungen des Monitoringteams waren hierfür besonders hilfreich.
> Dennoch wiesen wir gewissen Einwänden zu wenig Bedeutung zu, beispielsweise den Hinweisen hinsichtlich der Komplexitätssteigerung durch die Neuerungen. Aus rein sachlicher Betrachtung handelte es sich bei den Veränderungen um Neustrukturierungen bereits vorhandener Prozesse und Rollen. Manche Mitarbeitenden empfanden es allerdings als unnötige Komplexitätssteigerung. Der angemessene Umgang mit Widerstand stellte sich als eine der anspruchsvollsten Herausforderungen heraus.
> Weder das „Fähnlein im Winde" noch „ignorante Sturheit" führten zu passenden Lösungen. Ein gutes Maß zwischen „Anpassung" und „Konsequenz" bildete für uns das geeignetste Vorgehen.
> Das Führungsteam fand aus meiner Sicht einen guten Umgang mit Widerständen. Beispielsweise wurde die Komplexität durch die Priorisierung auf nur zwei Hauptprozesse zusätzlich reduziert. Die Einführung der anderen Prozesse wurde entsprechend zeitlich verschoben.
> In Zeiten von Unsicherheiten dienten der Business-Blueprint und das daraus abgeleitete Strategiepapier „Agile Operations" als wichtige Bezugspunkte für das Führungsteam. Der umfangreiche Strategieprozess war daher für die gesamte Veränderungsreise von besonderer Bedeutung.

2.9 10 Jahre danach: Eine Prozessreflexion

Nach 10 Jahren bietet sich die Möglichkeit, nicht nur den dokumentierten Prozess, sondern auch die Zeit danach zu reflektieren. Besonders, da die Organisation unmittelbar nach dem Change anspruchsvolle Belastungen bewältigen musste. Zum belastenden Alltagsgeschäft kam die Auseinandersetzung mit neuen Prozessen und Rollen hinzu.

Zur systematischen Reflexion verwende ich das Wirkmodell von Lindart (2017), welches er ursprünglich für die Analyse der Wirksamkeit von Coachingprozessen entwickelte. Die grundsätzlichen Faktoren können jedoch auch zur Reflexion von Changeprozessen angewandt werden. Lindart (2017) unterscheidet zwischen Wirkungen in den Bereichen „Voraussetzungen",

"Prozess" und "Erfolge". Um meine persönlichen Eindrücke zu objektivieren, führte ich im August 2019 ein Reflexionsgespräch mit dem damaligen Bereichsleiter, Philippe Vuilleumier. Er verantwortet heute als Chief Security Officer die Sicherheit der Swisscom AG auf Konzernleitungsstufe. Ich bedanke mich herzliche bei Philippe Vuilleumier für die Offenheit, nach 10 Jahren diesen Prozess zu betrachten und gemeinsam unsere Erkenntnisse abzuleiten.

2.9.1 Voraussetzungen

Auch 10 Jahre nach dem Projektstart empfinde ich den durchlaufenen Prozess als gelungen. Das Führungsteam war von Anfang an involviert und unterstützte die verschiedenen Massnahmen zur Veränderungsbegleitung. Somit waren die Voraussetzungen günstig, die Neuerungen gut zu vermitteln und den Realitäten anzupassen (z. B. Rückmeldungen durch das Monitoring-Team). In folgenden Veränderungsvorhaben profitierte ich immer wieder von diesen Erfahrungen und wendete unter anderem die vorgestellten Instrumente an. Es zeigt sich, dass besonders Methoden zur Stimulation eines Dialogs zwischen den Anspruchsgruppen einen wichtigen Beitrag leisten. Besonders in Zeiten der Veränderung stehen die betroffenen Entscheidungsträger und Mitarbeiter unter besonderem Druck. Sachlogische Überlegungen und Fragestellungen dominieren meistens die Projektagenda. Instrumente wie der „Business-Blueprint" oder der „Deep Dive" rücken die zwischenmenschliche Ebene in den Vordergrund und machte diese bearbeitbar. Auch Philippe Vuilleumier betrachtet den Changeprozess rückwirkend als sehr gelungen und setzte verschiedene Instrumente von damals auch in nachfolgenden Projekten ein. Für ihn war besonders wichtig, sein zukünftiges Führungsteam bereits vor dem Projektstart zu definieren. Hinsichtlich jeder einzelnen Führungsperson traf er die Entscheidung, ob er mit dieser Person die Veränderung durchlaufen möchte. Jede Person wusste somit, dass er in der zukünftigen Organisation auch eine Rolle haben wird.

Neben den positiven Aspekten gab es nach dem Changeprozess aber auch deutliche Herausforderungen, die vor allem der angespannten Ressourcensituation geschuldet waren. Belastend für die Organisation war die Tatsache, dass vor dem Change regelmässig Stellen abgebaut wurden. Der durchgeführte Veränderungsprozess erfolgte daher in einer Zeit angespannter Ressourcen. Mitarbeitende und Teamleitende spiegelten zurück, dass das geplante Prozessmodell und die neuen Rollen zu umfangreich und zu komplex seien. Aus diesem Grunde entschied das Führungsteam, die Neuerungen etappenweise einzuführen. Dieser Entscheid war sicherlich relevant, um die Ressourcensituation zu entspannen. Philippe Vuilleumier berichtete, dass die Führung unmittelbar nach dem Veränderungsprozess adäquat reagierte, und die vorgegebenen Einsparungsziele reduzierte. So konnten die auftretenden Serviceprobleme gezielter behoben werden. Nach Angaben von Herrn Vuilleumier zeigte eine anschliessende Evaluation allerdings auch, dass die Fehlerbehebung etwas langsamer ablief, da die neuen Prozesse und Rollen noch nicht vollumfänglich etabliert waren.

Um die Ressourcen bereits vor dem Veränderungsprozess besser planen zu können, wäre eine vorhergehende Analyse der physischen und psychischen Arbeitsbelastungen möglich gewesen (z. B. Metz und Rothe 2016). Diese hätte eine sinnvolle Ergänzung zur durchgeführten Einschätzung aller Führungskräfte hinsichtlich ihrer Fähigkeiten und Potenziale für die Zukunft (Portfolio-Ansatz) dargestellt.

Vor dem Start eines umfangreichen Veränderungsvorhabens bietet sich zudem an, die Tragweite einer Veränderung systematisch abzuschätzen. Hierfür kann ein „BEWARE-Prozesses" durchgeführt werden (Klink 2013). Eine Organisation sollte sehr bewusst den Prozess vor dem eigentlichen Change durchlaufen, um in einem frühen Stadium die Auswirkungen besser einschätzen zu können. Hierzu gehört auch eine ehrliche Einschätzung, ob die

Organisation zum aktuellen Zeitpunkt bereit für den angedachten Changeprozess ist.

Das Akronym BEWARE steht für:
- **Blueprint**: Auslegeordnung der aktuellen Situation und des zukünftigen Sollzustandes.
- **End of Change**: Definition von gewünschten Endzuständen, welche durch den Change erreicht werden sollen.
- **Ways**: Beschreibung möglicher Wege (Varianten), wie dieser Endzustand erreicht werden kann.
- **Assessment & Decision**: Bewertung der Varianten und Entscheid für eine Umsetzungsvariante.
- **Rapid Prototyping**: Frühzeitige und schnelle Simulation der gewählten Variante.
- **Evaluation**: Bewertung und Adaption der ursprünglichen Planung.

Mit einem systematisch durchgeführten BEWARE-Prozess kann ein Veränderungsvorhaben in einen grösseren Kontext gestellt, mögliche Umsetzungsvarianten von den Veränderungszielen abgeleitet und mit den verschiedenen Anspruchsgruppen besprochen werden. Häufig favorisiert ein Führungsteam bereits einen Umsetzungsweg (z. B. Reorganisation), ohne verschiedenste Umsetzungsvarianten (Ways) systematisch auszuwerten und bei Bedarf zu simulieren (Rapid Prototyping).

2.9.2 Prozess

Der Changeprozess an sich war gut geführt und involvierte wichtige Schlüsselpersonen. Anstelle des Business-Blueprints hätte durchaus auch der „Business Model Canvas" von Osterwalder und Pigneur (2011) verwendet werden können. Dabei wird das Geschäftsmodell einer Organisation als Gesamtübersicht dargestellt. Auch mit diesem Modell wäre ein „Heute-Zukunft-Abgleich" möglich gewesen.

Die Benennung der Mitglieder des Projektteams erfolgte weitgehend top down durch das Führungsteam. Aus heutiger Sicht hätten sich auch Ansätze der Selbstorganisation angeboten. Dabei hätten sich Personen auf die ausgeschriebene Projektmitarbeit melden können. Auch Kotter (2015) setzt mit seinem Ansatz „duales Betriebssystem" neben der klassischen Hierarchie auf ein freiwilliges Zusatzengagement in Netzwerkorganisationen (z. B. Projekte). Kotter (2015) stellt fest, dass es in Organisationen immer Personen gibt, die sich für ein sinnvolles Projekt über ihr definierten Arbeitsauftrag hinaus einsetzen.

Auch unser Ansatz zur Umsetzung kann kritisch hinterfragt werden. Wir wählten eine breite und umfassend Umsetzung, damit Verbesserungen und Synergien rascher realisiert werden konnten. Aufgrund von kritischen Rückmeldungen etappierten wir zwar die Einführung. Allerdings betraf die Umsetzung weiterhin recht viele Personen. Eine Alternative wäre eine Pilotdurchführung in einem kleineren Bereich gewesen mit anschliessender Integration der Erkenntnisse in eine flächendeckende Umsetzung. Auch Philippe Vuilleumier verwies darauf, dass er heute diesen Change in kürzeren Iterationen umsetzen würde, um rascher auf sich ändernde Rahmenbedingungen reagieren zu können.

2.9.3 Erfolge

Zur Durchführung des Changes erhielten wir mehrheitlich Rückmeldungen, dass der Veränderungsprozess sehr professionell geführt wurde. Zudem verstanden viele Personen die Anliegen und die Ziele und akzeptierten diese. Teamleiter und ein Monitoringteam spiegelten uns, dass wir wichtige Rückmeldungen der Mitarbeitenden aufnahmen.

Es gelang, die Prozesse mittelfristig zu harmonisiert und die Rollen zu vereinheitlichen. Einen wesentlichen Anteil daran hatte der dargestellte Changeprozess.

Kritisch gilt es zu erwähnen, dass die vorgesehenen Verbesserungen durch die knappen Ressourcen und den daraus resultierenden Qualitätsproblemen erst verzögert realisiert werden konnten. Auch Philippe Vuilleumier bewertet die Umsetzungsgeschwindigkeit kritisch. Besonders die Einführung des neuen Produktionsmodells wurde deutlich später als geplant umgesetzt. Dies bestätigt den Mythos „post change performance" auf welchen Herold und Fedor (2008) hinweisen. Danach benötigen Changeprozesse meist länger als geplant, um die gewünschten Effekte zu erzielen. Auch sei es üblich, dass Organisationen während einer Veränderung länger als geplant unter einem Produktivitätsverlust leiden.

Die Erfahrungen in verschiedenen Changevorhaben zeigen, dass mit einer professionellen Begleitung viel zum Projekterfolg beigetragen werden kann. Aber selbst dann müssen Organisationen häufig mit längeren Einschwingphasen und Umwegen rechnen. Changemanagement bleibt anspruchsvoll und beseitigt nicht alle Irritationen, Konflikte und Widerstände. Es trägt jedoch zu einem gemeinsamen Lernprozess bei, zu dem es aus meiner Sicht keine Alternative gibt.

Persönliche Botschaft des Autors

Literatur

Friedman L, Gyr H (1998) The dynamic enterprise: tools for turning chaos into strategy and strategy into action. Jossey-Bass, San Francisco

Herold DM, Fedor DB (2008) Leading change management. Leadership strategies that really work. Kogan Page, London

IDEO (2015) Design kit. IDEO.org, Palo Alto

Klink T (2013) Die vernachlässigte Phase: Was geschieht, bevor der Change „gemanagt" wird? HR Today – Checkliste der Woche. https://www.hrtoday.ch/de/article/die-vernachlaessigte-phase-was-geschieht-bevor-der-change-gemanagt-wird. Zugegriffen am 06.08.2019

Kotter JP (2015) Accelerate. Strategische Herausforderungen schnell, agil und kreativ begegnen. Vahlen, München

Lindart M (2017) Den Blick auf die wirksamen Dinge richten. Neue Erkenntnisse aus der Coaching-Forschung. Coaching Magazin, 1 Aug 2017

Metz A, Rothe H (2016) Screening psychischer Arbeitsbelastungen. Ein Verfahren zur Gefährdungsbeurteilung. Springer, Heidelberg

Osterwalder A, Pigneur Y (2011) Business Model Generation. Ein Handbuch für Visionäre, Spielveränderer und Herausforderer. Campus, Frankfurt

Swisscom (2018) Swisscom Geschäftsbericht. https://reports.swisscom.ch/download/2018/de/swisscom_geschaeftsbericht_gesamt_2018_de.pdf. Zugegriffen am 07.08.2019

◘ Abb. 2.7   Persönliche Worte: Thomas Klink

Die Pforten der Wahrnehmung erweitern

Ansätze systemischer Beratung bei der Einführung neuer Arbeitsstrukturen in Produktionsbetrieben bei Bayer

Volker Kiel

3.1	**Rahmenbedingungen und Annahmen – das Beratungsfeld betreten – 26**	
3.1.1	Beschreibung der Ausgangssituation – evolutionären Wandel aktiv erzeugen – 26	
3.1.2	Merkmale der Produktionsbetriebe – der Fokus auf das soziale System – 29	
3.1.3	Aufgabe und Rolle der Berater – der Blick auf vorhandene Ressourcen und bekömmliche Lösungen – 30	
3.2	**Praxisfeldbezogene Grundgedanken systemischer Beratung – der Situation verpflichtet sein – 31**	
3.2.1	Die Kraft des Zwischenmenschlichen – das Gespür für das, was dazwischen ist – 31	
3.2.2	Konstruktion von Wahrnehmung und Sinngebung – die innere Antwort als Ergebnis individueller und kollektiver Verarbeitungsprozesse – 33	
3.2.3	Prinzipien der Selbstorganisation – Dont't push the river: It flows itself – 35	
3.3	**Beratungsziele und Auftragsklärung – die Positionen im Dreieck zusammenführen – 35**	

Elektronisches Zusatzmaterial Die elektronische Version dieses Kapitels enthält Zusatzmaterial, das berechtigten Benutzern zur Verfügung steht. https://doi.org/10.1007/978-3-662-60465-6_3
Die Videos lassen sich mit Hilfe der SN More Media App abspielen, wenn Sie die gekennzeichneten Abbildungen mit der App scannen.

© Springer-Verlag GmbH Deutschland, ein Teil von Springer Nature 2020
C. Negri, D. Eberhardt (Hrsg.), *Angewandte Psychologie in der Arbeitswelt*, Der Mensch im Unternehmen: Impulse für Fach- und Führungskräfte, https://doi.org/10.1007/978-3-662-60465-6_3

3.4	Beispiele systemischer Interventionen aus der Beratungspraxis – das Abstrakte loslassen und sich auf das Konkrete einlassen – 37
3.4.1	Beispiel 1: Umgang mit Polaritäten – 37
3.4.2	Beispiel 2: Dem Drama widerstehen – 38
3.4.3	Beispiel 3: Wunder gibt es immer wieder – 38
3.5	Nachklang – 39
	Persönliche Botschaft des Autors – 42
	Literatur – 42

3

Die Pforten der Wahrnehmung erweitern

Zusammenfassung

Im Folgenden werden zunächst das Beratungsfeld sowie die Funktion und Rolle der Berater beschrieben. Bezogen auf dieses Feld werden relevante Annahmen systemischer Beratung erläutert, die als Grundlage für die Haltung und das methodische Handeln dienen. Anschließend wird herausgestellt, wie die Position des Beraters, der Auftrag des Vorstandes und die Perspektive der Betriebe in Einklang gebracht werden konnten. Abschließend werden konkrete Beispiele systemischer Interventionen auf der individuellen Ebene und deren Wirkungen aufgeführt.

Das Unternehmen

Bayer ist ein weltweit tätiges Unternehmen und bis zum Jahr 2015 mit Kernkompetenzen auf den Gebieten Gesundheit, Ernährung und hochwertige Materialien. Das Erfinder-Unternehmen setzt Zeichen in forschungsintensiven Bereichen. Es will mit seinen Produkten und Dienstleistungen zur Verbesserung der Lebensqualität beitragen und Werte schaffen durch Innovation, Wachstum und eine hohe Ertragskraft. Bayer bekennt sich zu den Prinzipien der Nachhaltigkeit und unterstreicht, als „Corporate Citizen" sozial und ethisch verantwortlich zu handeln.

Der Change-Prozess

Die Organisationsentwicklungsmaßnahme umfasste ungefähr 160 Produktionsbetriebe mit ca. 15.000 Mitarbeitenden. Alle Führungskräfte und Mitarbeiter der jeweiligen Betriebe wurden am Prozess der Einführung neuer Arbeitsstrukturen beteiligt. Es wurde ein Team aus ca. 35 Beratern zusammengestellt, wobei jeder Betrieb von zwei Beratern im Tandem begleitet wurde.

Seit 1998 war ich als freiberuflicher Berater für die Bayer AG tätig und ab dem Jahr 2000 Mitarbeiter der internen Personal- und Organisationsentwicklung. In diesem Kapitel beschriebenen Projekt war ich verantwortlich für die didaktisch-methodische Konzeption und Durchführung der gesamten Schulungs- und Trainingsmaßnahmen sowie für die entsprechende Beraterqualifizierung. Ich habe noch bis zu meinem Ausscheiden

> aus dem Konzern im Jahr 2007 verschiedene unterstützende sowie weiterführende Maßnahmen für einzelne Betriebe konzipiert und durchgeführt.

In diesem Beitrag wird am Beispiel der Einführung neuer Arbeitsstrukturen in Produktionsbetrieben von Bayer ein systemischer Organisationsentwicklungsansatz im industriellen Kontext dargelegt. Anhand einzelner Interventionen wird aufgezeigt, wie das Repertoire der systemischen Beratung konkret bei umfangreichen Reorganisationen auf der psychosozialen Ebene situativ einfließen kann. Auf dieser Ebene erscheint systemische Beratung zunächst unspektakulär, da nicht von außen am umfassenden Ganzen abstrakt sachlogisch operiert, sondern im System konkret interveniert wird. Diese Interventionen auf der individuellen oder sozialen Ebene können jedoch erhebliche Auswirkungen haben und damit den entscheidenden Impuls für den weiteren Verlauf des gesamten Veränderungsprozesses geben. Interventionen werden hier nicht als vorgefertigte standardisierte Form beschrieben, sondern sie sind das Ergebnis eines kreativen Prozesses aus der situativen Wahrnehmung und dynamischen Wechselwirkung zwischen den Beteiligten. Je mehr sich der Berater auf diesen zwischenmenschlichen Prozess einlässt, desto mehr ist er als Person mit seiner Haltung gefordert. Er riskiert sich, weil er den Schutzmantel allgemeiner Konzepthülsen und abstrakter Formulierungen ablegen muss, um in einem ergebnisoffenen interaktiven Prozess die Konkretisierung und Funktionsfähigkeit neuer Strukturen zu ermöglichen.

In dem hier beschriebenen Projekt bestand die Aufgabe des Beraters darin, die auf der sachlogischen Ebene konzipierten allgemeingehaltenen Strukturen mit den Betroffenen konkret auszugestalten, damit diese den betriebsspezifischen Erfordernissen gerecht würden und vom sozialen System im Denken und Handeln integriert werden konnten. Insofern war der Berater kein technischer Fachexperte, sondern eher Initiator und Ermöglicher von Wandel im psychosozialen System unter Berücksichtigung der vorgegebenen Strukturen, Rahmenbedingungen und Zielsetzungen.

Im Folgenden werden zunächst das Beratungsfeld sowie die Funktion und Rolle der Berater beschrieben. Bezogen auf dieses Feld werden relevante Annahmen systemischer Beratung erläutert, die als Grundlage für die Haltung und das methodische Handeln dienen. Anschließend wird herausgestellt, wie die Position des Beraters, der Auftrag des Vorstandes und die Perspektive der Betriebe in Einklang gebracht werden konnten. Abschließend werden konkrete Beispiele systemischer Interventionen auf der individuellen Ebene und deren Wirkungen aufgeführt.

3.1 Rahmenbedingungen und Annahmen – das Beratungsfeld betreten

> » „Erst wirbeln wir den Staub auf und behaupten dann, dass wir nichts sehen können." (Berkeley)

Im Folgenden werden die Rahmenbedingungen und Annahmen aufgeführt, durch welche das Beratungsfeld gekennzeichnet war. Dabei wird die Ausgangssituation beschrieben, die den Auftrag, die Zielsetzung sowie die Strategie und Vorgehensweise der Beratung umfasst. Gegenstand der Beratung sind Produktionsbetriebe, die hier als soziale Systeme definiert werden und bestimmte kulturelle Phänomene selbstorganisiert zum Vorschein bringen. Auf der Grundlage dieser Annahmen werden anschließend die Aufgabe und Rolle der Berater hergeleitet.

3.1.1 Beschreibung der Ausgangssituation – evolutionären Wandel aktiv erzeugen

Der Vorstand der Bayer AG erteilte 1998 allen Produktionsbetrieben des Standortes Deutschland den Auftrag, bis 2004 neue Arbeitsstrukturen einzuführen. Diese Reorganisation sollte die Mitarbeitenden der Betriebe befähigen, sowohl prozess- als auch teamorientierter zusammenzuarbeiten. Damit strebte der Vorstand eine duale Zielsetzung an: einerseits die Wirtschaftlichkeit der Betriebe durch effizientere Prozesse zu verbessern (Struktur), andererseits die Arbeitszufriedenheit der Mitarbeiter durch kooperative Zusammenarbeit im Team zu erhöhen (Kultur).

Insgesamt handelte es sich um ungefähr 160 Betriebe mit ca. 15.000 Mitarbeitenden. Alle Führungskräfte und Mitarbeiter der jeweiligen Betriebe wurden am Prozess der Einführung beteiligt. Die interne Personal- und Organisationsentwicklung sowie die Konzernplanung wurden beauftragt, die Betriebe bei diesem Einführungs-Prozess zu beraten. Um diesem hohen Beratungsaufwand gerecht werden zu können, wurde ein Team aus ca. 35 Beratern zusammengestellt, wobei jeder Betrieb von zwei Beratern im Tandem begleitet wurde. Beim Vorgehen stand eine Entwicklungsstrategie im Vordergrund: Einerseits wurden die Betroffenen möglichst früh am Prozess der Veränderung beteiligt, um deren Akzeptanz zu erhöhen. Andererseits sollten der spezifische Veränderungsbedarf und mögliche Lösungsansätze gemeinsam mit allen Betriebsangehörigen erarbeitetet werden, um die vorhandenen Fähigkeiten, Erfahrungen und Kenntnisse mit einfließen zu lassen.

> **Übersicht**
> „Die Entwicklungsstrategien basieren auf der Grundannahme, dass Verhalten nicht allein durch Rationalität erklärt werden kann und eine reine Sachargumentation daher an Grenzen stößt. Aus diesem Grunde werden die bestehenden Werte, Normen und Überzeugungen berücksichtigt und emotionale Faktoren des sozialen Systems mit einbezogen. Entwicklungsstrategien gehen davon aus, dass die betroffenen Personen selbst die passenden Lösungen erarbeiten können, da die Fähigkeiten, Erfahrungen und das Wissen im sozialen System vorhanden sind.
> Entwicklungsstrategien entsprechen am ehesten dem Verständnis der Autonomie und den Prinzipien der Selbstorganisationen von sozialen Systemen und kommen tendenziell beim evolutionären Wandel stärker zum Tragen" (Kiel 2010).

Die Betriebsangehörigen wurden umfassend an der konkreten Ausgestaltung und Umsetzung der Veränderung beteiligt. So wurde z. B. die grobe Zielrichtung des Konzerns zunächst mit der Betriebsleitung in einem Orientierungsgespräch und anschließend durch die Führungskräfte und Mitarbeitenden in Workshops bezogen auf die betriebsspezifische Situation konkretisiert. In moderierten Teamsitzungen wurden aus diesen Zielen Aktivitäten und Maßnahmen erarbeitet, die wiederum von einem gewählten Teamsprecher in einem Führungsgremium präsentiert und diskutiert wurden. Der Betriebsleiter hat das sogenannte Betriebsmanagementteam einmal im Quartal einberufen. Hier wurden bisherige Schritte evaluiert, Erfolge sichtbar gemacht und Hindernisse bei der Umsetzung besprochen sowie über das weitere Vorgehen entschieden. Die hierarchische Verankerung der partizipativen Vorgehensweise im Topmanagement und dadurch mit der erforderlichen Handlungs- und Entscheidungskompetenz verbunden stärkte die Wirkkraft und Nachhaltigkeit der Veränderungen. Die durchgeführte Veränderung kann als evolutionärer Wandel beschrieben werden.

> „Beim evolutionären Wandel werden die Erfahrungen und das Wissen der Menschen genutzt und deren Sichtweisen, Meinungen und Bewertungen einbezogen. Veränderungen geschehen daher langsamer, vielschichtiger und sind ergebnisoffener. Evolutionärer Wandel ist antizipierend, partizipativ und langfristig und wird in kleinen kontinuierlichen

Schritten durchgeführt Die Veränderungen sind anschlussfähiger an die bestehende Selbstorganisation des sozialen Systems, wodurch sie eher akzeptiert, integriert und verwirklicht werden kann" (Kiel 2010).

Obwohl man davon ausgehen könnte, dass aufgrund dieser partizipativen Vorgehensweise die Veränderungsbereitschaft der Betriebsangehörigen eher hoch gewesen sein sollte, wurden zahlreiche Einwände und Bedenken gegen die Einführung neuer Arbeitsstrukturen geäußert. Der Sinn und Nutzen wollte auch nach langen Diskussionen und Gesprächen nicht erkannt werden. Auf den ersten Blick erschienen diese Widerstände nicht nachvollziehbar, da die Mitarbeiter der Betriebe zahlreiche Optimierungsmöglichkeiten und Verbesserungspotenziale aufzeigten. Bei genauerem Hinschauen wurde jedoch deutlich, dass Widerstände nicht gegen Veränderungen an sich gerichtet waren, sondern hauptsächlich gegen die Übernahme von Verantwortung, Selbststeuerung und Selbstkontrolle.

Bis zu diesem Zeitpunkt schien es komfortabel zu sein, die Verantwortung nach außen zu übertragen. Nach dem Motto: „Wir haben doch schon oft gesagt, was noch optimiert werden kann. Jetzt warten wir mal ab, dass die da oben oder die anderen etwas tun!" Und: „Solange nichts passiert, sind wir zurecht unzufrieden und wenig motiviert, etwas zu verändern!" Im Kern richtete sich der Widerstand gegen den geforderten Rollenwandel vom passiv abwickelnden Mitarbeiter zum aktiv gestaltenden Mitdenker. Mit diesem Wandel waren verschiedene Befürchtungen und Unsicherheiten verknüpft. Die Veränderungsbereitschaft war folglich gering.

Freiwilligkeit und Selbstmotivation einer kritischen Anzahl Betroffener ist grundlegende Voraussetzung für evolutionären Wandel und infolge dessen für nachhaltige Veränderungen in Organisationen. Wir standen vor der paradoxen Situation, bei den Betriebsangehörigen die Einstellung zu erzeugen, freiwillig und selbstmotiviert einen angewiesenen Veränderungsprozess eingehen zu wollen. Bei andauernden Widerständen begleitet von eigener Ungeduld geriet so mancher Berater in die Versuchung, von dem partizipativen Ansatz abzuweichen und mit Macht das erforderliche Konzept durchdrücken zu wollen: „Wenn wir hier rausgehen, wird kein Stein mehr auf dem anderen stehen!", sagte ein Berater vor der gesamten Belegschaft eines Betriebes, nachdem er der Diskussion nicht standhalten konnte. Die Auswirkungen dieser oder ähnlicher Äußerungen waren für das gesamte Projekt sehr schädigend: Sie erzeugten Blockaden, Verweigerung und direkte Beschwerden beim Management. Oft war es erforderlich, insbesondere naturwissenschaftlich, technisch oder betriebswirtschaftlich geprägte Berater von der entwicklungsorientierten Vorgehensweise zu überzeugen und sie zu bitten, sich in Geduld zu üben, sich auf die Anliegen der Menschen und deren betriebsspezifische Situation einzulassen. Im Prinzip hatten wir auch keine andere Wahl und die Ergebnisse sprachen später eindeutig für sich:

Die Einführung neuer Arbeitsstrukturen wurde durch ein unabhängiges sozialwissenschaftliches Forschungsinstitut begleitet und evaluiert. Die Ergebnisse waren sehr überzeugend. Der Anteil technischer Arbeiten stieg z. B. von 2 % auf 15 % und der Anteil durchgeführter Kontrollgänge von 12 % auf 25 % an der Gesamtleistung der Produktionsmitarbeitenden. Die Umsetzung von Verbesserungsvorschlägen stieg von 73 % auf 89 %. Diese Aspekte setzen hohe Eigenverantwortung, Eigeninitiative und Selbststeuerung voraus. Des Weiteren bemerkte eine überwiegende Anzahl der Mitarbeitenden eine deutliche Erweiterung ihrer Qualifizierung (59 %) und Selbstständigkeit (48 %) sowie eine Verbesserung der Zusammenarbeit (58 %) und des Betriebsklimas (72 %).

Im Sinne der Entwicklungsstrategie wurde während des Einführungsprozesses zwischen den Beratern und den Betriebsangehörigen ein gemeinsames Beratungssystem für einen

Die Pforten der Wahrnehmung erweitern

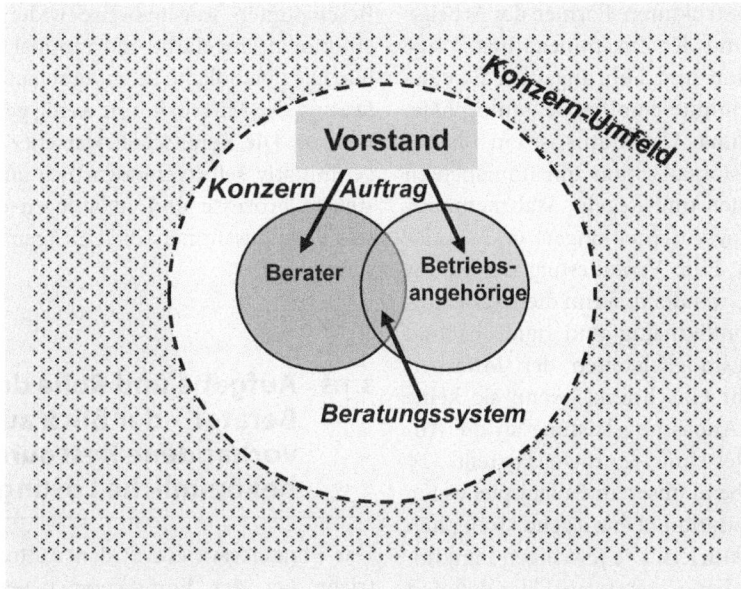

Abb. 3.1 Das Beratungssystem

definierten Zeitraum erschlossen (Abb. 3.1). In diesem System wurden die betrieblichen Ziele, konkrete Maßnahmen und das weitere Vorgehen erarbeitet und abgestimmt.

Das spezifische Umfeld und die Rahmenbedingungen des Betriebes wurden thematisiert und berücksichtigt. Dazu gehörten u. a. die wirtschaftliche Situation des Betriebes, die Marktposition, derzeitige und künftige Erfolgspotenziale, Kunden und Mitbewerber, Nachbarbetriebe, bestimmte konzerninterne, standortbezogene und gesetzliche Regelungen.

3.1.2 Merkmale der Produktionsbetriebe – der Fokus auf das soziale System

Organisationen entwickeln zur Erfüllung ihrer Funktion mehr oder weniger explizit beschriebene eine Strategie, Struktur und Kultur, die sich wechselseitig beeinflussen und gegenseitig bedingen. Diese Elemente sind das Wesen jeder Organisation und die Ansatzpunkte organisationaler Veränderung (Kiel 2010).

Es sind jedoch immer Menschen, die durch ihr Handeln und Verhalten die Organisation zum Leben bringen, Strategien entwickeln, Strukturen und Prozesse definieren, optimieren oder einhalten, Maschinen und Computer bedienen, Veränderungen gestalten, implementieren oder umsetzen bzw. durch diese mehr oder weniger betroffen sind. Aus dieser Betrachtung erscheinen Organisationen als soziale Systeme, die aus einer Vielzahl von Kommunikationen und Handlungen bestehen, die sich gegenseitig beeinflussen (vgl. auch Probst 1987; Brunner 1993).

> „Eine Organisation ist ein komplexes soziales Gefüge, das eine größere Zahl von menschlichen Individuen umfasst, die in einem bestimmten sozialen und materiellen Kontext miteinander kooperieren, um gemeinsame Ziele zu erreichen" (Brunner 1993, S. 96).

Innerhalb der formal strukturierten Organisation entwickeln und festigen sich informelle Informationswege oder -blockaden,

Entscheidungsstrukturen, Formen der Arbeitsorganisation und der Zusammenarbeit, Wege der Kooperation und Führungsstile. Es existiert eine bestimmte emotionale Atmosphäre, ein Betriebsklima. Die Kultur ist ein Phänomen der Selbstorganisation mit immanenten Werten, Normen und Regeln, Wahrnehmungen, Bedeutungszuschreibungen und Erklärungsmustern. Eine Veränderung der Kultur wird dann not-wendend, wenn diese problemerzeugend, konflikthaltig und rigide ist und die Handlungsmöglichkeiten der Mitarbeitenden zu sehr einschränkt, wenn sie keine angemessene Anpassungsleistung an die Anforderungen des Umfeldes mehr darstellt.

Die Betriebe in unserem Fallbeispiel waren in ihrer Organisation überwiegend streng hierarchisch strukturiert. Die jeweiligen Funktionen und Aufgaben waren formal klar definiert und voneinander abgegrenzt. Dabei war der Handlungsspielraum der Mitarbeitenden häufig eingeschränkt, die Führung in ihrem Verhalten teilweise direktiv und autoritär, die Informationswege in der Regel einseitig hierarchisch von oben nach unten und anweisungsorientiert, Ideen und Verbesserungsvorschläge von der Basis wurden selten ernst genommen und weiterverfolgt.

Es herrschte ein Klima der Anpassung und Zurückhaltung. Die Wahrnehmung und Kommunikation waren eher problemorientiert mit einer (an-)klagenden Haltung. Ursachen und mögliche Lösungen wurden dem äußeren Umfeld oder anderen Personen zugeschrieben. Die neuen strategischen Tendenzen mit Aussicht auf Internationalisierung der Produktionsstandorte erzeugten Verunsicherung und Existenzängste. Es herrschte Misstrauen und das Gefühl, dass „von oben" nicht ehrlich informiert wurde. Die Mitarbeiter wollten lieber am Althergebrachten festhalten und waren nicht bereit, grundlegende Änderungen mitzutragen. Dies bedurfte einer langen und fundierten Überzeugungsarbeit, in die auch die Arbeitnehmervertreter eingebunden wurden und sich aktiv beteiligten. Die Stimmung der Beschäftigten war teilweise widersprüchlich, emotional eingefärbt und rational nicht fassbar. Die persönliche Leistung schien nach Auffassung der Mitarbeiter zu wenig gewürdigt zu werden. Die Bereitschaft war eher gering, eigeninitiativ, selbstverantwortlich und selbstgesteuert Prozesse und Abläufe zu optimieren sowie die Zusammenarbeit im Team zu verbessern.

3.1.3 Aufgabe und Rolle der Berater – der Blick auf vorhandene Ressourcen und bekömmliche Lösungen

Das Beraterteam erhielt den Auftrag, die Betriebe bei der Einführung neuer Arbeitsstrukturen zu unterstützen. Der Rahmen der Veränderung wurde gemeinsam durch die Unternehmens- und die Arbeitnehmervertretung definiert und in einer Gesamtbetriebsvereinbarung (GBV) verankert. Verbesserung der Zusammenarbeit im Team in Form moderierter Teambesprechungen, Optimierung der Produktionsprozesse, Erhöhung der Mitarbeiterqualifikation, Verbesserung des Informationsflusses und der Kommunikation gehörten zu den wichtigsten Elementen der Vereinbarung. Die neuen Strukturen sollten dazu führen, Abstimmungs- und Entscheidungsprozesse zu vereinfachen, interdisziplinäre Funktionen im Team zusammenzufassen, das kreative Potenzial der Mitarbeitenden stärker zu nutzen sowie die Zusammenarbeit zwischen Instandhaltung und Produktion reibungsloser und effizienter zu gestalten.

Die Ziele und der inhaltliche Rahmen der Beratung waren somit durch die GBV allgemein vorgegeben, wobei diese im Beratungsprozess gemeinsam mit den Beteiligten betriebsspezifisch ausgestaltet werden sollten.

Im Sinne systemischer Organisationsberatung war es nicht Aufgabe der Berater, technische Probleme oder Fragen zur Anlagenoptimierung zu lösen, sondern die Betriebe als soziale Systeme in ihrer Selbstorganisation zu fördern mit dem Ziel, vorhandene Kompetenzen und Ressourcen zur Entwicklung der Organisation eigendynamisch zu nutzen (vgl. König und Volmer 1994, S. 47 f.).

Die Berater lieferten keine inhaltlichen Problemlösungen, sondern waren Experten für die methodische Gestaltung und Architektur des Veränderungsprozesses. Die Beratung wurde als „Hilfe zur Selbsthilfe" verstanden, bei der die Berater den Betrieben methodische Hilfestellung zur eigenständigen Problembewältigung zur Verfügung stellten. Die Lösungen wurden innerhalb des Betriebes z. B. in Workshops oder in moderierten Teambesprechungen entwickelt. Die Berater hatten die Aufgabe, den Sinn und Nutzen neuer Strukturen zu vermitteln, Lösungsprozesse anzuregen sowie die Eigeninitiative, Selbstverantwortung und Selbststeuerung zu stärken.

In diesem Sinne wurden Strukturen und Kommunikationsplattformen erarbeitet mit dem Ziel, in den Betrieben einen kontinuierlichen und nachhaltigen Selbstoptimierungsprozess zu etablieren. Diese neuen Arbeitsstrukturen sowie die methodische Vorgehensweise zur dessen Einführung wurden im Beraterteam entwickelt und durch Erfahrungen im praktischen Feld in eine Art „Best-Practice" verfasst. Demzufolge war das Design durch eine gemeinsame Entwicklung und Abstimmung grob vorgegeben. Die Haltung, die Methodologie und das Interventionsrepertoire der Berater waren jedoch individuell sehr unterschiedlich. Das konkrete Handeln im Beratungsfeld wurde durch die Ausbildung und Erfahrungen, die Leit-Differenzen im Wahrnehmen und Denken nicht zuletzt durch die Motivation, das Menschen- und Weltbild bestimmt. Im Laufe des Prozesses stellte sich für alle erkennbar heraus, dass bei der Einführung der neuen Strukturen in den Betrieben die Beraterperson einen entscheidenden und kritischen Erfolgsfaktor darstellt.

3.2 Praxisfeldbezogene Grundgedanken systemischer Beratung – der Situation verpflichtet sein

Im Folgenden werden Grundgedanken und Ansätze kurz erläutert, die aus meiner Sicht für wirksames Handeln bei der Einführung von Veränderungsvorhaben in sozialen Systemen relevant und erfolgskritisch sind. Bedeutsam sind die Qualität der Gestaltung zwischenmenschlicher Beziehungen, der erkenntnistheoretische Ansatz des Konstruktivismus sowie allgemeine Prinzipien der Selbstorganisation von lebendigen Systemen. Diese Grundgedanken fließen in die Haltung und Ziele des hier dargelegten Beratungsansatzes zusammen.

3.2.1 Die Kraft des Zwischenmenschlichen – das Gespür für das, was dazwischen ist

» „Sein heißt in Beziehung sein." (Martin Buber)

Der hier beschriebene systemische Beratungsansatz ist in seiner Vorgehensweise eng mit den von der Veränderung betroffenen Menschen verwoben. Bei der Ausgestaltung der allgemein vorgegebenen inhaltlichen und konzeptionellen Rahmenbedingungen bringt sich der Berater unvermeidlich als Person in Beziehung mit den Betroffenen. Seine Wirkung beruht unmittelbar auf seiner Fähigkeit, zwischenmenschliche Beziehungen zu gestalten und auf seine einzigartige Weise in Beziehung zu sein.

Die Gestaltung und Wirkung zwischenmenschlicher Beziehung ist ein wesentlicher Erfolgsfaktor bei der Einführung von Veränderungen in sozialen Systemen. Der Berater repräsentiert und verkörpert die Veränderungsvorhaben; er wird unmittelbar mit diesen verknüpft. Insofern erscheinen die Inhalte untrennbar verbunden mit seiner persönlichen Prägung. Es ist entscheidend, wie er diese verbal und nonverbal durch seine Person zum Ausdruck bringt und gleichzeitig auf seine besondere Weise die Beziehung zwischen ihm und seinem Gegenüber gestaltet und definiert. Es ist ein Unterschied, ob der Berater hinter allgemeinen Konzepthülsen und Phrasen unsichtbar bleibt oder gemeinsam mit den Beteiligten in einem offenen Prozess eine neue Wirklichkeit intersubjektiv erschließt. „Ich möchte kein Powerpoint-Karaoke sehen, sondern Sie sind die Folie", sagte ein Betriebsleiter zu Beginn des Einführungsprozesses zu mir.

Die Wechselwirkung basiert auf gegenseitigen Wahrnehmungen und Bedeutungszuschreibungen, auf dem, was zwischen Menschen merklich oder unterschwellig geschieht. In diesen Prozess fließen Fantasien, Erfahrungen, Bedürfnisse oder Befürchtungen mit ein, die häufig ein verzerrtes Bild vom Gegenüber ergeben. Essenziell scheint hierbei die Frage zu sein, welche inneren Bilder und Vorstellungen in der zwischenmenschlichen Beziehung zur Wirkung kommen. Welche inneren Bilder hat sich der Berater von den Betroffenen konstruiert? Wie wirken sich diese Bilder auf sein Verhalten und folglich auf die Beziehungsgestaltung aus? Welches Bild könnten die Betroffenen von sich selbst haben? Welche inneren Bilder haben die Betroffenen von mir als Berater entworfen und wie kann ich durch mein Verhalten Beiträge leisten, diese Bilder zu bestätigen oder zu revidieren? Was denken möglicherweise die Betroffenen, welches Bild ich als Berater von ihnen haben könnte?

Diese Fragen führen häufig zu überraschenden Hypothesen, möglichen Erklärungen und weiteren Handlungen.

Einige Berater hatten, obwohl sie schon seit mehreren Jahren im Konzern in verschiedenen verantwortungsvollen Positionen tätig waren, nur wenige Kontakte zu den Mitarbeitern in der Produktion. Je weniger unmittelbare Erfahrung mit der Basis vorhanden war, desto weniger entsprach das konstruierte Bild der Berater dem Selbstbild der Mitarbeitenden.

Die Berater unterschätzten häufig die intellektuellen Fähigkeiten und sozialen Kompetenzen der Produktionsbeschäftigten. Sie hatten wenig Zutrauen in deren Fähigkeit, sich selbst zu organisieren und zu steuern sowie eigenverantwortlich zu handeln. Die inneren Bilder oder die **mentale Repräsentation** wurden nicht von allen Beratern reflektiert und bewusst gemacht. Diese hatten aber erhebliche Auswirkungen auf ihr Verhalten und die Art der Kommunikation. Ein Berater sagte z. B. mit bester Absicht in einer Teamentwicklungsmaßnahme: „Wir werden hier soziale Kompetenzen entwickeln!" Augenblicklich folgte die Antwort eines Schichtmeisters: „Wollen Sie etwa damit sagen, dass wir nicht sozial sind?" Oder eine Bemerkung eines Produktionsmitarbeiters zu einem Berater in einem Einführungsworkshop: „Falls Sie es noch nicht bemerkt haben, arbeiten wir schon seit Längerem in diesem Betrieb und kennen hier jede Schraube und Dichtung. Was wollen Sie uns schon beibringen?" Durch diese Äußerungen wurde ersichtlich, was die Produktionsmitarbeiter glaubten, welches Bild sich die Berater von ihnen konstruiert haben könnten.

Häufig war es eine sehr wirksame Intervention zu Beginn des Veränderungsprozesses, mögliche Vorannahmen in eingebetteten Kommentaren anzusprechen:

„Einige von Ihnen werden vielleicht denken: „Wir sind doch die eigentlichen Experten, wir kennen doch die Prozesse am besten, was können die uns schon sagen oder beibringen?" Ja, wir stimmen dem voll und ganz zu. Sie sind die Experten für Ihre Prozesse! Unsere Aufgabe besteht eher darin, Strukturen, Methoden und Instrumente zur Verfügung zu stellen, damit Sie Ihr Wissen optimaler zum Nutzen des Ganzen einsetzen können."

Bedeutsam scheint es zu sein, die Betroffenen mit ihrer Geschichte und in ihrer aktuellen Situation zu erkennen, ihre Beiträge und Leistungen zu würdigen und sie als Experten für die betriebsspezifischen Prozesse zu respektieren. Dabei sollte der Berater möglichst kongruent bzw. stimmig sein oder unlösbare Widersprüche und Unstimmigkeiten offen thematisieren.

Die Pforten der Wahrnehmung erweitern

Anderenfalls werden Irritationen und Zweifel erzeugt, wodurch die Glaubwürdigkeit und damit das Vertrauen in Frage gestellt werden können. Ziel ist es, die Menschen durch Gespräche zu öffnen und ihre Ansichten zu erfahren, anstatt Inhalte, Meinungen zu propagieren und aufzuerlegen. Dies soll nicht als antrainierte aufgesetzte Plattitüde vorgezeigt, sondern als ehrlich gemeinte Haltung aufgrund innerer Überzeugungen authentisch gelebt werden.

„Allparteilichkeit" ist eine weitere wesentliche Haltung. Die Betriebe bestanden aus verschiedenen Funktionsgruppen, die im Beratungsprozess unterschiedliche Interessen vertraten und äußern konnten. Der Berater versteht die einzelnen Perspektiven als subjektive Betrachtung der Dinge und versucht diese miteinander zu verästeln, ohne für die eine oder andere Meinung Partei zu ergreifen. Bei Nichtbeachtung der „Allparteilichkeit" besteht die Gefahr, dass das „Drama-Dreieck" sich als Interaktionsmuster herausbildet (vgl. Karpman 1971). Ergriff der Berater z. B. Partei für den Schichtmeister, der sich vom Betriebsmeister ungerecht behandelt fühlte, konnte sich das „Drama" entwickeln, bei dem der Berater zum Retter, der Schichtmeister zum Opfer und der Betriebsmeister zum Verfolgten werden konnten. Die Rollen hätten jedoch schnell wechseln können, wenn z. B. der Schichtmeister im Beratungsprozess seine Meinung gegenüber dem Betriebsmeister änderte und nun versuchte, den Betriebsmeister als Opfer vor dem verfolgenden Berater zu retten (◘ Abb. 3.2).

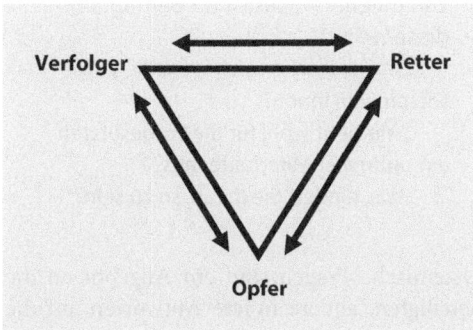

◘ Abb. 3.2 Das Dramadreieck

3.2.2 Konstruktion von Wahrnehmung und Sinngebung – die innere Antwort als Ergebnis individueller und kollektiver Verarbeitungsprozesse

> „Wären die Pforten der Wahrnehmung gereinigt, erschiene alles dem Menschen so, wie es ist – nämlich unendlich."
> (William Blake)

Konstruktivistisches Denken ist eine tief verwurzelte Ausgangsbasis systemischer Beratungspraxis. Der Konstruktivismus vertritt die grundlegende Annahme, dass wir Menschen die Wirklichkeit nicht erfassen können, sondern dass wir ein Modell von Wirklichkeit konstruieren. Das Modell ist nicht die Wirklichkeit selbst, sondern ein kognitives Konstrukt von Wirklichkeit, das als Orientierungsgrundlage für Wahrnehmung, Denken und Handeln dient. Das Konstrukt ist eine funktionale kognitive Anpassung an die Wirklichkeit, die sich entweder bewährt oder ggf. verändert werden muss (vgl. Maturana und Varela 1987; Watzlawick 1992; Glaserfeld 1991).

Organisationen, Unternehmen und Betriebe können als soziale Systeme beschrieben werden, die im Laufe ihrer Geschichte eine gemeinsame Wirklichkeit konstruieren. Die gemeinsame Wirklichkeit dient als Orientierungsgrundlage für Wahrnehmungen, Deutungen und Handlungen des sozialen Systems und führt zu bestimmten Grundüberzeugungen und Spielregeln. Rigide und festgefahrene Deutungs- und Erklärungsmuster können die Handlungsmöglichkeiten des sozialen Systems begrenzen.

Veränderung scheint dann notwendig, wenn die Sichtweisen auf die Welt starr und einschränkend sind, wenn der Blickwinkel zu einseitig auf bestimmte Aspekte gerichtet ist, so dass andere Phänomene unsichtbar bleiben. Wenn die Beschreibungen, Bedeutungen und Erklärungen nicht mehr eine passende innere Antwort auf die Wirkung der äußeren Welt darstellen. Die Aufgabe des Beraters besteht darin, durch Fragen neue Sichtweisen und Antworten anzuregen.

In einem betriebsinternen Mitarbeiterworkshop mit dem Ziel, die Zusammenarbeit zu verbessern und das gegenseitige Verständnis zu erhöhen, habe ich zunächst die Bedeutung von Glaubenssätzen und Spielregeln mit den Teilnehmenden erarbeitet. Im nächsten Schritt sammelte ich Glaubenssätze und Spielregeln, wie sie im Betrieb erlebt wurden:

> **Glaubenssätze und Spielregeln**
> „Wer zu viel arbeitet, ist selber schuld!"
> „Am Ende kommt der Mitarbeiter!"
> „Wer Fehler macht, wird persönlich zur Verantwortung gezogen!"
> „Wer offen und ehrlich seine Meinung sagt, hat Nachteile!"
> „Unsere Arbeit wird nicht anerkannt!"
> „Der Vorgesetzte hat immer recht!"
> „Immer wenn ein Vorgesetzter dich sieht, tue so, als ob du beschäftigt bist!"
> „Unser Verhalten ist in Ordnung, aber andere müssen sich ändern!"
> „Mitarbeiter müssen kontrolliert werden, sonst arbeiten sie nicht!"

Durch systemisches Fragen regte ich andere Perspektiven an und stellte Grundüberzeugungen in Frage, um ein differenziertes Bild von der beruflichen Wirklichkeit gemeinsam zu entwerfen und die Selbstverantwortung und Selbstwirksamkeit zu stärken.

> **Fragen nach Wahrnehmungen**
> „Woran merken Sie, dass der Mitarbeiter am Ende kommt?"
> „Wie werden Sie bestraft, wenn Sie offen und ehrlich Ihre Meinung sagen?"

> **Fragen nach Bedeutungen**
> „Was bedeutet das für Sie, wenn Ihre Arbeit nicht anerkannt wird?"

> **Fragen nach Erklärungen**
> „Was macht Sie so sicher, dass der Vorgesetzte immer recht hat?"
> „Wie erklären Sie sich, dass sich nur die anderen ändern müssen?"

> **Fragen nach Ausnahmen**
> „Gibt es auch Momente, in denen Ihre Arbeit mal anerkannt wurde?"

> **Hypothetische Fragen**
> „Was glauben Sie würde passieren, wenn ein Vorgesetzter Sie sieht und Sie würden nicht so tun, als ob Sie arbeiten?"
> „Wie stellen Sie sich einen optimalen Vorgesetzten vor?"

> **Skalierungsfragen**
> „Angenommen die notwendige Veränderung wäre 100 %. Zu wie viel Prozent müssten Sie sich verändern und zu wie viel Prozent die anderen?"

> **Fragen nach Perspektiven**
> „Wie kommt das, dass ihr Vorgesetzter glaubt, dass alle Mitarbeiter kontrolliert werden müssen?"
> „Welches Bild hat der Vorgesetzte von Ihnen?" – „Was ist Ihr Beitrag an diesem Bild?"
> „Was wünschen sich wohl die Vorgesetzten von Ihnen?"
> „Wie sieht wohl für die Vorgesetzten ein optimaler Mitarbeiter aus?"
> „Was hindert Sie daran, so zu sein?"

Systemische Fragen sind ein Angebot an die Beteiligten, andere innere Antworten auf die äußere Welt zu finden, über ihre bisherigen

Beschreibungen, Bewertungen und Erklärungen nachzudenken und ggf. bestimmten Phänomenen andere Bedeutungen zu geben. Das Umdeuten von Bedeutungen, das Spielen mit verschiedenen Auffassungen von Wirklichkeit, die Konfrontation mit absurden Sichtweisen sind Wege, Leichtigkeit und Nachdenken zu erzeugen, „die Pforten der Wahrnehmung zu erweitern". Es sind Wege, die auch sehr humorvoll sein können. Sie werden nur gegangen, wenn sie den inneren Landkarten der Beteiligten entsprechen, so dass diese begehbar sind.

3.2.3 Prinzipien der Selbstorganisation – Dont't push the river: It flows itself

» „Vertrauen reduziert die Komplexität."
(Niklas Luhmann)

Nach den Prinzipien der Selbstorganisation zeichnen sich soziale Systeme durch den Prozess der Selbsterhaltung aus, für den Maturana und Varela (1987) den Begriff „Autopoiese" eingeführt haben. Autopoietische Systeme produzieren ihre charakteristische Einheit selbst und versuchen, bei Veränderungen ihre Identität ihre Kultur zu bewahren. Soziale Systeme sind autonom, weil sie sich selbst erzeugen, regulieren und entwickeln und von außen nicht determinierbar sind. Autonomie bedeutet nicht Unabhängigkeit von der Umwelt. Offene Systeme bewegen sich mit der Umwelt im Austausch von Informationen, Energie, Materie und werden dadurch beeinflusst. „Wie sich aber ein System verhält, welche Entscheidungen es trifft, hängt von ihm selbst, seinen Interaktionsmustern und seiner Geschichte ab" (Probst 1987, S. 82).

Der Berater kann dementsprechend soziale Systeme nicht direkt beeinflussen, sondern nur Veränderungen anregen. Er kann Informationen, Perspektiven, Ansichten oder Hinweise anbieten, die von den Beteiligten auf dem Hintergrund der eigenen Struktur verarbeitet werden und ggf. Veränderungen bewirken. Dabei sollten die Anregungen möglichst dem Modell der Welt, der Struktur und der Sprache der Beteiligten entsprechen. Ob und wie sich das System verändern wird, ist jedoch nicht vorhersehbar. Der Berater sollte daher neugierig und offen für Überraschungen sein.

Widerstände, Bedenken, Ängste vor Veränderungen können als Phänomene der Selbstorganisation beschrieben werden. Sie entspringen dem existenziellen Bedürfnis nach Sicherheit und Orientierung, dem Bedürfnis nach Erhaltung der eigenen Position und Identität. Oder, wie ein älterer Produktionsmitarbeiter in einem Workshop sagte: „Man bringt einem alten Esel keine Kunststücke mehr bei!"

Systemische Fragen sind Angebote, Informationen zu erzeugen, die Aufmerksamkeit auf bestimmte Aspekte der Wirklichkeit zu lenken sowie Lösungsmöglichkeiten anzuregen. Wir lenkten z. B. zu Beginn des Einführungsprozesses durch Fragen die Aufmerksamkeit auf vorhandene Ressourcen des Betriebes: Was sind Ihre besonderen Stärken? Worauf sind Sie stolz? Was läuft aus Ihrer Sicht derzeit besonders gut? Was ist bewahrenswert?

Erst nachdem die vorhandenen Ressourcen gestärkt und verankert wurden, hatten wir eine gefestigte Grundlage, um Verbesserungsmöglichkeiten anzudenken und zu erarbeiten: Was kann bezüglich der Prozesse optimiert werden? Was kann in der Zusammenarbeit verbessert werden? Welche Auswirkungen hätten die Veränderungen auf unsere Kunden, auf das Ergebnis, auf uns? Was würde passieren, wenn wir nichts verändern?

Dabei waren Skalierungsfragen zu verschiedenen Aspekten wie z. B. Zufriedenheit, Motivation, Verantwortung, Vertrauen äußerst hilfreich und immer wieder verknüpft mit der Frage nach den möglichen Auswirkungen.

3.3 Beratungsziele und Auftragsklärung – die Positionen im Dreieck zusammenführen

Auf dem Hintergrund der oben aufgeführten Grundgedanken erwuchsen die allgemeinen Zielsetzungen für den Beratungsprozess. Ein

Schwerpunkt der Beratung lag darin, Beschreibungen, Bewertungen und Erklärungen über die Betriebswirklichkeit hörbar, sichtbar, verständlich zu machen und mit anderen Perspektiven in Beziehung zu setzten. Dazu gehört es auch, Unterschiede und Gemeinsamkeiten zu entdecken und den Blick auf Unbeachtetes zu lenken, so dass Veränderung und Entwicklung durch neue Einsichten ermöglicht wurde.

Da die Betriebe keinen eigenen Beratungsbedarf formuliert und folglich keinen direkten Auftrag erteilt hatten, erschien es besonders wichtig zu sein, am Anfang des Beratungsprozesses die Auftragslage zu erläutern und gemeinsam mit der Betriebsleitung allgemeine und konkrete Ziele der Beratung zu definieren. Hierbei sollte der Berater die Position des Vorstandes beachten und prüfen, ob diese mit seiner inneren Haltung übereinstimmte, so dass er diese vertreten und sich verantwortungsvoll und glaubwürdig in den Beratungsprozess einbringen konnte.

Die Ziele der Betriebsleitung deckten sich fast vollständig mit den Zielen des Vorstandes, weil diese sehr allgemein gehalten waren. Es war auch im Interesse der Betriebsleitung, die Wirtschaftlichkeit zu erhöhen, die Produktionsprozesse zu optimieren, die Zusammenarbeit, den Informationsfluss, die Kommunikation usw. zu verbessern. Oft war es an dieser Stelle unterstützend, die „Wunderfrage" (Steve de Shazer) zu stellen, um der Betriebsleitung Raum für ihre Vision zu geben und diese zu entwickeln:

Anschließend wurde gemeinsam erarbeitet, was davon schon heute realisiert werden kann, welche Hindernisse existieren, wie wir welche Hindernisse überwinden können und welche allgemeinen und konkreten realistischen Ziele wir aus dem „Wunder" ableiten können.

In den nächsten Schritten wurden die allgemeinen Ziele zunächst mit den Führungskräften und dann mit allen Mitarbeitern des Betriebes in Form von Moderationen konkretisiert. Dazu gehörte z. B. die Frage: Was genau kann in der Zusammenarbeit im Betrieb verbessert werden?

Für den Klärungsprozess der Auftragslage war das Vertragsdreieck (English 1985) als Orientierungshilfe äußerst hilfreich. Das galt auch gerade in der Situation, als die Betriebe vom Vorstand den Auftrag erhielten, neue Arbeitsstrukturen einzuführen, und die Berater den Auftrag, diesen Prozess zu unterstützen. Das Vertragsdreieck diente hier als Modell zur Klärung der Beziehung und der Zielsetzung zwischen Berater und Betriebsleiter sowie der inhaltlichen und methodischen Vorgehensweise der Beratung im Rahmen der gegebenen Auftragssituation (◘ Abb. 3.3). Nach diesem Klärungsprozess erhielten die Berater nun auch von der Betriebsleitung den Auftrag, neue Arbeitsstrukturen einzuführen.

> „Angenommen über Nacht würde ein Wunder geschehen und alles im Betrieb würde sich verändern, wie Sie sich es wünschen? – Was wäre dann anders? – Woran würden Sie erkennen, dass das Wunder geschehen ist? – Was würden Sie dann sagen, empfinden? Woran würden die Kunden bzw. die Mitarbeiter erkennen, dass das Wunder geschehen ist? Was würden diese sagen?"

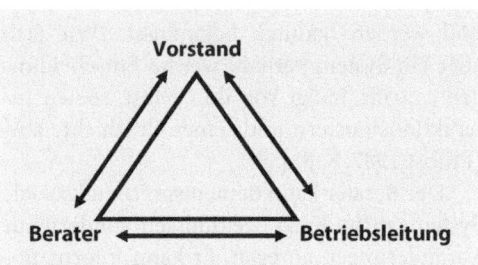

◘ Abb. 3.3 Das Vertragsdreieck

3.4 Beispiele systemischer Interventionen aus der Beratungspraxis – das Abstrakte loslassen und sich auf das Konkrete einlassen

Im Folgenden werden drei Beispiele aufgeführt, um zu verdeutlichen, wie der oben beschriebene systemische Beratungsansatz konkret in der Praxis eingeflossen ist. Während zahlreicher Gespräche, Schulungen, Trainings, Workshops, Zukunftskonferenzen und anderer Entwicklungsmaßnahmen entstanden situativ im Kontakt mit den Beteiligten konkrete Interventionen als Ergebnis eines wechselseitigen zwischenmenschlichen Prozesses. Gerade diese „kleinen" Einwirkungen auf der individuellen Ebene konnten den Impuls für umfassende Veränderungen geben.

3.4.1 Beispiel 1: Umgang mit Polaritäten

Zu Beginn der Einführung neuer Arbeitsstrukturen führte ich mit den jeweiligen Führungskräften des Betriebes ein Gespräch, um Erwartungen, Befürchtungen, Vorstellungen und Zielsetzungen auszutauschen. In diesen Orientierungsgesprächen wurden die allgemeine Zielrichtung des Konzerns und die Kernelemente erläutert sowie die erforderlichen Maßnahmen, Workshops und Trainings beschrieben. Die Perspektiven, die Sichtweisen der einzelnen Beteiligten wurden offengelegt, Unterschiede und Gemeinsamkeiten herausgestellt. Ich fragte die Führungskräfte eines Versandbetriebes, welche Informationen sie erhalten oder welche Geschichten sie über die Einführung neuer Arbeitsstrukturen schon gehört hatten und was sie im Einzelnen mit diesem Konzept verbinden, welche Bedeutung sie dem geben. Da bei Bayer die neuen Arbeitsstrukturen über einen Zeitraum von mehreren Jahren eingeführt wurden, konnte ich davon ausgehen, dass einiges darüber erzählt wurde und sich die Beteiligten wahrscheinlich schon ein Urteil gebildet hatten. In dieser Runde waren die Teilnehmer äußerst skeptisch. Sie sagten, dass die Einführung viel Zeit in Anspruch nehmen würde, das Arbeitsklima sich sogar verschlechtern könnte und dass in diesem Betrieb so oder so nichts verbessert werden müsste. Ich hörte mir jede Äußerung genau an und fragte bei Unklarheiten nach, um mir ein deutliches und konkretes Bild der einzelnen Sichtweisen zu verschaffen. Nachdem sich jeder geäußert hatte, sagte ich: „Ich finde das bemerkenswert, dass alles so gut im Betrieb läuft und es scheint so zu sein, dass wirklich nichts im Betrieb verbessert werden kann." Ich ergänzte noch: „Und so wie ich sie höre, hätte ich in ihrer Situation keinen Ansporn, die neuen Arbeitsstrukturen einzuführen. Ganz im Gegenteil, es wäre ja sogar kontraproduktiv, jetzt wo wirklich alles so gut funktioniert, etwas zu verändern. Ich denke, es hat keinen Sinn, die neuen Arbeitsstrukturen hier einzuführen, nicht wahr?" Kaum hatte ich den letzten Satz ausgesprochen, meldete sich der Betriebsleiter zu Wort und sagte: „Nein, nein, so ist das nicht! Hier und da können wir schon einiges verändern." Ich schaute unglaubwürdig in die Runde und fragte: „Ja, was könnte denn hier noch besser gemacht werden? Sie sind ja schon in vielen Bereichen sehr gut, nicht wahr?" In dem Moment meldete sich der Betriebsmeister und sagte: „Zum Beispiel die Zusammenarbeit zwischen den Schichten, die läuft noch nicht so optimal." Ein anderer Meister fügte an: „Und außerdem ist das so, dass die Motivation besser werden könnte. Ich habe auch das Gefühl, dass die Kollegen unsicher in die Zukunft blicken. Keiner weiß so genau, wie es weitergeht." In der Folge besprachen wir noch weitere Veränderungsmöglichkeiten.

An diesem Beispiel wird deutlich, wie durch das Verbünden mit der Seite „Nicht-Verändern" die andere Seite der Polarität „Verändern" angesprochen wird. Die Beteiligten sind von sich aus auf die andere Seite zugegangen und haben die Bereitschaft entwickelt, etwas im Betrieb zu verändern.

Ohne die Überzeugung und Bereitschaft der Führungskräfte wäre der Einführungsprozess sehr schwerfällig und wenig fruchtbar gewesen.

3.4.2 Beispiel 2: Dem Drama widerstehen

Das Prinzip der „Allparteilichkeit" ist eine wesentliche Grundhaltung der Beratungspraxis. Würde der Berater diesem Prinzip nicht folgen, ist die Gefahr kaum abzuwenden, dass das „Dramadreieck" in Szene gebracht wird.

Ich war in einem Betrieb tätig, wo zwischen dem Betriebsingenieur und dem Betriebsleiter die „Chemie" nicht stimmte. Dies wurde in den Besprechungen und Workshops zwar nicht sonderlich deutlich, jedoch kam der Ingenieur nach den Veranstaltungen wiederholt zu mir und berichtete detailliert über das schwierige Miteinander. Auch sei das Verhältnis von Mannschaft zum Betriebsleiter und umgekehrt recht problematisch. Der Betriebsleiter wäre sehr dominant, könne nicht delegieren und würde sich überall einmischen. Ich spürte Solidarität mit ihm, fühlte mich geehrt, dass er mir so viel Vertrauen schenkte, empfand Sympathie. Die Gefahr war groß, auf die Bühne zu steigen und in das Drama hineinzugehen. Entscheidend in dieser Situation war, dass ich ihm glaubte. Aus der Perspektive des Ingenieurs mit seinen Erfahrungen nahm dieser die Situation so wahr und gab ihr eine hohe Bedeutung. Daher war es wichtig, nicht nur durch seine Brille zu schauen, sondern verschiedene Perspektiven in die Gespräche einzubringen. Ich sagte ihm: „Ich verstehe und habe auch Verständnis für Ihre Sicht. Zugleich sehe ich, dass der Betriebsleiter sich für den Betrieb sehr einsetzt, dass er seine fachliche Kompetenz weitergibt und dafür Sorge trägt, dass die Prozesse gut laufen." In unseren Gesprächen brachte ich die Partei des abwesenden Betriebsleiters mit hinein, indem ich seine positiven Eigenschaften einfließen ließ oder nach diesen direkt fragte: „Was könnte denn an diesem Verhalten auch gut sein?" Die Beschreibung „dominant" deutete ich in „verantwortungsvolles Verhalten" um. Ich entzog mich dem Sog des Dramas. Ein Jahr später sagte der Betriebsingenieur zu mir: „Wissen Sie, zwischen mir und dem Betriebsleiter ist eine richtige Verbindung entstanden. Wie bei einem alten Ehepaar." Ich fragte: „Oder wie zwischen Walter Matthau und Jack Lemmon?" Er lachte und antwortete nicht weiter. Ihm schien dieses Bild zu gefallen. Die robuste Führungskoalition war wesentlich, um die Veränderungen glaubwürdig und konsistent den Mitarbeitenden vermitteln und diese dafür gewinnen zu können.

3.4.3 Beispiel 3: Wunder gibt es immer wieder

In einem anderen Betrieb führte ich ein Gespräch mit einem Betriebsleiter, der die neuen Arbeitsstrukturen in seinem Betrieb einführen wollte. Mit meiner Frage, was genau er damit erreichen wolle, tat er sich schwer: „Ja eigentlich weiß ich das auch nicht so genau. Es soll sich hier einiges verändern." Zu dieser Zeit hatte ich die Wunderfrage von Steve de Shazer kennen gelernt und wollte diese in der Praxis erproben. Ich fragte: „Darf ich Ihnen eine Frage stellen, auch auf die Gefahr hin, dass sie zunächst etwas irritierend zu sein scheint?" „Nur zu", antwortete der Betriebsleiter. Daraufhin fragte ich: „Angenommen, über Nacht würde ein Wunder geschehen und alles im Betrieb würde sich verändern, wie Sie sich es wünschen. Was ist dann anders?" Während ich sprach, achtete ich genau darauf, wie der Betriebsleiter reagierte. Wider Erwarten schien er nicht sehr irritiert gewesen zu sein. Denn er sagte: „Das ist eine interessante Frage. Nun ja, der Betrieb hat eine neue Anlage, die drei getrennten Bereiche sind zusammengeführt, die Meister haben ein neues Gebäude und ein neues Büro, die Mitarbeiter arbeiteten motiviert im Team zusammen." Während er antwortete, forderte ich ihn auf, so zu sprechen, als ob seine Wünsche bereits realisiert sein. Im nächsten Schritt konkretisierten wir die einzelnen Wünsche noch weiter und fragten, wie die neue Anlage genau funktioniert, wie das neue Gebäude aussieht und wie die Mitarbeiter im Team arbeiten. Zwei Jahre später habe ich den Betrieb besucht. Die neue Anlage und das Gebäude standen, die getrennten Bereiche waren zusammengeführt und die Mitarbeiter arbeiteten im Team Verbesserungen aus.

Lessons learned
- Systemische Berater liefern keine inhaltlichen Problemlösungen, sondern sind Experten für die methodische Gestaltung und Architektur des Veränderungsprozesses. Beratung wird als „Hilfe zur Selbsthilfe" verstanden, bei der die Berater den Betrieben methodische Hilfestellung zur eigenständigen Problembewältigung zur Verfügung stellen
- Der Berater sollte die Betroffenen mit ihrer Geschichte und in ihrer aktuellen Situation erkennen, ihre Beiträge und Leistungen würdigen und sie als Experten für die betriebsspezifischen Prozesse respektieren. Dabei sollte der Berater möglichst kongruent bzw. stimmig sein oder unlösbare Widersprüche und Unstimmigkeiten offen thematisieren
- „Allparteilichkeit" ist eine wesentliche Haltung. Bei Nichtbeachtung der „Allparteilichkeit" besteht die Gefahr, dass das „Drama-Dreieck" sich als Interaktionsmuster herausbildet
- Durch systemisches Fragen werden andere Perspektiven angeregt und Grundüberzeugungen in Frage gestellt, um ein differenziertes Bild von der beruflichen Wirklichkeit gemeinsam zu entwerfen und die Selbstverantwortung und Selbstwirksamkeit zu stärken
- Die Interventionen sollten möglichst dem Modell der Welt, der Struktur und der Sprache der Beteiligten entsprechen. Ob und wie sich das System verändern wird, ist jedoch nicht vorhersehbar. Der Berater sollte daher neugierig und offen für Überraschungen sein.
- Erst nachdem vorhandene Ressourcen gestärkt und verankert sind, haben Berater eine gefestigte Grundlage, um Verbesserungsmöglichkeiten anzudenken und zu erarbeiten.

3.5 Nachklang

Zwölf Jahre nach meiner Tätigkeit bei Bayer und nun im Zeitalter der Digitalisierung und der sogenannten „Arbeitswelt 4.0" angekommen erscheint diese hier beschriebene partizipative und iterative Vorgehensweise aktueller denn je: Das Wissen der Menschen vor Ort einbeziehen, systematisieren und kanalisieren, um auf diese Weise für die stetige Weiterentwicklung und Anpassung der Organisation zu sorgen. Die Verantwortung für das Ganze und die Selbstorganisation der Menschen bekräftigen mit dem Effekt, die Zugehörigkeit, die emotionale Bindung und sachliche Einbindung sowie die Identifikation mit „ihrer" Organisation zu stärken. Insgesamt kann durch diese Art der Organisationsentwicklung auch ein Beitrag erkannt werden, die Arbeitswelt zu humanisieren: Die vorhandenen Potenziale der Mitarbeitenden dürfen sich entfalten und durch den Einbezug in das Ganze sowie über die Würdigung des jeweiligen Beitrages für die Weiterentwicklung der Organisation wird die Sinnhaftigkeit der eigenen Tätigkeit deutlicher.

Diesem Ansatz liegt ein systemisches Denken zu Grunde, das als beständiges „Metakonzept" und nicht als flüchtige „Modewelle" betrachtet werden darf. Ein Denken, welches ohne modische Begriffe auskommt und gleichzeitig den immer häufiger aufkommenden Strömungen oder den „Säuen, die durchs Dorf gejagt werden" standhält. Schon heute werden Begriffe wie „VUKA-Welt" oder „Agile" in manchen Organisationen verspottet oder lösen zumindest Vorbehalte aus. Systemisches Denken beinhaltet schon seit 70 Jahren ähnliche Prinzipien, ohne diese immer wieder neu zu benennen.

Zum Beispiel ist aus systemischer Sicht alles Lebendige komplex und dynamisch. Lebende Systeme sind offen, stehen in Wechselwirkung mit ihrer Umwelt, sind gefordert, sich fortlaufend der sich verändernden Umwelt anzupassen, um ihre Existenz zu sichern. Lebende Systeme sind autonom, selbstregulierend und in ihrem Verhalten nicht vorhersagbar und somit nicht steuerbar (vgl. Kiel 2010). Aufgrund der dynamischen und komplexen Umwelten, aufgrund des ständigen Wandels ist ein iteratives Vorgehen mit immanenten Feedbackschlaufen erforderlich. Ein Denken in einfachen Ursache-Wirkung Kategorien oder lineares Projektmanagement ist nicht hilfreich. Aufgrund der subjektiven Wahrnehmung und Verarbeitung äußerer Ereignisse können wir die Welt nicht objektiv erfassen, sondern nur intersubjektiv beschreiben. Für die Entwicklung von Organisationen ist es geboten, verschiedene und relevante Perspektiven zusammenzuführen und miteinander zu verschränken, woraus eine gemeinsam getragene intersubjektive Sichtweise über das Gemeinte hervorgehen kann. Hierfür braucht es fach- und hierarchieübergreifende Interaktion mit der Bereitschaft, meine Wahrnehmungen ehrlich in den Dialog einzubringen und meinem Gegenüber vorbehaltlos zuzuhören. Nicht monologische, sondern dialogische Führung ist für die Weiterentwicklung von Organisationen förderlich.

Als Berater geht es mir im Grunde darum, einerseits durch breite theoretische Fundierung und andererseits durch vielfältige praktische Erfahrungen glaub- und vertrauenswürdig zu sein und nicht über Modeworte zu blenden.

Wir befähigen Organisationen, sich selbst zu optimieren. Das ist nur möglich, wenn die Mitarbeitenden ihre Erfahrrungen und ihr Wissen für die Entwicklung der Organisation einbringen, wenn sich ihre vorhandenen Potenziale entfalten dürfen, wenn die Verantwortung für das Ganze, die Eigeninitiative und Leistungsbereitschaft gestärkt werden. Ein wichtiger Aspekt dabei ist das Gefühl von Zugehörigkeit und ein „Sich-wieder-finden" in dem, was in der Organisation geschieht.

Die Entwicklung von Organisationen hängt unmittelbar mit der Entwicklung der Menschen zusammen.

Neben der Entwicklung der Organisation ist es uns ein echtes Anliegen, den Menschen darin zu begleiten und zu unterstützen, seine Potenziale, Kreativität und Spontanität zu entfalten. Der Mensch wird in seiner Autonomie und Eigenverantwortung gestärkt.

Wie damals ist in vielen Fällen auch heute bei der Einführung neuer Arbeitsstrukturen ein elementarer Widerspruch zu erkennen: Da mit diesen neuen Arbeitsformen über Abbau von Hierarchien mehr Eigeninitiative, Selbstverantwortung und Selbstorganisation für jeden Mitarbeitenden gefordert wird, gehen viele Entscheider per se davon aus, dass diese Formen ohne sorgfältige Einführung und Begleitung von selbst gelebt werden. Jedoch benötigt gerade die Ausgestaltung dieser Formen eine professionelle Begleitung des psychosozialen Systems, so dass auch die geforderte Haltung und Mentalität sich entfalten können und die Menschen sich nicht überfordert fühlen. Auch die Einführung neuer Arbeitsformen wie „Scram" oder „Holakratie" muss zunächst auf der sachlogischen Ebene angedacht, mit konkreten oder allgemeinen Zielvorstellungen verbunden, auf der Leitungsebene entschieden und konzeptionell mehr oder weniger detailliert ausgearbeitet werden. Hier wird in der einschlägigen Literatur häufig vorausgesetzt, dass diese als innovativ angepriesenen Konzepte ohne „klassisches" Change Management wie von selbst schon eingeführt sind. Vor dem Hintergrund einer rationalen Strategie (vgl. Kiel 2010) werden in der Regel die Mitarbeitenden lediglich informiert, geschult und erhalten entsprechende Handbücher. Dieses Vorgehen ist linear und im Sinne des „Trichtermodells" Input-Output orientiert. Doch hier gelangen viele Organisationen an ihre Grenzen: Gerade diese radikalen strukturellen Veränderungen sind mit erheblichen Konsequenzen für die betroffenen Mitarbeitenden verbunden und bedürfen häufig eines radikalen Wandels im Denken und Handeln und somit einen wesentlichen Wandel der Kultur. Auch wenn bei diesen Konzepten häufig von Partizipation und Selbstorganisation die Rede ist, unterliegt die Einführung denselben Prinzipien wie bei allen strukturellen Veränderungen einer Organisation, die vom Management angeordnet und verordnet werden. Die neuen Rollen und Funktionen sind in der Regel detailliert beschreiben und werden somit den Mitarbeitenden vorgeschrieben. Hier sei nur am Rande erwähnt, dass heute zum Teil bewährte Denkweisen und Prinzipien der Organisationsentwicklung neu aufgelegt werden, jedoch verknüpft mit weitreichenden Kontrollmechanismen, die auch erst im Zuge der Digitalisierung möglich geworden sind.

Uns war es damals bewusst, dass es sich bei der Einführung neuer Arbeitsstrukturen um einen „Zwangskontext" für die Betriebe und die Mitarbeitenden handelt. Und auch heute sollten wir uns vor Augen führen, dass neue Formen nicht unbedingt mit Offenheit oder gar mit „Begeisterung" erwidert werden, sondern auch mit verdeckten oder offenen Widerständen. Mögliche Ängste, Vorbehalte oder Bedenken sollten wir ernst nehmen und sorgfältig in unserem Vorgehen berücksichtigen. Das Fundament ist Vertrauen und Zutrauen. Den Menschen eingebettet in seiner Lebens- und Arbeitssituation vor dem Hintergrund seiner Erfahrungen und Geschichte betrachten, anerkennen und würdigen. Die Erwägungen, die Vor- und Nachteile, die Risiken und Chancen, Möglichkeiten und Grenzen, Freiheiten und Einschränkungen oder gar die Notwendigkeit neuer Arbeitsformen ehrlich und transparent kommunizieren. Die Mitarbeitenden auf Augenhöhe erwachsen ansprechen und einbeziehen. Die Einladung aussprechen, sich für das Neue zu öffnen, das Neue auszuprobieren, eigene „empirische" Erfahrungen zu machen und diese gemeinsam auszuwerten. Ein dauerhaftes Lernen ins Laufen bringen: Die Lernende Organisation sich entwickeln lassen – einen gemeinsamen Lernweg gehen. Bis heute ist bei der Einführung neuer Arbeitsformen ein iteratives Vorgehen unter engem Einbezug der Betroffenen mit wiederholenden Feedbackschleifen erforderlich. Dabei steht über allem die Frage: Wofür das Ganze?

Learnings:
- Die Entwicklung von Organisationen ist unmittelbar mit der Entwicklung der ihr zugehörigen Menschen verknüpft.
- Die Identifikation mit der Organisation, das „Sich-wieder-finden" in dem, was in der Organisation geschieht, das Gefühl von Zugehörigkeit und „Sich-aufgehobenfühlen" stärken die Verantwortung für das Ganze, die Eigeninitiative und Leistungsbereitschaft.
- Im zwischenmenschlichen Umgang sind Wertschätzung, Würdigung, Wohlwollen, Vertrauen, Zutrauen und Dialog grundlegend. Auf dieser Basis dürfen sich Potenziale, Kreativität und Spontanität entfalten. Das Wohlbefinden der Menschen wird gefördert. Die Resilienz wird gestärkt.
- Nur ein echtes und ehrliches Interesse an der Entwicklung von Menschen gilt. Hier kommen Glaubwürdigkeit, Integrität und Stimmigkeit zum Zuge. Eine Menschenorientierung, die sich als Mittel zum Zweck versteht, um noch mehr aus dem Menschen herauszuholen, wird durchschaut und löst den gegenteiligen Effekt aus.
- Um Organisationen in dem hier gemeinten Verständnis zu entwickeln und zu begleiten bedarf es der ehrlichen Klärung der eigenen Werte, Überzeugungen, Absichten und Emotionen sowie des handlungsleitenden Menschenbildes. Das erfordert auch ein Reflektieren der eigenen biografischen Prägungen und der bisherigen beruflichen Sozialisation.

Persönliche Botschaft des Autors

Abb. 3.4 Persönliche Worte: Volker Kiel

Literatur

Brunner EJ (1993) Organisationsdynamik. In: Schönig W, Brunner EJ (Hrsg) Organisationen beraten. Impulse für Theorie und Praxis. Lambertus, Freiburg, S 95–110

English F (1985) Der Dreiecksvertrag. Z Transaktionsanalyse Theorie Praxis 2:88–92

von Glaserfeld E (1991) Einführung in den radikalen Konstruktivismus. In: Watzlawick P (Hrsg) Die Erfundene Wirklichkeit. Wie wissen wir, was wir zu wissen glauben? 7. Aufl. Piper, München, S 16–38

Karpman S (1971) Options. Trans Anal J 1(1):79–87

Kiel V (2010) Wandel in Organisationen – Grundlagen und Prinzipien des Change Managements aus systemischer Perspektive. In: Negri C (Hrsg) Angewandte Psychologie für die Personalentwicklung. Springer, Berlin/Heidelberg/New York, S 413–439

König E, Volmer V (1994) Systemische Organisationsberatung. Grundlagen und Methoden, 2. Aufl. Deutscher Studienverlag, Weinheim

Maturana HR, Varela F (1987) Der Baum der Erkenntnis, 2. Aufl. Scherz, München

Probst GJB (1987) Selbstorganisation. Ordnungsprozesse in sozialen Systemen aus ganzheitlicher Sicht. Paul Parey, Berlin, Hamburg

Watzlawick P (1992) Wie wirklich ist die Wirklichkeit? Wahn, Täuschung, Verstehen, 20. Aufl. Piper, München

Teamcoaching als Beitrag zu Teamentwicklung

Gisela Ullmann

4.1 Zur Organisation – 44

4.2 Teamprozesse und Konzepte – 45

4.3 Zu meiner Rolle als Beraterin – 48

4.4 Fazit – 48

4.5 Was hat sich in der Zwischenzeit verändert? – 50

Persönliche Botschaft des Autors – 53

Literatur – 53

Elektronisches Zusatzmaterial Die elektronische Version dieses Kapitels enthält Zusatzmaterial, das berechtigten Benutzern zur Verfügung steht. https://doi.org/10.1007/978-3-662-60465-6_4
Die Videos lassen sich mit Hilfe der SN More Media App abspielen, wenn Sie die gekennzeichneten Abbildungen mit der App scannen.

© Springer-Verlag GmbH Deutschland, ein Teil von Springer Nature 2020
C. Negri, D. Eberhardt (Hrsg.), *Angewandte Psychologie in der Arbeitswelt*, Der Mensch im Unternehmen: Impulse für Fach- und Führungskräfte, https://doi.org/10.1007/978-3-662-60465-6_4

Zusammenfassung

Im Artikel wird ein Team einer Sicherheitsorganisation beschrieben, welches sich zum ersten Mal in einem gemeinsamen Veränderungsprozess befand. Die Definition der Ziele, die Entwicklung einer Wertekultur und das Erleben eines gemeinsamen Entwicklungsprozesses der nachhaltige Auswirkung auf die innerbetrieblichen Arbeitsstrukturen und -zeiten hatte, sind einige Stichwörter zu diesem Prozess. Die Aufgaben und die Rollen der Mitglieder der Steuergruppe lehnen sich teilweise an die Grundbegriffe für agiles Arbeiten an. Teamcoaching soll ein Team befähigen angemessen und transparent zu kommunizieren. Das setzt die Bereitschaft zur Interaktion und zur Reflexion voraus.

Unterschiede im Wahrnehmen und Bewerten sollen angesprochen werden können, Spannungen und Konflikte, die daraus entstehen, sollen innerhalb vom Team thematisiert werden. Die Mitglieder eines Teams müssen sich sowohl auf der Sach – wie Beziehungsebene bewegen können.

4.1 Zur Organisation

Abteilung für Sicherheit der Polizei Zug
Die Führung der Abteilung setzt sich aus einem Leiter und zwei ihm direkt unterstellten leitenden Mitarbeitern zusammen. Gemeinsam haben sie die Verantwortung für 12 direkt unterstellte Mitarbeiter, diese führen 120 Mitarbeiter. Die Aufgaben und Funktionen sind in der Abteilung klar geregelt. Die Hauptaufgabe dieser Organisationseinheit ist es, im öffentlichen Raum für Sicherheit zu sorgen und diese zu überwachen.

- **Situation in der Abteilung**

Einer größeren Abteilung für Sicherheit der Polizei Zug steht ein Veränderungsprozess bevor, der für die leitenden Mitarbeitenden auch eine Phase von Teamentwicklung beinhaltet.

Damit die Mitarbeitenden ihre Aufgaben effizient und angemessen erfüllen können, besteht eine klare Hierarchie. Viele Mitarbeitende arbeiten seit vielen Jahren in der Abteilung und sind untereinander gut vernetzt. Sie haben einen sehr guten Ausbildungs-, und Wissensstand für ihre Aufgaben und Einsätze. Im Veränderungsprozess werden neue Strukturen in den verschiedenen Untergruppen entwickelt mit dem Ziel, die steigenden Anforderungen im Bereich öffentlicher Sicherheit zu gewährleisten und gleichzeitig die Belastungen für die Mitarbeitenden, wo immer möglich, zu verringern.

Die Organisation hat in den letzten Jahren immer wieder kleinere und größere Veränderungsprojekte bewältigt.

Projektauftrag und Projektbegleitung

Die verantwortlichen Träger der Sicherheitsorganisation betonten im Vorgespräch, dass eine große Herausforderung darin liegen wird, die Mitarbeitenden im gemeinsamen Teamprozess für die Veränderung zu gewinnen. Der Abteilungsleiter und seine beiden direkt unterstellten leitenden Mitarbeiter haben sich für die Zeit des Projektes zu einer Steuergruppe zusammengeschlossen, um gemeinsam das Vorgehen und die Art und Weise der Umsetzung zu reflektieren. Die Steuergruppe wollte die neuen Strukturen gemeinsam mit den leitenden Gruppenverantwortlichen erarbeiten. Gemeinsame innere Haltungen und Werte sollen die Grundlage für die zu entwickelnden Strukturen bilden. Die Steuergruppe wollte sich nicht mit einem knappen Lippenbekenntnis zufrieden geben.

> **Leitfragen für den Teamentwicklungsprozess**
> - Wie gewinnen wir die leitenden Teammitglieder für eine engagierte Zusammenarbeit?
> - Wie verhalten sich Mitarbeitende, die für Sicherheit im Alltag sorgen, in einem unsicheren Prozess?
> - Was muss daher besonders beachtet werden?
> - Welche Prozesse unterstützen die Erarbeitung neuer Werte und Einstellungen?
> - Wer sind die verantwortlichen Systemträger und wie sollen diese zur erfolgreichen Umsetzung des Projektes mit einbezogen werden?
>
> Der Projektauftrag war klar umschrieben und die verantwortlichen Systemträger unterstützten den Teamentwicklungsprozess.

4.2 Teamprozesse und Konzepte

Die Beratung fand auf zwei Ebenen statt.
- Gruppencoaching für die Steuergruppe;
- Leitung einzelner Workshops zur Teamentwicklung.

Fokus der Fallbeschreibung ist die Darstellung der vielfältigen Arbeitsweisen in den Teamprozessen.

Das Vorgehen in der Steuergruppe

In monatlichen Sitzungen der Steuergruppe wurden die anstehenden Themen besprochen und das jeweilige Vorgehen abgestimmt. Hauptfokus in den Gesprächen war der Teamentwicklungsprozess. In seltenen Fällen wurden inhaltliche Fragen des Projektes erörtert. Zu Beginn des Coachings fanden Einzelgespräche mit den Mitgliedern der Steuergruppe statt, diese bildeten die Basis für die vertrauensvolle Zusammenarbeit. Stellvertretend für die Gruppenleitungen waren in der Steuergruppe auch die verschiedenen Sichtweisen, Bedenken und Sorgen vertreten.

Auffallend war die hohe Umsetzungsorientierung aller Beteiligten. Die Kultur der Organisation trägt stark dazu bei, übertragene Aufgaben schnell und gut erledigen zu wollen. Diese Fähigkeit beeindruckt zum einen, zum anderen erschwert sie jedoch das Hinterfragen, das Benennen von persönlichen Bedenken und Sorgen. Die Grundprinzipien in der täglichen Arbeit – Wahrnehmen der Situation, rasche Beurteilung der Lage und angemessenes Handeln – sind in den Köpfen der Beteiligten tief verankert. Der Wert der persönlichen Einschätzungen und das Ansprechen von Unsicherheiten und diffusen Eindrücken musste somit unterstützt und verstärkt werden. Methodisch betrachtet, haben wir im Teamcoaching das Wahrnehmungsrad mit seinen Stationen von Wahrnehmungen beschreiben, Erinnerungen einordnen, Gefühle zulassen, interpretieren, schlussfolgern und handeln von hinten nach vorn gedreht. Die Schlussfolgerungen und möglichen Handlungen waren der Steuergruppe oft sehr schnell klar. Persönliche Gefühle und Vorerfahrungen ernst zu nehmen und sie mitzuteilen stellte eine andere Herausforderung dar.

In der Rolle als Beraterin habe ich an dieser Stelle häufig Fragen gestellt, die die Schlussfolgerungen bzw. die Handlungsabsichten hinterfragt haben. Fragen im Sinn von: Weshalb kommen Sie zu dieser Einschätzung oder aufgrund welcher Wahrnehmungen gelangen Sie zu dieser Schlussfolgerung?

Die klare Hierarchie innerhalb der Steuergruppe war in feinen Nuancen immer wieder spürbar. Dies obwohl insgesamt ein sehr offenes und wertschätzendes Arbeitsklima existierte. Der Entwicklungsprozess im Team musste daher die vertraute Hierarchie und bei den beteiligten Personen deren wichtige Orientierung nach Sicherheit mit berücksichtigen.

- **Das Vorgehen mit der Steuergruppe und den Abteilungsleitern**

Am Kick-Off-Tag mit der Steuergruppe und den Abteilungsleitern konnten sich alle mit den Rahmenbedingungen des Projektes vertraut machen. Zusätzlich gab es mehrere Phasen, in denen in gemischten Kleingruppen die Themen „Gemeinsame Ausgangssituation" und „gewünschte Soll-Situation" des Projektes erarbeitet und präsentiert wurden. Ein gemeinsamer Bootsausflug mit Sicherheitswesten und alkoholfreiem Apéro rundete den Tag erfolgversprechend ab. Die Sicherheitswesten, die zunächst auch bespöttelt wurden, erwiesen sich bei hohem Tempo als äußerst sinnvoll. Im Nachhinein kann dies als Metapher für die Teamentwicklung gelten. Am Ende des ersten Tages war eine vorsichtig-wohlwollende Stimmung entstanden, die vorhandenen Herausforderungen sollten sich erst bei höherem Tempo zeigen.

Die folgenden Wochen waren durch eine sachorientierte und engagierte Stimmung in der Steuergruppe geprägt. Die befürchtete Ablehnung oder passive Haltung zum Projekt blieb aus.

Knapp zwei Monate nach dem Kick-Off wurde auf der inhaltlichen Ebene von einigen Abteilungsleitern deutlich Gegenposition bezogen. Die Heftigkeit der Reaktion hat die Steuergruppe überrascht, gemeinsames Nachdenken war angesagt. Auf der Ebene des Coachings für die Steuergruppe war neben dem Benennen von Wut, Ärger und Enttäuschung v. a. das Verstehen des Teamprozesses wichtig.

Differenzierung vonseiten der Teammitglieder mit der Leitung und anschließende Differenzierung im Team untereinander waren wichtige Schritte in dieser Teamentwicklung. Man kann sagen, dass es ein besonderes Merkmal von Qualität innerhalb der Steuergruppe war, dass ein solcher Protest sichtbar gezeigt wurde. Keinen Sinn im Projekt zu erkennen, keine Reformen, keine neuen Strukturen, Beibehaltung des Ist-Zustandes als Fazit nach einer Gruppenarbeit zu einem kleinen Teilprojekt waren deutliche Signale einiger Teammitglieder gegenüber der Leitung. Die Steuergruppe hatte in den Wochen davor den Teammitgliedern sehr deutlich die Botschaft vermittelt, dass die neuen Strukturen gemeinsam erarbeitet werden müssen. Man kann sagen, dass die Aufforderung durch die Steuergruppe an die Teammitglieder, konstruktiv mitzuarbeiten, stetig zunahm. Dieser Druck im System bewirkte einen Gegendruck und die Teammitglieder präsentierten am Ende einer Gruppenarbeit deutlich ihre kritischen Einschätzungen zum Gesamtprojekt. Dies ist als Kompetenzgewinn von beiden Seiten einzuschätzen. Die Steuergruppe blieb bei ihren Forderungen an die Teammitglieder, das Projekt aktiv mitzugestalten, und lud sie ein, ihre Bedenken mitzuteilen. Die Teammitglieder begannen die Steuergruppe ernst zu nehmen und muteten ihr den vorhandenen Widerstand zu.

Der nächste Teamworkshop begann mit einer nüchternen Beschreibung der letzten Ereignisse im Team durch die Steuergruppe. Allein diese Beschreibung war hilfreich, um den Teammitgliedern zwei Botschaften zu verdeutlichen: das Interesse der Steuerungsgruppe an der aktuellen Einschätzung der Teammitglieder zum Projekt (Frage: Was beschäftigt Euch?) und die klare Botschaft, dass eine konstruktive und offene Auseinandersetzung mit den Projektzielen erwartet wird.

Methodisch haben wir mit den vier Zimmern der Veränderung nach Janssen (1982) gearbeitet. Diese metaphorische Intervention veranschaulicht auf einfache Weise die unterschiedlichen Befindlichkeiten der Betroffenen in Veränderungsphasen. Die Teilnehmer werden für die einzelnen Phasen im Veränderungsprozess sensibilisiert und vertiefen damit die persönliche Prozessreflexion. Zusätzlich erhalten sie die Gelegenheit, ihre Sozial- und Selbstkompetenz aufgrund dieser Selbsterfahrung zu erweitern. Da alle Teilnehmenden im Team auch selber ein Team führen, war dies eine gute Erfahrung.

Die Abteilungsleiter gingen an jedem „Zimmer" vorbei, alle Zimmer waren durch aufgehängte Flipcharts symbolisiert. Sie schrieben ihre persönlichen Wahrnehmungen und Einschätzungen, teilweise mit kleinen Zeichnungen auf. Nachdem alle ihre Mitteilungen beendet hatten, haben wir gemeinsam einen Rundgang gemacht und die Sätze auf uns wirken lassen. Neben klärendem Nachfragen und kritischen Kommentaren breitete sich auch nachdenkliches Schweigen aus. In einer gemeinsamen Auswertungsrunde hat jeder der Beteiligten persönlich Stellung nehmen können. Zu Beginn gab es etliche Beiträge zum Zimmer der Zufriedenheit im Sinne von grundsätzlich passenden Strukturen und zufriedenen Mitarbeitenden an der Basis. Die Sorge für die ihnen unterstellten Mitarbeitenden war präsent, teilweise diente sie jedoch auch dazu, die eigene Beunruhigung weder wahrnehmen noch äußern zu müssen.

Im Zimmer der Erneuerung waren auch viele interessierte Beiträge zu lesen. Am Ende des Projektes bot es für einige die Option, attraktive Funktionen wahrzunehmen. Es war für alle Beteiligten ein wichtiges Ziel, mit den Veränderungen gute Arbeitsbedingungen für das Personal zu erreichen. Das Ausmaß der Veränderungen wurde noch unterschiedlich beurteilt.

Die beiden anderen Zimmer hatten deutlich weniger Einträge, jedoch ein paar sehr offene Voten einiger Teilnehmer. Mithilfe dieser Beiträge kam ein wichtiger Austausch zustande. Ein Teilnehmer formulierte es folgendermaßen: „Das ist doch die Chance, wir können diesmal wirklich mitgestalten und mitentscheiden; das Dumme ist nur, dass wir dafür auch die Verantwortung tragen." Verleugnungen über die bevorstehenden Veränderungen waren nach dieser Aussage auf der Gesamtteamebene nicht mehr zu hören, hingegen war die Verwirrung über die unklaren Strukturen und die Auswirkungen für das Team bei einigen deutlich spürbar. Nach und nach äußerten Teilnehmer ihr Unbehagen, auch ihre Unsicherheit gegenüber dem Neuen. Andere Teilnehmer begannen aktiv ihre noch zögernden Kollegen zu ermuntern mitzumachen bzw. sie zu einer aktiven Rolle im Projekt einzuladen. Da es sich hierbei u. a. um ältere Kollegen handelte, die durchaus viel informelle Macht und Einfluss besaßen, erinnerte dies an eine Wachablösung innerhalb der Gruppe.

Am Ende des Workshops wurden Aufgaben verteilt und neue Arbeitsgruppen gebildet. Vier Wochen später wurden Strukturvorschläge vorgestellt und einige Mitglieder brachten sehr differenzierte Vorgehensweisen und teilweise radikal neue Ideen ein. Mit einem Mal war viel Energie vorhanden, das Projekt wurde nun vom Team und nicht mehr von der Steuergruppe allein getragen. Einige kritische Stimmen waren nach wie vor zu hören. Sie hatten nun jedoch nicht mehr den bindenden Einfluss auf die anderen. Bemerkenswert war im Teamprozess, dass die aktiv mitarbeitenden Kräfte die noch zögerlichen Mitglieder stets zur Mitarbeit aufforderten und deren Bedenken integrierten. Der Fokus und die Energie lagen immer auf Lösungen, die den Rahmenbedingungen des Projektes entsprachen.

Die Steuergruppe entschied sich dann, alle möglichen Strukturoptionen präsentieren zu lassen und daraus eine Auswahl von drei Optionen der Gesamtleitung zu unterbreiten. In Frage kamen dabei nur Vorschläge, die allen Projektanforderungen entsprachen. Hier war es interessant zu verfolgen, wie die Entwickler der Strukturoptionen am Erfolg des Projektes nun selbst interessiert waren.

Zum Schluss wurde die neue Prozessstruktur abgesegnet. Besonders erfreulich für die Steuergruppe und das Team war, dass der innovativste Vorschlag vom obersten Leitungsgremium ausgewählt wurde. Mit der Ausarbeitung der neuen Teilstrukturen und der Koordination der dazu abgestimmten Arbeitsprozesse war das Projekt in der nächsten Phase angelangt.

> **Die vier Zimmer der Veränderung (in Anlehnung an Janssen 1982)**
>
> Der Rundgang erfolgt in einer Richtung, kein „Zimmer" darf dabei ausgelassen werden.
> 1. Zimmer der Zufriedenheit:
>   - Ich habe mir viel aufgebaut und will das Erreichte halten, ich engagiere mich im Rahmen des Möglichen.
>   - Ich fühle mich sicher und möchte die bewährten Verfahren beibehalten.
>   - Ich schätze es, in vertrauten Strukturen und gewohnten Arbeitsabläufen arbeiten zu können, und ich achte darauf, dass die Dinge so bleiben wie sie sind.
> 2. Zimmer der Verleugnung:
>   - Ich bin beunruhigt über mögliche neue Veränderungen und orientiere mich an den bestehenden Abläufen.
>   - Unter Umständen bin ich verärgert und wütend über die Veränderungen, Teile dies nicht mit bzw. tue so, als ob alles in Ordnung sei.
>   - Da ich mir nicht vorstellen kann, dass neue Strukturen notwendig sind, bleibe ich konsequent beim Verteidigen der vorhandenen Arbeitsprozesse.
>   - Ich leiste viele Beiträge, um das Bewährte auch in der Zukunft zu behalten.
> 3. Zimmer der Verwirrung:
>   - Ich bin frustriert, enttäuscht und wütend und nehme die Aufforderung zur Veränderung als Berg-und-Tal-Fahrt wahr.
>   - Ich verliere meine Orientierung und merke, dass sich die Veränderungen nicht aufhalten lassen.
>   - Ich bin ratlos und sehe für mich noch keine Perspektive in den neuen Vorgaben.
> 4. Zimmer der Erneuerung:
>   - Ich entdecke neue Möglichkeiten, mit der Herausforderung umzugehen.
>   - Ideen und Visionen öffnen mir einen Gestaltungsraum, den ich nutze.
>   - Ich entdecke eine neue, vertiefte Sicherheit in mir, die sich in einer vertieften Handlungsbereitschaft ausdrückt.
>   - Ich erlebe die gemachten Erfahrungen und Eindrücke als einen persönlichen Kompetenzgewinn im Umgang mit unsicheren Situationen.

4.3 Zu meiner Rolle als Beraterin

Mit dem Auftrag primär als Beraterin für die Leitungsgruppe zu fungieren, war es mir ein Anliegen, diese auf zwei Ebenen zu unterstützen:
- auf der inhaltlichen Projektebene und
- auf der Ebene des Veränderungsprozesses im Team.

Dabei hatte ich zwei Rollen inne. Zum einen die einer klassischen Beraterin, die mit dem Blick von außen Fragen stellt, um den systeminternen Beteiligten die Möglichkeit zum Nachdenken und Prüfen zu geben, sodass sie die nötige Distanz zum Projekt halten konnten. Das große Fachwissen der Beteiligten ist dem Gesamtprojekt sehr zugute gekommen. Wir haben in vielen Fragen immer wieder die Metaebene genutzt, um die Teamprozesse zu analysieren und zu verstehen. Zum anderen habe ich Fachinputs gegeben, um methodisches Vorgehen in den Workshops abzusichern oder um die Bedeutung einzelner Prozessphasen einordnen zu können (s. ▶ Abschn. 4.4).

Ich bin in meinen unterschiedlichen Rollen konsequent in der Beratungsrolle geblieben. Auch bei den Designs für die einzelnen Teamworkshops lag die letzte Entscheidung bei der internen Steuergruppe. Dies hatte den großen Vorteil, dass die Vertreter der Organisation jederzeit selbst verantwortlich für den Gesamtprozess waren und immer in der Führungs- und Projektleitungsrolle präsent waren.

4.4 Fazit

In den monatlichen Sitzungen hat mich die Steuergruppe über den jeweiligen Projektstand informiert und wir haben auf der Metaebene die aktuellen Themen auf der inhaltlichen Ebene, das Engagement der Beteiligten und deren Einfluss untereinander reflektiert. Wichtig war dabei, dass die Steuergruppe ihrerseits ihre verschiedenen Rollen im Projekt gut einnehmen konnte. Nach einer Anlaufphase konnten die Mitglieder ihre unterschiedlichen

Wahrnehmungen und Einschätzungen offen präsentieren. Meine Aufgabe bestand häufig nur darin nachzufragen, wie diese auf die anderen Anwesenden wirken, welche weiteren Aspekte damit sichtbar wurden. Es war ein erster Erfolg, dass die Mitglieder der Steuergruppe untereinander die Unterschiedlichkeit als Bereicherung einschätzen konnten.

Die Steuergruppe hatte sowohl den Inhalt wie den Prozess im Blick, der Prozess erforderte von Ihnen manchmal mehr Geduld als sie es selber erwartet hatten. Der Unterschied zwischen den beiden Ebenen wurde immer wieder thematisiert. Im Projekt waren sie für den Gesamtprozess verantwortlich und wollten die leitenden Teammitglieder zu einer aktiven Beteiligung im Veränderungsprojekt motivieren. Die Steuergruppe hatte sich entschieden, das Projekt mit den Vorgaben ohne weitere Ideen oder Empfehlungen an die leitenden Teammitglieder weiterzugeben.

Analog der Rollenanalyse von Belbin (1981) haben die Steuergruppe und ich im Coaching Hypothesen darüber aufgestellt, wer im Team anhand der persönlichen Stärken und Entwicklungsthemen welche Art von Unterstützung braucht. Hier habe ich immer wieder mit der Methode des Reframing gearbeitet, um dem nicht gewünschten Verhalten oder der kritischen Rolle eine andere, neue und hilfreiche Bedeutung zu geben. Für die Steuergruppe kamen diese Interpretationen oft überraschend, lösten manchmal Blockaden oder einseitige Bewertungen auf. Sie halfen den Kopf wieder frei zu bekommen.

Das ist vielleicht der entscheidende Beitrag, den Coachs in solchen Teamentwicklungsprozessen leisten können: Abstand zur emotionalen Dichte des Prozesses zu fördern und damit neue Perspektiven zu ermöglichen.

> **Lessons learned**
> - **Rolle als Prozessberaterin:** Der Auftraggeber hatte sich sehr bewusst für eine Prozessbegleitung entschieden, damit war meine Rolle klar definiert – die Beratung der Steuergruppe, die gemeinsame Reflektion des Gesamtprozesses und nach Absprache die Leitung der Workshops. Das Design und die Methodik waren jeweils so mit der Steuergruppe abgestimmt, dass sie selber diese auf diese Weise durchführen konnten. Problematische Situationen in der jeweils nächsten Sitzung wurden im Voraus geprüft und Handlungsoptionen diskutiert und beschlossen. Bei Bedarf haben wir uns in den Pausen für das weitere Vorgehen abgestimmt. Dies beinhaltete auch gegenseitiges Feedback zur Steigerung der Prozessqualität.
> - **Aufgabenorientierung und Kultur der Umsetzung in der Organisation:** Die Mitglieder der Organisation waren rasche Analyse der Lage und ergebnisorientierte Umsetzung häufig unter Zeitdruck gewohnt. Stolpersteine in der Beratung war hier die Umorientierung aller Beteiligten. Nicht weg von raschem Handeln hin zu Reflektion, sondern die Verbindung von Sowohl-als-auch. Wann braucht es ein Hinterfragen von Vorgehen und Ansichten, wann ist es hilfreich, persönliche Wahrnehmungen und Gefühle zu schildern? Die Steuergruppe entwickelte eine gemeinsame Bereitschaft, sich in diesen Prozessen auf der Metaebene zu unterstützen. In anspruchsvollen Momenten lag die Gefahr nah, diese mit Interventionen aus der Führungsrolle zu lösen, besonders deshalb, weil die Mitarbeitenden am Anfang des Prozesses eher auf eine Führungsintervention als auf eine anstoßgebende Intervention reagierten.
> - **Hierarchieverständnis innerhalb der Organisation:** Die Mitglieder verfügen über ein klares Hierarchieverständnis, was im Alltag zur Bewältigung der Aufgaben absolut sinnvoll ist. Im

Veränderungsprozess erschwert diese klare Haltung jedoch die offene Auseinandersetzung. So war nach dem Kick-Off die Stimmung euphorisch, die Ernüchterung kam erst später, nachdem es eine Weile „gebrodelt" hatte. Meine Aufgabe bestand darin, der Steuergruppe diese Ernüchterung transparent zu machen und die nun endlich sichtbaren Widerstände zu bearbeiten. Der gute Aspekt der Ernüchterung bestand darin, dass wir nun Klarheit über die vorhandenen Sichtweisen hatten. Eine meiner Interventionen bestand darin, die Steuergruppe gezielt nach ihren Gefühlen zu befragen, um so den Kopf wieder frei zu bekommen.

- **Bearbeitung der Hindernisse im Veränderungsprozess**: Mit der Wahl der 4-Zimmer-Methode habe ich bewusst eine Form gewählt, die viel Spielraum für die individuelle Einschätzung und Motivation zum Veränderungsprozess offen lässt. Jedes Mitglied geht in seinem Tempo, mit seiner Lebensgeschichte, mit seinen Ressourcen diesen Weg. Und es gibt analog zum Veränderungsprozess keine Umkehr und es ist nicht möglich ein Zimmer auszulassen. Die unterschiedlichen Erlebnisse und Erkenntnisse waren sehr hilfreich für den Dialog. Ohne es offen ansprechen zu müssen, kam es zu Rollen und Positionswechseln innerhalb der leitenden Mitarbeitergruppe. Für mich war beeindruckend, welche Achtsamkeit die Mitglieder untereinander hatten, auch hier analog zum realen Bootsausflug am Kick-Off, wir bleiben alle im Boot miteinander. Positionen und Rollen können wechseln, da die Mitglieder auf Herausforderungen unterschiedlich reagieren bzw. unterschiedliche Kompetenzen mitbringen.

- **„Die Steuergruppe sitzt hinter dem Lenkrad"**: Das System, hier die Steuergruppe als Auftraggeber und Systemteil, entscheidet letztendlich, wie es vorwärts gehen soll. So hat es durchaus Momente in der Beratungsrolle gegeben, wo ich andere Vorgehensweisen gewählt hätte. Ich habe diese Ideen gut wieder loslassen können, nicht nur, weil unterschiedliche Wege nach Rom führen können im Sinne der systemischen Äquifinalität, sondern auch, weil ich ganz bewusst einen halben Schritt hinter der Steuergruppe meinen Platz hatte.

4.5 Was hat sich in der Zwischenzeit verändert?

- **Beitrag von Coaching zur Teamentwicklung in agil orientierten Organisationen**

Nach Diehl (2019) besteht agiles Arbeiten aus Freiwilligkeit, einem klaren Ziel, Handeln in kurzen Zeitintervallen, einer hohen Wertorientierung, dem Einbezug des Kunden und dem Arbeiten in kleinen, selbstorganisierten Teams. Beweglich zu handeln, Bereitschaft sich selbst im Kontext mit anderen zu steuern und gemeinsam Verantwortung zu übernehmen, sind Grundvoraussetzungen jeder Teamentwicklung. Was hat sich also verändert?

In den vergangenen Jahren ist das Bewusstsein über die Bedeutung der unterschiedlichen Rollen in Teams gestiegen. Teamorientierte Rollen, Ideen und Visionen stärkende Rollen, Umsetzungsrollen sowie Controlling Rollen sind zur Bewältigung komplexer Aufgaben notwendig und der gegenseitige Einblick in diese Rollenanteile vertieft den Dialog. Die gemeinsame Produktorientierung, das fortlaufende Hinterfragen zur Verbesserung der Ergebnisse für die Kunden bedingt eine solide Kommunikationskompetenz aller Beteiligten. Der permanente Feedbackprozess setzt eine hohe emotionale Belastbarkeit der Teammitglieder voraus. Eine gelungene Auseinandersetzung auf der Sachebene fordert von den Teammitgliedern sich zu jedem Zeitpunkt des Arbeitsprozesses hinterfragen zu lassen. Weshalb tun wir die Dinge so wie wir sie tun?

Was braucht es in Teams, um neue andere Sichtweisen zu zulassen? Was passiert in Teams, wenn die Vorgesetzten keine orientierende Sicherheit mehr geben und keine Schlussverantwortung für Entscheidungen tragen, sondern dies in die Teams delegieren? Die Freude über die Gestaltungsmöglichkeiten im Team weicht häufig der Ernüchterung Verantwortung übernehmen zu müssen. Entscheidungen im Team fällen zu müssen braucht eine gelebte Konfliktkultur. Teamcoaching kann diese Lernprozesse hilfreich unterstützen. Was für Fragen, Sorgen oder Ängste löst dieser Prozess bei den Mitgliedern aus? Über welche Kompetenzen müssen Teammitglieder verfügen, um selbstgesteuert zu arbeiten? Was muss passieren, damit man Anregungen, Einschätzungen oder Kritik von Kolleginnen und Kollegen hören kann und innerlich beweglich darauf reagieren?

Das flexible Reagieren auf der Sach- und Beziehungsebene muss trainiert werden. Damit dies möglich ist, braucht es eine gemeinsame ressourcenorientierte Kultur, welche das Ansprechen von Gefühlen, Befindlichkeiten und Einschätzungen konkret kann dies für die Teammitglieder nach Andresen (2019) so aussehen:

1. Wahrnehmung des Systems mit dem spezifischen Eigensinn der Organisation. Anerkennen, was im System bei den Beteiligten an Einstellungen und Werten anzuerkennen ist. Die Kunden bleiben als Experten für ihr Problem auch die Experten für die Lösungen.
2. Die Prinzipien im Coaching von Vertraulichkeit, Selbstbestimmung und Arbeiten auf Augenhöhe bleiben gewahrt.
3. Sekundärberatung wird immer dann eingesetzt, wenn der Möglichkeits-und Handlungsraum der Coaches zu klein ist.
4. Es wird fortlaufend nach dem Muster Probe -Sense- Respond gearbeitet.
5. Agiles Coaching unterstützt die Coaches Disziplingrenzen zu überschreiten, den Nutzen für die Kunden stets in den Vordergrund zu stellen und zu lernen.

Grundsätzlich orientiert sich agiles Coaching an den ressourcen- und lösungsorientierten Verfahren. Der Coach wird als Experte betrachtet und der Coach stellt möglichst viele Raum-öffnende Fragen, damit der Coache Lösungen erarbeiten kann. Der offene Einsatz von Wissensvermittlung des Coaches, hier als Sekundärberatung bezeichnet, macht einen Unterschied zu anderen Coachingverfahren. Der Coach vermittelt einerseits Wissen zur Steigerung agiler Kompetenz in Organisationen, zum anderen trainiert er mit Hilfe von Fragen die Fähigkeit im Team neue Lösungsideen zu kreieren. Diese Optionen werden rasch und konsequent in Handlungen umgesetzt und überprüft. Agiles Coaching bedient sich zweier Prinzipien:

1. Erfahren und Erleben als Grundlage für Veränderungslernen.
2. Testen und Lernen ist effizienter als Planen und Warten.

Aus *command* und *control* wird der IT-Sprache gemäss *target* und *track*. Damit werden Aspekte der lernenden Organisation wieder aufgenommen und Fehler als wünschenswerte Erfahrungen etabliert.

Der permanente Einbezug des Kunden ermöglicht gemeinsame Lernschleifen um rasch zu den gewünschten Zielen zu kommen. Für ein erfolgreiches Lernen müssen Teammitglieder fähig sein ihre Beobachtungen den anderen zur Verfügung zu stellen. Im Folgenden einige beispielhafte Fragen seitens der Teammitglieder dazu:

- Was habe ich gesehen, was ist mir aufgefallen?
- Welche Reaktionen, Eindrücke ruft das in mir hervor?
- Welche Inputs möchte ich geben?

Agiles Teamcoaching fordert zum gegenseitigen Lernen und Unterrichten heraus, dies setzt eine hohe Wertschätzung und Akzeptanz der Beteiligten untereinander voraus.

Klassische Teamentwicklung klärt Rollen und Aufgaben, verbessert die Kommunikation und die Interaktionskompetenz. Teamentwicklungen in agilen Organisationen setzt neben diesen Grundkompetenzen auf eine rasche Erprobung und Umsetzung. Den Mut zu haben etwas auszuprobieren und frühzeitig Kunden mit in die Entwicklung einzubeziehen. Agiles Arbeiten bedeutet aber für Führungspersonen auch Verantwortung konsequent in die Teams zu delegieren und diese auch dort zu lassen. Dieser Schritt verändert die Aufgaben von Führungspersonen stark und Mitarbeitende wie Führungskräfte müssen gemeinsam an dieser neuen Aufgabenverteilung wachsen.

Am Institut für Angewandte Psychologie in Zürich werden seit einigen Jahren Lernerfahrungen mit agilem Arbeiten im Selbstversuch gesammelt. Mitarbeitende und Vorgesetzte sind dabei cross-funktionales Arbeiten umzusetzen. Es hat sich gezeigt, dass es schwierig sein kann Entscheidungsbefugnisse in den Teams zu lassen und Entscheidungen von anderen Teammitgliedern auch zu akzeptieren. In agilen Organisationen wird häufig vom Reifegrad gesprochen, also: Was gelingt einem Team?/Was gelingt innerhalb einer Organisation an hierarchiearmer Kooperation? Die grössten Herausforderungen liegen wohl darin, sich in der Arbeit offen und direkt zu begegnen. Meinungen und Ansichten anderer zu zulassen und nicht gekränkt zu reagieren. Bei aller Sorgfalt im Umgang miteinander, kann es passieren, dass sich Teammitglieder auch nicht gesehen fühlen. Nicht immer sind die eigenen Ideen die Besten, ein hoher Grad an Vertrauen und eine klare, direkte Sprache unter den Teammitgliedern, sind hilfreich, um gemeinsam die Ziele zu erreichen.

Der Unterschied zwischen doing agile und being agile ist gross.

- **Fazit**

Im Rückblick muss gesagt werden, dass das damalige Coaching sich im Wesentlichen auf die Steuergruppe beschränkt hat. Die Mitglieder der Steuergruppe haben mit Hilfe von Coaching Strategien und Interventionen gelernt, mit deren Hilfe die Abteilung in den Veränderungsprozess einsteigen konnte. Die Steuergruppe wurde befähigt ihre Kollegen in dem Prozess zu begleiten.

In den einzelnen Sitzungen wurden mögliche Reaktionen der Kollegen antizipiert und mögliche Interventionen im Umgang mit den Ängsten, Sorgen und dem Widerstand vorbesprochen und geplant. Die Steuergruppe hat sich Kompetenzen und Fähigkeiten angeeignet, um prozessorientiert handeln zu können. Das Coaching hat der Steuergruppe also ein Wissen und Kompetenzvorsprung gebracht.

Eine vergleichbare Beratung in einer agilen Organisation würde hier den Focus auf das gemeinsame Lernen und Gestalten des Prozesses mit allen Beteiligten legen. Teamentwicklung in agilen Organisationen achtet in besonderem Mass darauf, dass die Kompetenzen aller Beteiligten mit einbezogen und gestärkt werden.

Persönliche Botschaft des Autors

Abb. 4.1 Persönliche Worte: Gisela Ullmann

Literatur

Andresen J (2019) Agiles Coaching. Vorgehen, Haltung und Werte. http://leanpub.com/AgilesCoaching. Zugegriffen am 12.08.2019, 17:58h

Belbin RB (1981) Management teams. Heinemann, London

Diehl A. Agile Beratung. http//digitaleneuordnung.de/services/agilescoaching/. Zugegriffen am 12.08.2019, 17:47h

Janssen C (1982) Personlig Dialektik. Liber, Stockholm

„We go for Gold" – Der Traum von WM-Gold

Christoph Negri

5.1　Ausgangslage und Fragestellung – 56

5.2　Beratungsdesign – 58
5.2.1　Interventionsebene – 58
5.2.2　Systematik – 58
5.2.3　Formen der Arbeit – 59

5.3　Durchgeführte Interventionen – 59

5.4　Fazit – 65

5.5　10 Jahre danach im Jahr 2020 – 66

　　　Persönliche Botschaft des Autors – 67

　　　Literatur – 67

Elektronisches Zusatzmaterial Die elektronische Version dieses Kapitels enthält Zusatzmaterial, das berechtigten Benutzern zur Verfügung steht. https://doi.org/10.1007/978-3-662-60465-6_5 Die Videos lassen sich mit Hilfe der SN More Media App abspielen, wenn Sie die gekennzeichneten Abbildungen mit der App scannen.

© Springer-Verlag GmbH Deutschland, ein Teil von Springer Nature 2020
C. Negri, D. Eberhardt (Hrsg.), *Angewandte Psychologie in der Arbeitswelt*, Der Mensch im Unternehmen: Impulse für Fach- und Führungskräfte, https://doi.org/10.1007/978-3-662-60465-6_5

5.1 Ausgangslage und Fragestellung

Zusammenfassung

Im Frühling 2009 wurde ich vom Juniorinnen-Curling-Team GC Zürich kontaktiert, ob ich sie bis zu den Juniorinnen- Weltmeisterschaften im März 2010 begleiten würde. Die Juniorinnen haben sich das ambitionierte Ziel gesetzt an den Weltmeisterschaften eine Medaille zu gewinnen. Sie starten dieses Projekt mit einem neuen Coach und haben sich gemeinsam vorgenommen sich im mentalen Bereich sportpsychologisch begleiten zu lassen. Das Hauptziel der gemeinsamen Zusammenarbeit ist die Vorbereitung auf die WM im März 2010 optimal zu gestalten und sowohl physisch, taktisch sowie mental top vorbereitet zu sein. Wir haben zusammen verschiedene Teilziele gesetzt und den gesamten Prozess von Beginn an grob geplant, regelmässig überprüft und dann jeweils je nach Situation neu angepasst. Wir konnten schnell eine gute Grundlage schaffen und Vertrauen zueinander aufbauen. Das Ziel wurde leider am Schluss nicht erreicht. Trotzdem haben alle Beteiligten im Frühling 2010 ein positives Fazit gezogen und betont, dass sie v. a. auch persönlich sehr stark profitieren konnten. Knapp 10 Jahre später bleibt die Einschätzung im Grundsatz positiv. An Hand der fünf Stufen zum Weg eines High-Performance-Teams (Jenewein und Heidbrink 2008) wurde der Prozess nochmals reflektiert und kritisch beleuchtet. Die Leser/innen können nun ihre eigenen Erfahrungen daran überprüfen und einschätzen.

> **Das Curlingteam: GC Juniorinnen**
> Bei den GC Juniorinnen handelt es sich um das hoffnungsvollste Curlingteam der Juniorinnen und Junioren der Schweiz, gemäß der eigenen wie auch der Einschätzung der Konkurrentinnen. Die vier jungen Frauen und ihr neuer Trainer haben sich im Frühling 2009 zum Ziel gesetzt, bei der Junioren-WM im März 2010 in Flims eine Medaille zu gewinnen. Im Hinblick auf diese Saison (09/10) haben im Team einige Änderungen stattgefunden. Im Frühjahr 2009 sind eine neue Skip-Frau und ein neuer Trainer dazu gekommen. Die bisherige Skip-Frau ist altershalber nicht mehr dabei und mit dem bisherigen Trainer wurde die Zusammenarbeit nach mehreren Jahren beendet, da sich das Team nochmals neue Inputs im Training und in der Betreuung erhofft. Die drei anderen jungen Frauen spielen schon seit einigen Jahren zusammen.
> Die GC-Curling-Sektion gehört zum renommierten Zürcher Sportclub „Grashoppers" und umfasst rund 120 Mitglieder – davon 70 Aktivmitglieder. Die

„We go for Gold" – Der Traum von WM-Gold

> Elite-Abteilung der Curling-Sektion umfasst Herren-, Damen und Elite-Juniorinnen-Teams.
> In der Kategorie Juniorinnen können junge Frauen bis zum 21. Lebensjahr mitspielen.

Beim Curling-Sport findet während des Spiels eine intensive Interaktion und direkte Zusammenarbeit zwischen den vier involvierten Spielerinnen statt. Aus diesem Grund wird in der folgenden Fallbeschreibung jeweils von einem Team gesprochen. Während des gesamten Beratungsprozesses wurden die Interventionen auf erfolgsrelevante Teamaspekte ausgerichtet. König und Schattenhofer (2018, S. 18) bezeichnen ein Team als „eine Sammelbezeichnung für alle arbeits- und aufgabenbezogenen Gruppen, deren Mitglieder kooperieren müssen, um ein gemeinsames Ziel zu erreichen". Hodge (2003; zit. nach Birrer und Seiler 2008, S. 315) bezeichnet den Unterschied zwischen einer Gruppe und einem Team in einer klar ausdifferenzierten gemeinsamen Identität und gemeinsamen spezifischen Zielen. Gerade im Sport spielen gemeinsam definierte Ziele eine wesentliche Rolle und müssen unbedingt in einem Teamberatungsprozess thematisiert und erarbeitet werden (s. ▶ Abschn. 5.2).

Die jungen Frauen sind ehrgeizig und auch bereit, einen großen Teil ihrer Freizeit für den Sport aufzuwenden. Das direkte Umfeld (Verein, Eltern) unterstützt sie v. a. in finanzieller Hinsicht intensiv und trägt das Engagement und die Ziele der jungen Frauen zu 100 % mit. Dies hat zur Folge, dass nicht nur die Teammitglieder, sondern auch das involvierte Umfeld hohe Erwartungen an die WM-Saison haben. Gerade im Sport interessiert v. a. die resultierende Leistung aus einer Gruppenhandlung. Das leistungslimitierende Prinzip dazu ist die Passung von Struktur, Prozess und Funktion innerhalb einer Gruppe (Birrer und Seiler 2008).

Die jungen Frauen haben mich im Mai 2009 kontaktiert. Nach einem ersten Kennenlernen Mitte Mai haben sie sich für eine Zusammenarbeit mit mir als Sportpsychologe entschieden. Sie wollen von Beginn an die neue Saison auf allen Ebenen (technisch, taktisch, physisch und mental) gezielt vorbereiten und in diesem Sinn ist eine Zusammenarbeit während der gesamten Saison 2009–2010 geplant. Ihr Hauptziel ist eine optimale Vorbereitung auf die Junioren-WM vom 06.–14. März 2010 in der Schweiz.

Dazu sollen die folgenden Teilziele beitragen:
- Integration der neuen Teammitglieder (Skip und Trainer): zu einem Team werden,
- Verarbeitung der Enttäuschungen der letzten Saison 2008/2009,
- fokussierte und konzentrierte Trainings und Vorbereitungswettkämpfe,
- Sieg bei den Schweizer Meisterschaften Ende Januar 2010,
- Gelerntes im Spiel umsetzen,
- gute Grundkondition als Basis für die gesamte Saison erarbeiten,
- im Sommer eine gute technische Grundlage erarbeiten,
- sich mit den Anforderungen einer Juniorinnen-WM frühzeitig auseinandersetzen (zwei Teammitgliederinnen haben schon an einer Juniorinnen-WM teilgenommen),
- alle geben alles,
- Spaß haben.

Neben der neuen Teamzusammensetzung gibt es weitere Faktoren, die aus meiner Sicht von entscheidender Bedeutung sind. Eine Spielerin konnte im Juni 2009 erfolgreich ihre Lehre abschließen und hat dadurch während der folgenden Vorbereitungen keine weiteren Zusatzbelastungen durch die Schule und Lehre. Eine andere Spielerin weilt während zweier Monate (Anfang Juli 2009 bis Ende August 2009) für einen Sprachaufenthalt in Amerika. Das Team trainiert während dieser Zeit zu dritt einmal wöchentlich in Baden. Bei den ersten 4–5 Eistrainings war diejenige, die zum Sprachaufenthalt ins Ausland ging, noch dabei. Der neue

Trainer wird von den vier jungen Frauen sehr gut akzeptiert und als ein exzellenter Fachmann eingeschätzt. Sie sind überzeugt, dass er sie technisch wie auch taktisch weiterbringen kann. Sie geben in den Trainings alles, sind präsent und hören genau auf seine Anweisungen. Es wird gut ersichtlich und auch spürbar, dass alle motiviert und gewillt sind, sich zu entwickeln und zu verbessern.

Ein bedeutendes Thema bei allen vier Spielerinnen sind die erlebten Enttäuschungen während der letzten Saison. An den Schweizer Meisterschaften konnte das Team mit den drei bisherigen Spielerinnen wie auch das Team mit der neuen Skip-Frau die Erwartungen nicht erfüllen. Die Enttäuschung und der Frust darüber sitzen immer noch tief und konnten noch nicht verarbeitet werden (es hatte bisher auch keine systematische Auswertung mit allen stattgefunden).

Die vier Frauen verstehen sich persönlich gut und verbringen auch die Freizeit regelmäßig miteinander. Der Freundeskreis umfasst v. a. Personen aus dem Umfeld des Curling-Sports.

5.2 Beratungsdesign

5.2.1 Interventionsebene

Seiler (2009) unterscheidet 3 Ebenen der sportpsychologischen Intervention.

Ebene 1: Psychologisches Training. Anwendung bzw. Vermittlung einzelner sportpsychologischer Trainingsmethoden.

Ebene 2: Psychologische Beratung, Betreuung und Schulung. Schulung und Anweisung von Trainern und Athleten, individualisierte Programme, Beratung und Betreuung, Supervision.

Ebene 3: Psychotherapeutische Beratung und Behandlung. Therapie bei gravierenden Störungen, z. B. Essstörungen.

Die vorliegende Teambegleitung kann der 2. Ebene zugeordnet werden. Dabei verfolge ich eine prozessorientierte Vorgehensweise mit Hauptfokus auf der Komplementärberatung, bei der Fach- und Prozessberatung integriert werden. Gerade in der sportpsychologischen Beratung orientiere ich mich häufig an der Form der Komplementärberatung. Ich begleite den Prozess, unterstütze die Klientinnen und Klienten dabei, die Fragestellung oder das Problem zu erkennen, und wir erarbeiten gemeinsam Lösungsmöglichkeiten. Innerhalb des Prozesses gibt es jedoch immer wieder Phasen, in denen Expertenwissen von Bedeutung ist, z. B. dann, wenn die Sportlerinnen und Sportler Techniken und Methoden kennen lernen müssen. Häufig wird dann auch das Expertenwissen des Sportpsychologen von den Sportlerinnen und Sportlern erwartet.

Insgesamt haben 10 Sitzungen à 90 Minuten (ca. eine Sitzung pro Monat) im Zeitraum von Ende Mai 2009 bis Ende Februar 2010 stattgefunden. Zwischen den Sitzungen haben die Teammitglieder Vor- und Nachbearbeitungsaufgaben bearbeitet. Die dritte Sitzung hat verbunden mit einer Trainingsbeobachtung in der Curling-Halle in Baden stattgefunden. Damit spezifische Interventionsmöglichkeiten aus der Rolle des Trainers erarbeitet werden konnten, hat eine Sitzung (in Absprache mit allen Beteiligten) nur mit dem Trainer stattgefunden (Coach-the-Coach-Prinzip) mit dem Ziel, seine Rolle als Trainer so zu stärken, dass er im Training sowie im Spiel die mit dem gesamten Team erarbeiteten sportpsychologischen und mentalen Strategien umsetzen kann.

5.2.2 Systematik

Eine wertvolle Strukturierungshilfe für den gesamten Beratungsprozess liefert die Systematik nach Beckmann (2003) mit den folgenden 3 Ebenen:

Ebene 1, Grundlagentraining: Diese Ebene dient v. a. dazu, Entspannungsverfahren zu lernen, z. B. Progressive Muskelrelaxation (PMR),

Atemübungen, Autogenes Training (AT) und Teambuilding. Häufig findet das Training in Gruppen statt.

Ebene 2, Fertigkeitstraining: Hier findet ein gezieltes Training spezieller Fertigkeiten statt, z. B. Zielsetzung, Selbstgesprächsregulation, Selbstwirksamkeitsüberzeugung, Aufmerksamkeitsregulation, mentales Training der Bewegungsausführung.

Ebene 3: Krisenintervention: Diese Ebene beinhaltet die flexible Anwendung der erlernten Verfahren in speziellen Situationen, z. B. bei einer Verletzung, Misserfolgsverarbeitung, Wechsel der Trainingsumgebung, Trainerwechsel, persönliche Themen.

Während der vorliegenden Teamberatung habe ich auf allen 3 Ebenen gearbeitet (s. ▶ Abschn. 5.2).

Als Grundlage für eine systematische Arbeit dient eine gründliche Diagnostik. Ich vertraue im vorliegenden Fall v. a. auf eine ausführliche Anamnese (Eingangsinterview, teilstandardisiert) mit dem Ziel, die verschiedenen relevanten Bereiche der Sportler abzuholen. Ich orientiere mich dabei an den Ebenen, wie sie Paul Lavallee und Wylleman (2000) in seinem Modell beschreibt: sportliche Ebene und physischer bzw. athletischer Trainingsstand, psychologische Ebene, psychosoziale Ebene, schulische bzw. berufliche Ebene. Diese Vorgehensweise hilft den Sportler ganzheitlich zu erfassen und daraus abgeleitet Themenschwerpunkte und Prioritäten zu setzen. Dies entspricht gleichzeitig meiner systematischen Grundhaltung als Berater.

Folgende Methoden und Techniken sind hier zum Einsatz gekommen:

- Klientenzentrierte Gesprächsführung in Anlehnung an Rogers. Wichtige Techniken dabei sind aktives Zuhören, wertschätzende Haltung, Fragetechniken (offene Fragen, zirkuläre Fragen, Wunderfrage etc.), Hypothesen bilden und prozessorientiertes Vorgehen;
- Skalierungsfragen, um z. B. Fortschritte festzustellen oder die Technik mit dem inneren Team und die Wunderfrage, um einen Idealzustand beschreiben zu lassen etc.;
- Moderationsmethode in Gruppensituationen;
- Arbeit auf dem Sportplatz: durch Beobachtung bzw. Konzipierung und Planung von Trainingseinheiten (z. B. Technik- oder Taktiktraining, Störungstrainings, Simulationen etc.);
- systematische Beobachtung nach dem BBB-Prinzip (Beobachten, Beschreiben, Bewerten) und mit Unterstützung von Hilfsmitteln, z. B. Video mit anschließendem Feedback und Auswertung;
- Training der mentalen Skills (Fertigkeitstraining);
- Debriefing mit dem Ziel, möglichst schnell Learnings zu erkennen und zu verankern.

5.2.3 Formen der Arbeit

Ich arbeite direkt mit den Sportlerinnen und Sportlern außerhalb und innerhalb des Sportfeldes während des Trainings und z. T. auch bei der Wettkampfbegleitung. Zudem arbeite ich indirekt (in der Beratung und Schulung) z. B. mit den Trainerinnen und Trainern außerhalb des Sportfelds mit dem Ziel, sie sicherer und handlungsfähiger zu machen, oder innerhalb des Sportfeldes mit sportintegrierten Trainingsformen.

5.3 Durchgeführte Interventionen

Im folgenden Kapitel beschreibe ich den gesamten Beratungsverlauf der zehn Sitzungen. Ich nehme vier aus meiner Sicht besonders bedeutende Aspekte (Zielsetzung im Team, Rollenklärung, Umgang mit Fehlern im Team und Antizipation möglicher schwieriger Situationen) genauer unter die Lupe und werde sie jeweils kurz mit den entsprechenden theoretischen Hintergründen ergänzen.

Sitzung 1, 29. Mai 2009: Die gegenseitigen Erwartungen werden geklärt und alle Teammitglieder sowie der Trainer nennen die aus ihrer Sicht relevanten Themen. Wir arbeiten mit Pinkarten in zwei Schritten. Zuerst notieren alle ihre Gedanken persönlich auf Pinkarten. In einem zweiten Schritt werden die Karten auf einer Pinwand geclustert und anschließend miteinander besprochen. Daraus abgeleitet werden die Themen (z. B. Zielsetzung, Erwartungshaltung, Rollen im Team, Fehlermanagement) priorisiert und der Fahrplan für die nächsten Sitzungen festgelegt.

Sitzung 2, 19. Juni 2009: Die Enttäuschungen der letzten Saison werden zum ersten Mal im gesamten Team benannt. Daraus abgeleitet erarbeiten wir gemeinsam Möglichkeiten, wie in Zukunft mit Enttäuschungen im Team umgegangen werden soll. Als Konsequenz daraus entscheidet sich das gesamte Team, nochmals gemeinsam an den Ort (Biel) der letzten Schweizer Meisterschaften zu gehen, den Ort neu positiv zu besetzten (Desensibilisierung) und die noch vorhandenen negativen Emotionen (Zitat einer Spielerin: „Ich habe den Geschmack und die Stimmung der Halle immer noch präsent") dort zu lassen. In Zukunft will das Team zusammen mit dem Trainer jeweils ein systematisches Debriefing direkt vor Ort durchführen. Der Trainer erarbeitet dazu eine Vorgehensweise mit den Hauptfragen: Was ist gut gelaufen? Was lief nicht nach Plan? Welche neuen Ziele ergeben sich aus der Analyse? Was muss unbedingt beibehalten werden? Was ist zu tun (Maßnahmen)? Während dieser Sitzung haben wir auf der Ebene der Krisenintervention gearbeitet und die erlebten Emotionen angesprochen. Welche Emotionen eine Person erlebt, hängt nach Lazarus (1991) entscheidend davon ab, wie wir das Ereignis bewerten, welche Bedeutung es für uns hat und welche Informationen wir über das Ereignis mit welchem Ergebnis verarbeiten. Da dieser Prozess oft unbewusst abläuft, geht es darum, dass im Debriefing versucht wird, das Geschehene zu verstehen, und die Ursache für das Handlungsergebnis korrekt zugeschrieben werden kann (Attributionstheorie, vgl. Beckmann et al. 2008).

Sitzung 3, 29. Juni 2009 in der Curlinghalle Baden. Im Zentrum dieser Sitzung steht die gemeinsame Teamzielsetzung. Johnson und Johnson (2017; zit. nach Birrer und Seiler 2008, S. 335) definieren ein Gruppen- oder Teamziel „als einen zukünftigen Zustand, der von den Gruppenmitgliedern angestrebt wird, um die Gruppe zu dessen Erreichung zu motivieren". Teamziele und die individuellen Ziele müssen zusammenpassen. Matsui et al. (1987) gehen davon aus, dass kollektive Ziele, die Individuen setzen, generell höher sind als Ziele, die sie sich individuell setzen. Gemäß Filby et al. (1999) führen Mehrfachzielsetzungen mit einer ausgeglichenen Balance zwischen Rang-, Leistungs- und Prozesszielen zu den besten Leistungen. In Anlehnung an diese Erkenntnisse haben wir gemeinsam die Rang- und Prozessziele erarbeitet. Dabei haben wir eine zusätzliche Unterscheidung gemacht und die Rangziele in Normal-, Optimal- und Minimalziele unterteilt (◘ Tab. 5.1). Die Verhaltensziele sollen dabei zu einer Normalzielsetzung führen.

Die Verhaltensziele wurden in 3 Phasen unterteilt: Sommertraining, Vorbereitungsturniere und WM-Qualifikation sowie Schweizer Meisterschaften (SM) und Weltmeisterschaften (WM) und den Faktoren Technik, Taktik, Physis, Umfeld und mentale Fertigkeiten zugeordnet. Hier einige Beispiele zum mentalen Bereich und Umfeld (◘ Tab. 5.2). Auf die anderen Aspekte wird nicht weiter eingegangen, da diese Themen v. a. durch den Trainer bearbeitet wurden.

Bei der Erarbeitung des Teamzielsetzungsprogrammes haben wir uns an die Empfehlungen von Widmeyer und Ducharme (1997) gehalten und sind auf die folgende Weise vorgegangen: Erarbeitung langfristiger Zielsetzung und Erarbeitung der Wege zur Erreichung (s. ◘ Abb. 5.1: Verhaltensziele und Maßnahmen), Überprüfung und Belohnung der Fortschritte (jeweils zu Beginn der Sitzungen), Förderung der Gruppenwirksamkeitsüberzeugung hinsichtlich der Erreichung der Gruppenzielsetzung (jeweils zu Beginn der Sitzungen bei der Überprüfung der Zielsetzung), Einbezug aller Teammitglieder.

"We go for Gold" – Der Traum von WM-Gold

Tab. 5.1 Definierte Rangziele

	Internationale Turniere	Qualifikation Schweizer Meisterschaft	Damen-Elite-Turnier	Schweizer Meisterschaft	WM
Optimalziel	Top 3	Mit 1 Spiel Vorsprung gewinnen	Viertelfinale	Direkte Finalqualifikation	Gold
Normalziel	Top 5	1. Platz	5 Spiele	Mindestens Halbfinale	Medaille
Minimalziel	Top 8	Top 3		Über 4. Platz	Diplom

Tab. 5.2 Beispiele für strukturierte Beratung in 3 Phasen

Umfeld	Phase 1	Ein Team werden, Rollen- und Aufgabenklärung, Organisation und Planung der gesamten Saison. Teambuilding-Maßnahmen sind durchgeführt: gemeinsames Motto ist formuliert: We go for Gold, Teamweekend in Flims mit verschiedenen Aktivitäten hat stattgefunden, Erwartungen an die verschiedenen Positionen und Rollen sind ausgesprochen und geklärt.
	Phase 2	Gestaltung der Erholung ist gemacht und eingeübt (Psychoregulation). Wir entspannen uns in den Pausen zwischen den Spielen optimal.
	Phase 3	Das Umfeld ist vorbereitet, Erwartungen und Zielsetzung sind überprüft, direkte SM- und WM-Vorbereitung läuft. Wir wissen, was in den verschiedenen herausfordernden Situationen zu tun ist und können die entsprechenden Strategien anwenden.
Mentale Aspekte	Phase 1	Fertigkeitstraining und Grundtechniken sind eingeübt (z. B. Psychoregulative Übungen).
	Phase 2	Mentale Fertigkeiten im Spiel werden adäquat angewendet. Wir setzen bei schwierigen Situationen die Stopptechnik passend ein.
	Phase 3	Direkte WM-Vorbereitung, Wenn-dann-Strategien für spezifische Situationen sind eingeübt (z. B. Stopptechnik). Damit können schwierige Situationen antizipiert werden.

Der gesamte Zielerarbeitungsprozess bildet aus meiner Sicht das wichtigste Fundament für die weiteren Interventionen und die gesamte sportliche Entwicklung des Teams. ◘ Abb. 5.1 zeigt den Prozess der Visualisierung der Zielsetzung und bildet die Entwicklung über die drei Phasen ab. Dabei ist nicht entscheidend, dass die Skizze besonders präzise ist, sondern sie stellt die gemeinsame Entwicklung dar, die danach vom Team selber nochmals ins Reine geschrieben wird.

Sitzung 4, 22. Juli 2009: Es werden psychoregulative Methoden zur Entspannung und Aktivierung besprochen und eingeübt (nach Beckmann 2003: Ebene 1, Grundlagentraining). Sowohl kurz- als auch langfristige Entspannungsverfahren werden in der Gesamtgruppe repetiert und geübt (das Team hat dazu schon Vorerfahrungen). Folgende Techniken werden durchgeführt: Entspannungsatmung, Blitzentspannung und Autogenes Training sowie Visualisierungen (entspannende Phantasiereise

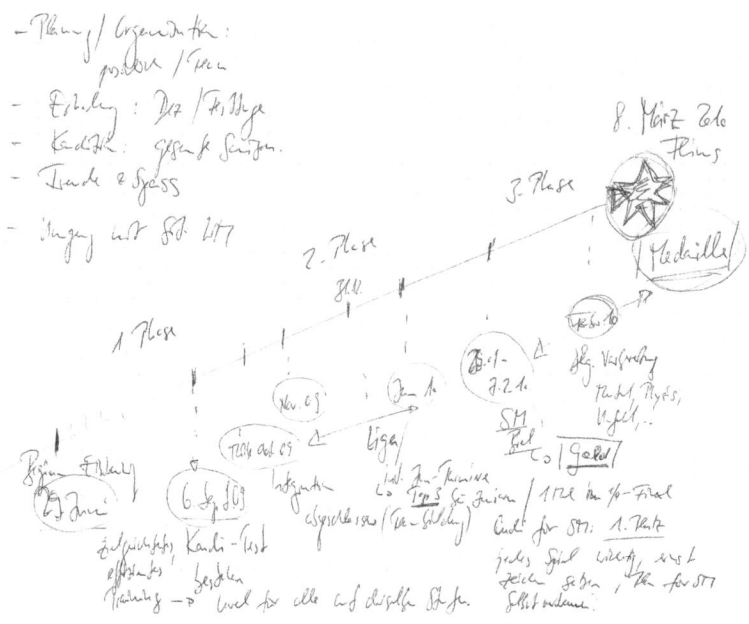

◘ Abb. 5.1   Langfristige Zielsetzung

oder Aktivierung von Bildern erfolgreicher Spielsituationen) und Selbstgesprächstechniken zur Entspannung mit dem Fokus auf die Handlung, z. B. Ich spiele den nächsten Stein wie im Training. Zur Aktivierung werden v. a. physische Strategien wie Hüpfen, Schattenboxen, kurze Sprints etc. besprochen, da diese Formen schnell und einfach gelernt und angewendet werden können. Als Erklärungsgrundlage dient die bekannte Darstellung des Zusammenhangs von Aktivierung und Leistung durch die umgekehrte U-Funktion der beiden Psychologen Yerkes und Dodson (1908). Die umgekehrt u-förmige Beziehung von Leistung und Aktivierung sagt, dass für das Erreichen einer optimalen Leistung ein entsprechendes mittleres Aktivierungsniveau vorhanden sein muss, und zwar weder zu hoch noch zu tief (◘ Abb. 5.2). Dieser Aktivierungszustand ist sehr individuell und muss daher auch im Team individuell bewusst gesteuert werden können. Das bedeutet, dass alle Teammitglieder ihre individuellen aktivierenden und entspannenden Techniken kennen und anwenden können müssen. Die direkte Vorbereitung geschieht daher auch im Team individuell.

Sitzung 5, 7. September 2009: Die Erwartungen an die unterschiedlichen Positionen (Skip, Lead (Nr. 1), Second (Nr. 2), Third (Nr. 3)) und an den Trainer werden gemeinsam besprochen und schriftlich festgehalten. Wir gehen jede Position gemeinsam durch und alle Teammitglieder sowie der Trainer formulieren ihre Erwartungen an die entsprechende Position und Spielerin, die diese Position einnimmt. Anschließend besprechen wir die Erwartungen, die gegenseitig an das gesamte Team (Spielregeln) gestellt werden, und halten auch diese schriftlich fest. Zur Unterstützung der Stärkung der Gruppenwirksamkeitsüberzeugung (Bandura 1997) werden ergänzend die eigenen positiven Erfahrungen und Erfolge in der Position in Erinnerung gerufen und verankert. Der Trainer kann durch verbale Verstärkungen an das gesamte Team und an die einzelnen Positionen die Gruppenwirksamkeitsüberzeugung zusätzlich stärken. Die Erwartungen sollen laufend überprüft und bei Bedarf angepasst werden.

Sitzung 6, 30. September 2009 und Sitzung 7, 8. Dezember 2009: Der Umgang mit Fehlern im Team wird besprochen und als spezifische

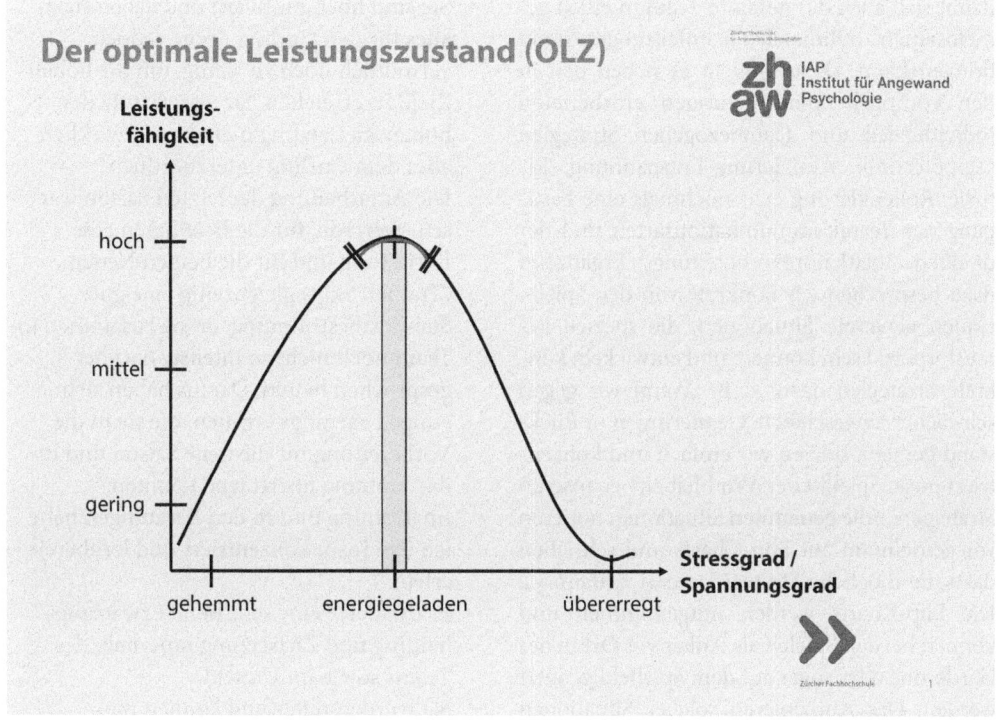

☐ **Abb. 5.2** Umgekehrte U-Funktion

sportpsychologische Methode (nach Beckmann 2003: Ebene 2, Fertigkeitstraining) zur individuellen Emotionskontrolle wird die Stopptechnik eingeführt und geübt. Auf diese Wiese soll sowohl der individuelle Umgang mit Fehlern, Freude und Enttäuschungen während eines Spiels sowie der Umgang des gesamten Teams damit erarbeitet werden. Für das gesamte Team werden gemeinsame Kommunikationsregeln sowie einfache Rituale eingeführt. Die Methode „Gedankenstopp" ist eine mentale Technik zur Verbesserung der Selbstregulationskompetenz. Dabei werden störende Gedankenketten unterbrochen und die Konzentration wiederhergestellt.

Sitzung 8, 5. Januar 2010: Die Zielsetzung und damit verbundene Erwartungen werden nochmals gemeinsam überprüft und bestätigt. Es gibt zurzeit keinen Grund, die Ziele anzupassen. Zusätzlich werden die Erwartungen, die vom Team an das nähere Umfeld und umgekehrt gestellt werden (Verein, Verband, Familie), im gegenseitigen Umgang während der nun beginnenden entscheidenden Wettkampfphase (Phase 3) gesammelt und schriftlich festgehalten. Anschließend haben wir miteinander besprochen, wie nun der Kommunikationsprozess zum nähren Umfeld gestaltet werden soll und wie die Erwartungsklärung vorgenommen werden kann. Das Team fühlt sich dadurch gestärkt und sicherer. Die Teammitglieder freuen sich auf die kommenden Saisonhöhepunkte, sind zuversichtlich und stimmen darüber überein, dass sie v. a. viel Spaß und Freude am Spiel haben wollen. Sie müssen nicht perfekt spielen, sondern jedes Teammitglied spielt das, was es kann.

Sitzung 9, 27. Januar 2010: Es geht nochmals darum, den mentalen Vorbereitungszustand im gesamten Team zu überprüfen, sodass die einzelnen Teammitgliederinnen in den Zustand des optimalen Leistungsvermögens kommen können. Dies ist eine der Voraussetzungen, damit sich auch das gesamte Team in einen gemeinsamen optimalen Teamleistungszustand bringen kann. Dazu braucht es neben den in den vorangehenden Sitzungen erarbeiteten individuellen und teambezogenen Strategien (Stopptechnik, Aktivierung-Entspannung, Rituale, Rollenklärung etc.) nochmals eine Festigung der Teamkommunikationsarten und der direkten Wettkampfvorbereitung. Ergänzend dazu besprechen wir konkrete von den Spielerinnen genannte Situationen, die speziell herausfordernd sein können, und entwickeln konkrete Strategien dazu, z. B. „Wenn wir gegen schwächer eingeschätzte Gegnerinnen in Rückstand geraten, spielen wir einfach und konzentriert unser Spiel weiter. Wir bleiben bei unseren Strategien". Alle genannten Situationen notieren wir gemeinsam auf Flip-Charts und schreiben dazu die mögliche Strategie (wenn x, dann y). Die Flip-Charts werden mitgenommen und können bei den Spielen als Anker vor Ort in der Garderobe oder sogar auf dem Spielfeld genutzt werden. Das Antizipieren solcher Situationen gibt Sicherheit und Zuversicht. Auf diese Weise kann die Gruppenselbstwirksamkeitsüberzeugung (Bandura 1997) weiter gestärkt werden. Während des Spiels kann darauf zurückgegriffen werden. Dies gelingt jedoch nur, wenn die Strategien vorbereitet und geübt wurden.

Sitzung 10, 16. Februar 2010: Diese Sitzung ist gleichzeitig die Abschlusssitzung. Das Team konnte die Schweizer Meisterschaften nicht gewinnen und sich damit auch nicht für die WM in Flims qualifizieren. Das Ziel dieser Sitzung ist es, die Enttäuschung zu verarbeiten (Debriefing) und den Gesamtprozess der Beratung zu reflektieren und zu bewerten. Hier folgt eine kurze Zusammenstellung der relevanten Erkenntnisse:
- Wir konnten sofort eine sehr gute, konstruktive und vertrauensvolle Arbeitsatmosphäre schaffen.
- Die jungen Frauen wussten genau, was sie wollen, und erhofften sich viel von der Zusammenarbeit mit einem neuen (sehr gut qualifizierten) Trainer und der sportpsychologischen Beratung.
- Sie sind hoch motiviert und geben (fast) alles für den Curling-Sport, jedoch vermutlich doch zu wenig, um die hohen Ziele zu erreichen. Sie waren trotz der hohen Zielsetzung nicht bereit, wirklich alles dem Curling unterzuordnen.
- Die Aufarbeitung der letzten Saison war sehr wertvoll, für die Beteiligten eine Entlastung und für die beiden Neuen (Trainer, Skip) gleichzeitig eine gute Standortbestimmung, da sie zusammen im Team noch nicht so intensiv darüber gesprochen hatten. Daraus haben sich einige Learnings ergeben, die sie in die Vorbereitung für die neue Saison und in das Training übertragen konnten.
- Im Training und in den Beratungen habe ich das Team konzentriert und lernbereit erlebt.
- Es existierte eine sehr hohe Erwartungshaltung und Zielsetzung innerhalb des Teams sowie im Umfeld.
- Sie wurden reifer und können nun Enttäuschungen differenzierter zuordnen (vgl. Attributionstheorien, Beckmann et al. 2008, und Sitzung 2).
- Sie haben die Zielsetzung nicht erreicht: Trotzdem sind sie mit der Begleitung sehr zufrieden und sagen, dass sie enorm viel gelernt hätten und v. a. auch im Sinne der Persönlichkeitsentwicklung stark profitiert haben, sowohl für die persönliche wie auch für die sportliche Zukunft.
- Sie konnten ihr wirkliches Potenzial an den entscheidenden Spielen nicht voll ausschöpfen. Sie haben ihre besten Spiele gegen starke Teams an Turnieren gespielt bei denen es „um nichts gegangen ist".

Insgesamt konnten alle Beteiligten ein positives Fazit ziehen und würden jederzeit wieder die Beratung in Anspruch nehmen. Das Team spielt in dieser Zusammensetzung noch wenige Turniere bis zum Saisonabschluss und wird danach aufgelöst, da sie nicht mehr in der

"We go for Gold" – Der Traum von WM-Gold

Juniorinnenkategorie spielen können. Alle wollen weiterhin Curling spielen, jedoch z. T. eine Saison pausieren.

> **Gedankenstopp**
>
> Sobald ein störender Gedanken die Zielerreichung behindert, wird laut oder leise „Stopp" gerufen, um die Gedankenkette zu unterbrechen. Auf diese Weise kann der Strom der Gedanken unterbrochen, und durch konstruktive und realistische Gedanken ersetzt werden. Nach kurzem Durchatmen richtet man die Aufmerksamkeit wieder auf die aktuelle Handlung und fährt fort, indem man zu sich selbst „Weiter" sagt.
> Mit dieser Methode soll eine Änderung der inneren Einstellung und Bewertung bewirkt werden.

5.4 Fazit

Es ist sehr erfreulich, dass alle Teammitglieder sowie der Coach mit einem guten Gefühl die Beratung abschließen und den Wert und Nutzen der Beratung erkennen konnten. Die Zeit (9 Monate) war insgesamt sehr knapp bemessen, es hätte sicher noch eine weitere Saison gebraucht, um mehr Stabilität und Sicherheit als Team zu erreichen. Erschwerend war zudem, dass während der wichtigen Phase der Klärung der Erwartungshaltungen und Zielsetzungen eine Spielerin im Ausland weilte und nur schriftlich Stellung beziehen konnte. Dadurch konnte die notwendige Auseinandersetzung im gesamten Team zu wenig nachhaltig vorgenommen werden und der Teambildungsprozess wurde verzögert. Besonders erfreulich ist, dass trotz der im Sport im Vordergrund stehenden Ergebnisorientierung alle Beteiligten den Prozess und die damit verbundene Persönlichkeitsentwicklung (z. B. „wir haben sehr viel gelernt" oder „ich konnte auch Strategien in privaten Konfliktsituationen in der Familie anwenden") als sehr wertvoll einstufen konnten. Damit ist aus meiner Sicht eine wichtige Zielsetzung dieser Teamberatung erfüllt worden, auch wenn die sportlichen Ziele nicht erreicht wurden.

Lessons learnend 2010

- Sind Zielsetzung und Erwartungshaltung sehr hoch, müssen sie durch den Berater hinterfragt werden. Dem Team ist bald bewusst geworden, dass die Zielsetzung und die damit verbundenen Erwartungen sehr hoch sind. Dies konnte gut thematisiert werden und hat die einzelnen Teammitglieder auch sofort stark beeindruckt. Trotzdem wollten alle Beteiligten an der hohen Zielsetzung festhalten. Da hätte ich als Berater noch kritischer sein müssen und die Zielsetzung stärker hinterfragen sollen.
- Viele Faktoren beeinflussen die Entwicklung eines Teams und können eine zielführende Beratung behindern. Der Leistungszustand des Teams konnte innerhalb der 9 Monate noch nicht in eine stabile Performance-Phase entwickelt werden. Es gab zu viele Faktoren, die dem entgegenwirkten: Zeitfaktor, neue Schlüsselpersonen im Team (Skip und Trainer), gesamter Trainingsaufwand war zu gering, zu hohe Erwartungshaltung.
- Lernen und Entwicklung brauchen Zeit und es muss dafür immer eine zweite Chance geben. Das Team machte in dieser Zusammensetzung zum ersten Mal wichtige Erfahrungen (Höhen und Tiefen) und konnte diese auch gemeinsam erleben und thematisieren. Da jedoch nur eine Saison in dieser Zusammenstellung gespielt werden konnte, gab es keine Möglichkeiten die gemeinsamen Erfahrungen in der „Ernstsituation" zu nutzen.
- Es darf keine Schönwetterberatung sein. Diese Tendenz hatte beim Curlingteam immer wieder bestanden. Als Berater muss ich hart am Thema und an der Sache bleiben und die schwierigen Punkte immer wieder ansprechen. Wir hätten während der Beratung

- weitere Lernschlaufen durchgehen und dafür noch mehr Beratungssitzungen investieren müssen.
- Wichtig ist ein Vertrauensverhältnis. Das konnte dank einer ausführlichen Auftragsklärung beider Seiten gut aufgebaut werden.
- Insgesamt war das Team gut vorbereitet, hat dank der vorgenommenen Maßnahmen (neuer Trainer, sportpsychologische Beratung, gute Teamorganisation) sehr große Fortschritte im technischen, taktischen und mentalen Bereich gemacht. Trotzdem: Eine gute Vorbereitung und viel Talent genügen nicht, es braucht auch Wettkampfglück, sehr viel Training und Übung und Zeit, um die Entwicklung als Team gemeinsam machen zu können.

5.5 10 Jahre danach im Jahr 2020

Die gewählte Vorgehensweise mit der im Artikel skizzierten sportpsychologischen Systematik und den dazu gehörenden Grundlagen sowie dem Prinzip der Komplementärberatung haben sich sicher bewährt und bilden aus meiner Sicht ein sehr wertvolles und hilfreiches Grundgerüst.

Die ganzen Gruppen- und Teamdynamischen Faktoren sind aus der heutigen Perspektive zu kurz gekommen und hätten sicher noch intensiver und konsequenter bearbeitet werden sollen. Da habe ich mich als Berater zu stark auf die Einschätzungen der Teammitglieder und Teammitgliederinnen verlassen und zudem bestand von Beginn an auch ein Zeitdruck. Wir hätten trotzdem zu Beginn der Beratung mehr Zeit dafür aufwenden sollen und die strukturellen wie auch die psychodynamischen (prozessuale) Elemente von High-Performance-Teams strukturierter bearbeiten sollen.

In den folgenden Abschnitten werde ich nun kurz einige Überlegungen dazu nach den Prinzipien von High-Performance-Teams auf die Situation des Curling-Teams übertragen.

Diese folgenden fünf Stufen zum Weg eines High-Performance-Teams (Jenewein und Heidbrink 2008) (7) gilt es zu bearbeiten:
1. Sinn (Existenzberechtigung, Vision, Ziel)
2. Personen (Zusammensetzung: die richtige Person an der richtigen Stelle)
3. Rollen (Teamstruktur, Klärung der Erwartungen und der Rollen)
4. Prozess (Arbeitsprozesse, Spielregeln, Feedback, usw..)
5. Sache (Performance, Wille, Fokus, Arbeit,..)

Im Beratungsprozess mit dem Curling-Team haben wir zusammen alle 5 Stufen bearbeitet und in dem Sinn die notwendigen Grundlagen zum Erfolg gelegt. Mit einer kritischen Betrachtung einige Jahre danach, lässt sich jedoch feststellen, dass vor allem an den prozessualen Themen wie Kommunikation, Feedback, Umgang mit Konflikten usw. intensiver und auch immer wieder hätte daran gearbeitet werden sollen. Zusätzlich dazu hätte kontinuierlich die Frage offen und ohne bewertenden Charakter gestellt werden sollen, ob alle mit voller Energie und letztem Wille auf das gemeinsame Ziel konstant und zu jedem Zeitpunkt hinarbeiten würden. Zum absoluten Erfolg braucht es nach einer guten gemeinsamen Klärung der Schritte 1-4 einen sehr großen Willen und konstante harte und fokussierte Arbeit auf dem Weg zum gemeinsamen Ziel. Diese Bereitschaft muss immer wieder auch zum Thema gemacht werden und alle Beteiligten müssen sich laufend die Frage stellen, ob sie alles für den gewünschten Erfolg tun würden.

Gerade auf diese fünfte Stufe der Treppe zum High-Performance-Team gilt es besonderes zu achten. Aus meiner Sicht ist diese Stufe häufig die Achillesferse auf dem Weg zum Erfolg und ich denke, dass im gesamten Prozess mit dem Curling-Team noch konsequenter hätte gearbeitet werden können. Für mich ergibt sich daraus ein weiteres sehr wichtiges und eigentlich auch logisches und einfaches Learning: dranbleiben, konsequent sein, den eigenen Weg immer wieder hinterfragen und im Team miteinander offen und transparent die absolute und letzte Bereitschaft alles für den Erfolg zu tun diskutieren und klären.

Persönliche Botschaft des Autors

Literatur

Bandura A (1997) Self efficacy. The exercise of control. Freeman, New York

Beckmann J (2003) Modell zur systematischen sportpsychologischen Betreuung. Universität Potsdam, unveröffentlichtes Manuskript

Beckmann J, Fröhlich SM, Elbe A-M (2008) 9. Kapitel: Motivation und Volition. In: Schlicht W, Strauss B (Hrsg) Enzyklopädie der Psychologie. Grundlagen der Sportpsychologie. Hogrefe, Göttingen, S 511–562

Birrer D, Seiler R (2008) 6. Kapitel: Gruppendynamik und Teambuilding. In: Beckmann J, Kellmann M (Hrsg) Enzyklopädie der Psychologie. Anwendung der Sportpsychologie. Hogrefe, Göttingen, S 311–392

Filby WCD, Maynard IW, Graydon JK (1999) The effect of multiple-goal-strategies on performance outcomes in training and competition. J Appl Sport Psychol 11:230–246

Hodge K (2003) Team dynamics. In: Morris T, Summers J (Hrsg) Sportpsychology. Theory, applications and issues. Wiley, Brisbane, S 190–212

Jenewein W, Heidbrink M (2008) High-performance-teams. Schäffer-Poeschel, Stuttgart

Johnson DW, Johnson FP (2017) Joining together: group therapy and group skills, 12. Aufl. The Merrill counseling series. Pearson

König O, Schattenhofer K (2018) Einführung in die Gruppendynamik, 9., akt. Aufl. Carl-Auer, Heidelberg

Lavallee D, Wylleman P (2000) Career transitions in sport: international perspectives. University of Michigan, Fitness Information Technology

Lazarus RS (1991) Cognition and motivation in emotion. Am Psychol 46:352–367

Matsui T, Kakuyama T, Onglatco MU (1987) Effects of goals and feedback on performance in groups. J Appl Psychol 72:407–415

Seiler R (2009) Angewandte Sportpsychologie in der Schweiz: Ausbildungskonzeption und Berufsfeldperspektiven. Z Sportpsychol 16(1):29–34

Widmeyer WN, Ducharme K (1997) Teambuilding through team goal setting. J Appl Sport Psychol 9:97–113

Yerkes RM, Dodson JD (1908) The relation of strength of stimulus to rabidity of habitformation. J Comp Neurol Psychol 18:459–482

◘ Abb. 5.3 Persönliche Worte: Christoph Negri

"Etwas schaffen, worauf man stolz sein kann." Kulturentwicklung am Beispiel der Emmi AG

Christoph Hoffmann

6.1 Einleitung – 70
6.1.1 Bedeutung von Kultur – 71
6.1.2 Werte und Kulturentwicklung – 72
6.1.3 Herausforderungen bei Emmi – 74
6.1.4 Vorgehensweise für die Emmi-Kulturentwicklung – 74

6.2 Voraussetzungen einer wirkungsvollen Kulturentwicklung – 75

6.3 Umsetzungsarbeit – 77
6.3.1 Führungskräfteentwicklung – 79
6.3.2 Führungsentwicklung auf neuropsychologischer Basis – 80
6.3.3 Uniformität vs. Eigenständigkeit – 82
6.3.4 Stand der Kulturentwicklung 2019 – 84
6.3.5 Ausblick auf die nächsten Jahre – 85

Literatur – 86

Zusammenfassung

Dieses Kapitel zeigt einen Ausschnitt aus der Erfolgsgeschichte von Emmi: Es beschreibt, wie das größte Schweizer Milchverarbeitungsunternehmen in einem raschen agrarpolitischen Wandel kontinuierlich eine Firmenkultur aufbaut und damit eine wichtige Basis für den nachhaltigen Unternehmenserfolg legt.

Die nachfolgende Fallanalyse zeigt, mit welchen Herausforderungen Emmi konfrontiert war und ist, wie Kulturentwicklung bei Emmi erfolgt, welche Ergebnisse und Erfahrungen dabei gemacht wurden und welche Erkenntnisse für Kulturentwicklung daraus abgeleitet werden können.

Basis der Fallanalyse ist ein Gespräch zwischen der Personalleiterin Emmi, Natalie Rüedi, Mitglied der Konzernleitung, mit Christoph Hoffmann vom IAP Institut für Angewandte Psychologie, verantwortlicher Projektleiter der begleitenden Führungsentwicklung. Eingeflossen sind auch die Erfahrungen der Trainerinnen und Trainer der Emmi Führungsentwicklung. Es wird aufgezeigt, wie Emmi die Kultur gezielt beeinflusst und steuert, wie dazu Werte, Führungsgrundsätze und Instrumente erarbeitet wurden und welche Rolle die gezielte Führungsentwicklung dabei spielt.

6.1 Einleitung

Dieses Kapitel zeigt einen Ausschnitt aus der Erfolgsgeschichte von Emmi: Es beschreibt, wie das größte Schweizer Milchverarbeitungsunternehmen in einem raschen agrarpolitischen Wandel kontinuierlich eine Firmenkultur aufbaut und damit eine wichtige Basis für den nachhaltigen Unternehmenserfolg legt.

Die nachfolgende Fallanalyse zeigt, mit welchen Herausforderungen Emmi konfrontiert ist, wie Kulturentwicklung bei Emmi erfolgt, welche Ergebnisse und Erfahrungen dabei gemacht wurden und welche Erkenntnisse für Kulturentwicklung daraus abgeleitet werden können.

Basis der Fallanalyse ist ein Gespräch zwischen der Personalleiterin Emmi, Natalie Rüedi, Mitglied der Konzernleitung, mit Christoph Hoffmann vom IAP Institut für Angewandte Psychologie, verantwortlicher Projektleiter der begleitenden Führungsentwicklung. Eingeflossen sind auch die Erfahrungen der Trainerinnen und Trainer der Emmi Führungsentwicklung. Es wird aufgezeigt, wie Emmi die Kultur gezielt beeinflusst und steuert, wie dazu Werte, Führungsgrundsätze und Instrumente erarbeitet wurden und welche Rolle die gezielte Führungsentwicklung dabei spielt.

Das Unternehmen
Der Markenname „Emmi" erscheint erstmals 1947 als Produkt für Weichkäse und Joghurt, in Anlehnung an die damalige Produktionsstätte Emmen im Kanton Luzern.

Heute ist Emmi die größte Milchverarbeiterin der Schweiz und eine der innovativsten Premium-Molkereien in Europa. In der Schweiz fokussiert das Unternehmen auf die Entwicklung, Produktion und Vermarktung eines Vollsortiments an Molkerei- und Frischprodukten sowie auf die Herstellung, die Reifung und den Handel primär von Schweizer Käse. Im Ausland konzentriert sich Emmi mit Markenkonzepten und Spezialitäten auf Märkte in Europa und Nordamerika. Bei den Frischprodukten stehen Lifestyle-, Convenience- und Gesundheitsprodukte im Vordergrund. Zudem positioniert sich Emmi als weltweit führendes Unternehmen für Schweizer Käse. Die Kunden von Emmi sind der Detailhandel, der Bereich Food Service (Großhandel, Gastronomie und Hotellerie) und die Lebensmittelindustrie.

Seit 2009 verfolgte Emmi die Strategie, sich zunehmend auch international auszurichten und etwa 50 % des Umsatzes in der Schweiz und 50 % im Ausland zu erzielen. Um dies zu erreichen orientierte sich Emmi an drei strategische Ziele: Stärkung in der Schweiz, Wachstum international und Kostenmanagement.

2018 hat Emmi bei einem Nettoumsatz von CHF 3 457,4 Millionen, ein Wachstum von 2,8 % und einen Reingewinn von CHF 233,3 Millionen erzielt. Das Unternehmen beschäftigte 2018 in der Schweiz und im Ausland 6151 Mitarbeitende.

6.1.1 Bedeutung von Kultur

Bei der Betrachtung der organisationalen Veränderungen und den eingeleiteten Maßnahmen bei Emmi bleiben wir bei einer klassischen Betrachtungsweise einer Organisation, wonach ein Unternehmen folgende Elemente beinhaltet: Eine Strategie und das Aufgabenverständnis, eine Struktur und eine Kultur. (Lippmann et al. 2019) Es gibt in der Umwelt Elemente, die an den Produkten von Emmi interessiert sind und daran, dass es das Unternehmen weiter gibt. Die Aufgabe von Emmi ist es nun, dieses Interesse zu stillen. **Strategie und Aufgabenverständnis** entsprechen der Interpretation des eigentlichen Existenzgrundes der Organisation. Die Anpassung an Umweltveränderungen (hier der Wandel in der Agrarpolitik) ist die Entwicklung einer eigenen, individuellen Vorstellung davon, wie diese Hauptaufgabe („primary task") aussehen soll. Emmi möchte im nationalen und internationalen Markt auch in der Zukunft Milch zu hochwertigen Produkten wie Molkereiprodukten (Milch, Rahm, Butter), Käse sowie Milch-Frischprodukten (Mix-it-Müesli, Caffè Latte, Milchmischgetränke, Joghurt) veredeln. Dazu braucht es eine Strategie, die Emmi zur Erreichung dieses Ziels befähigt.

Zur Umsetzung der internationalen Positionierung und der Erfüllung der strategisch bedeutsamen Aufgaben braucht Emmi eine **Struktur**, die das Unternehmen bestmöglich befähigt, diesen Anforderungen gerecht zu werden. Strukturen bedeuten eine formelle, aber auch die informelle Ordnung, Strukturierung und Organisation, die sich nach Häfele (2007) immer im Spannungsfeld zwischen Flexibilität, Improvisation, Chaos, persönlicher Freiheit und Unsicherheit auf der einen Seite und Stabilität, Klarheit, Bürokratie, Uniformität und Sicherheit auf der anderen Seite bewegt. Die Strukturen, Prozesse und Funktionen bilden den Rahmen der Verhaltensmöglichkeiten in Kommunikation, Entscheidungen und Projektmanagement. Entwicklung einer Organisation bedeutet die Veränderung dieser Strukturen. Veränderungen dieser Strukturen betreffen immer auch die Personen, die in diesem Unternehmen arbeiten. Bei Emmi wurden in der Gestaltung der Veränderungssituation des Unternehmens und mit Blick auf das rasche Unternehmenswachstum viele Prozesse und Instrumente überarbeitet, angepasst oder neu entwickelt, um die Menschen bei diesem Transformationsprozess hin zu einer neuen Ausrichtung zu unterstützen.

Das dritte Element, die **Kultur**, geht sozusagen aus den ersten beiden Elementen hervor und bildet die Basis der Zusammenarbeit. Unternehmenskultur umfasst nach Minger (2001) Grundannahmen und Werte, die den Mitgliedern einer Organisation Handlungsimpulse und Handlungsorientierung bieten. Sie manifestiert sich in der Kommunikation und im Handeln der Akteure, lässt sich schlecht beschreiben und ist demnach langsamen Veränderungsprozessen unterzogen. Unternehmenskulturen können nicht von heute auf morgen gebildet werden im Sinne eines strategischen Entscheides, sondern sie wachsen in der Regel über viele Jahre. Kultur hat also eine stark historische Komponente. Schein (1999) beschreibt Kultur auch als die gelernten, gemeinsam geteilten Annahmen über das, worauf Menschen ihr tägliches Verhalten stützen (Schein 1999, S. 24). Nach Steiger (Steiger und Lippmann 2013) entsteht Organisationskultur einerseits als Ergebnis des Aufgabenverständnisses und der strukturellen Gestaltung des Systems und ist gleichzeitig wesentlicher Bestimmungsgrad für die Art und Weise, wie das System seine Aufgabe interpretiert und welche gestalterischen Maßnahmen (Strukturen) es ergreift, um seine Aufgabe zu erfüllen (◘ Abb. 6.1). Bei Emmi wächst Unternehmenskultur durch stetige Ausrichtung aller Handlungen an den Grundhaltungen (Werte) sowie die konsequente Umsetzung der Instrumente und Prozesse.

6.1.2 Werte und Kulturentwicklung

Erfahrungen aus Unternehmensentwicklungsprogrammen zeigen, dass es eine Vielzahl gut gemeinter Fachschulungen, Führungsentwicklungen und Kommunikationstrainings gibt, dass die wenigsten jedoch im Rahmen einer längerfristig ausgerichteten Organisationsentwicklung mit dem Fokus Kultur- und Werteentwicklung beschäftigen. Dabei führt gerade der reflektierte Umgang mit gemeinsamen Unternehmenswerten zu einem bewussten Umgang mit der Unternehmenskultur und damit zu einer Partizipation und Mitverantwortung für die strategische Ausrichtung der Unterneh-

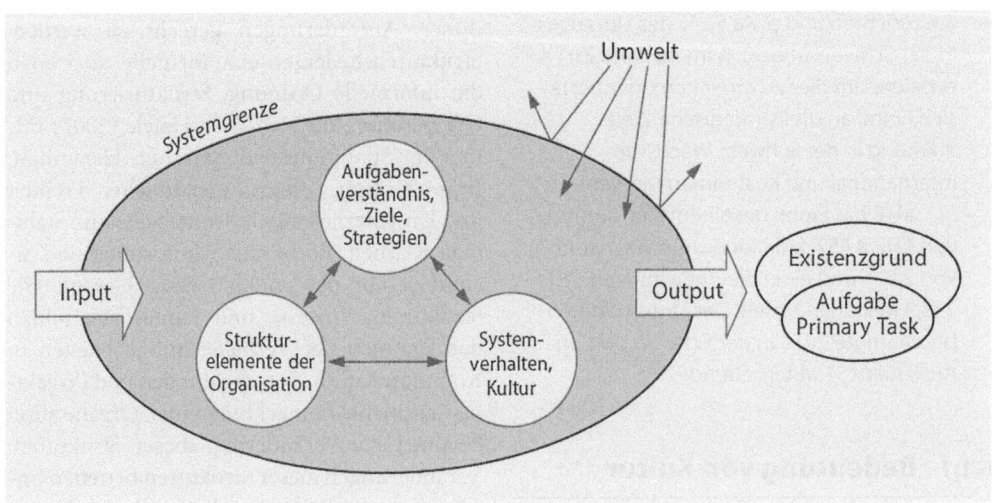

◘ Abb. 6.1 Systeme entwickeln autonom ihr Aufgabenverständnis, ihre Strukturen und ihre Kultur. (Aus Lippmann et al. 2019, S. 33)

"Etwas schaffen, worauf man stolz sein kann." Kulturentwicklung …

mung. Werte kann man in einer Organisation nicht einfach einführen. Unternehmenswerte setzen sich aus verschiedenen Faktoren zusammen.
- Den vergangenen Leistungen (Stärken, erfolgreiche Verhaltensweisen, wirkungsvolle Vorgehensweisen)
- Dem Kulturverständnis jedes/jeder einzelnen Mitarbeitenden (ethischen, moralischen, gesellschaftlichen, interkulturellen oder religiösen Ursprungs)
- Der Ausrichtung auf die Zukunft (Herausforderungen, Innovationsdruck, Kostendruck etc.)

Daraus ergeben sich die Werte, als ein Verständnis der Normen und Einstellungen im Bereich der Organisation, Strukturierung, Hierarchie, Kommunikation, welche das Verhalten, die Handlungen und Entscheidungen der Mitglieder der Organisation prägen. (Hoffmann 2019)

Für die Erarbeitung sinnstiftender Werte ist es hilfreich, eher ökonomisch ausgerichtete Werte und eher menschlich ausgerichtete Werte in einer sinnvollen Balance zu halten (◘ Tab. 6.1).

Daher sind Unternehmenswerte eine hervorragende Möglichkeit, ein Unternehmen in einem dynamischen sowie komplexen Umfeld wettbewerbsfähig auszurichten. Der Grund dafür liegt in der Entfaltung, Weiterentwicklung oder Festigung von hilfreichen Denk- und Handlungsmustern für eine konfliktfreie, effiziente und effektive Zusammenarbeit der Mitglieder der Organisation. Immer wieder an den Werten zu arbeiten, sie sich bewusst zu machen, zu trainieren und danach zu streben wird werteorientiertes Verhalten dauerhaft im Gehirn abspeichern. Dann kann es in zukünftigen Situationen einfacher und mit weniger Reibungsverlusten bei der Arbeit Einzug finden.

Die Aufgabe der Unternehmung und der Führungskräfte ist es nun, Rahmenbedingungen zu schaffen, in denen die Entfaltung der Werte ermöglicht wird. Gleichzeitig leben die Führungskräfte die Haltung der Werteorientierung in einem hohen Maße vor und unterstützen andere dabei, es ihnen gleichzutun.

◘ **Tab. 6.1** Typische Werte in Leitbildern von Organisationen (aus Hoffmann 2019, S. 150)

Eher ökonomisch ausgerichtete Werte	Eher menschlich ausgerichtete Werte
– Nachhaltigkeit	– Wertschätzung
– Mitdenken	– Vertrauenskultur
– Marktorientierung	– Verantwortung
– Kundenorientierung	– Selbstverantwortung
– Sparsamkeit	– Chancengleichheit
– Leistungsorientierung	– (Weiter-) Entwicklung
– Innovation	– Lernbereitschaft
– Engagement	– Partizipation
– Wirtschaftlichkeit	– Teamwork
– Professionalität	– Offenheit, Flexibilität und Transparenz
– Kreativität, Innovation	– Authentizität
– Herausforderungen	– Glaubwürdigkeit
– Gewinnen	– Verlässlichkeit
– Zielorientierung	– Work-Life-Balance
– Genauigkeit	– Fairness
– Disziplin	– Pflichtbewusstsein
– Kompetenzorientierung	– Offenheit
– Fehlerkultur	– Hilfsbereitschaft
– Umsetzungsstärke	– Aufrichtigkeit
– etc.	– Mut
	– etc.

6.1.3 Herausforderungen bei Emmi

„Seit Ende der 90er-Jahre steht die Land- und Milchwirtschaft der Schweiz in einem politischen Prozess des Wandels, dessen Resultat der Freihandel mit der Europäischen Union sein wird oder sein könnte." Diese einleitenden Zeilen finden sich im den Unterlagen zur Delegiertenversammlung vom 2. April 2009 der Fromarte, dem Verband der Schweizer Käsespezialisten, der sich für die Erhaltung der dezentralen Milchverarbeitungsstruktur einsetzt und die Existenz- und Konkurrenzfähigkeit gewerblicher Unternehmen fördert. Dies deutete auf einen nicht aufzuhaltenden Wandel in der Agrarpolitik hin und zwingt die milchverarbeitenden Unternehmen zu grundlegenden Veränderungen ihrer Unternehmensstrategie. Diesen Wandel in einem – sowohl im In- als auch im Ausland – ausgesetzten Wettbewerb hat Emmi bereits 2004 mit dem Gang an die Börse eingeleitet. Zu diesem Zeitpunkt wurde die Vision formuliert, langfristig als unabhängiges Unternehmen in einer marktorientierten Zukunft erfolgreich zu sein. Als Antwort auf die starke Abhängigkeit vom politischen Umfeld, das schrittweise auf eine Marktöffnung drängt, verfolgt die Milchverarbeiterin die Strategie

- Position im Heimmarkt verteidigen,
- Wachstum im Ausland generieren,
- europakompatible Kostenstrukturen anstreben.

Außerhalb der Schweiz ist Emmi in 14 Ländern tätig. Dabei sind Deutschland, Großbritannien, Italien, Österreich, die USA sowie die Benelux-Länder als Schlüsselmärkte definiert. 2018 hat Emmi erstmals mehr Umsatz im Ausland gemacht als in der Schweiz. 2014 waren es erst 43 %. ◘ Abb. 6.2

Emmi stand damals also vor der Frage, wie mit dieser Herausforderung einer zunehmenden Internationalisierung umzugehen ist, um den Erfolg nachhaltig zu gewährleisten. Die Antwort lag neben strategischen und organisatorischen Überlegungen in einer bis dahin nicht strategisch verfolgten Kulturentwicklung. Nur ein eigenverantwortliches, engagiertes auf die Kernaufgaben gerichtetes Verhalten aller Mitarbeitenden führte zum Erfolg. Und dies war über einen längeren Kulturentwicklungsprozess zu erreichen. Es ist eine strategische Entscheidung, die von der ganzen Konzernleitung und dem Kader getragen und umgesetzt wird. Dieser Top-down-Ansatz steht im Bewusstsein, dass der wichtigste Erfolgsfaktor von Emmi ihre aktuell über 6000 Mitarbeitenden im In- und Ausland sind. Als Orientierung und Ausrichtung der Aufgaben in die Zukunft steht die von der Konzernleitung formulierte Strategie. Sieht man die Entwicklung der Diese unternehmensweite Entwicklungsstrategie hat sich ausgezahlt.

6.1.4 Vorgehensweise für die Emmi-Kulturentwicklung

Für die Formierung einer gemeinsamen Unternehmenskultur hat Emmi folgende Vorgehensweise festgelegt:

◘ Abb. 6.2 Emmi-Werte: Start der Kulturentwicklung

Als erster Schritt hat das Top-Management festgelegt, dass Kulturentwicklung eine strategische Aufgabe top-down ist. Weiter wurden in der Auseinandersetzung mit der eigenen Kultur gemeinsame Werte formuliert. ◘ Abb. 6.2. Dies geschah bei Emmi unter Einbezug aller Kader-Führungskräfte mit der Frage, was man bereits gut macht, worin man stark ist und welche Verhaltensweisen verstärkt werden sollten. Die Umsetzung der Werte ist Führungssache. Die Führungskräfte sind Vorbilder und als Multiplikatoren die wichtigsten Träger der Emmi-Kulturdiskussion. Sie transportieren die neuen Werte und geben gemeinsam mit ihrer Crew den Werten eine für ihre Arbeitsumgebung entsprechende Bedeutung. Deshalb wurde gemeinsam mit den Führungskräften aus den Werten ein Führungsverständnis abgeleitet. Dieses spiegelt wider, wie die Werte in der Führung umgesetzt werden.

An der gemeinsamen Grundhaltung der Werte orientierte sich auch die Überarbeitung oder Neuentwicklung der Personalführungsinstrumente und die damit einhergehenden organisationalen Strukturen und Abläufe (z. B. Führen durch Zielvereinbarung, Vorgesetzten-Feedback, Einführungsprogramm, Kompetenzenmodell, Rekrutierungsabläufe, Stellenbeschreibungen etc.). Selbstverständlich fließen die Werte auch mit ein in die (Neu-)Gestaltung diverser Reglements wie z. B. die Anstellungsbedingungen, die Vergütungsreglements oder das Mitwirkungsreglement.

Um die Führungsarbeit und die gezielte Nutzung der bestehenden Instrumente zu unterstützen, wird der gesamten Führungscrew von Emmi eine **Führungsentwicklung** angeboten, die sie befähigt, die Aufgaben und Prinzipien der Führungstätigkeit zu verstehen und ihre Führungsverantwortung wahrzunehmen sowie in ihren Führungskompetenzen und -fähigkeiten zu stärken.

Eine nachhaltige Umsetzung der Führungsentwicklungsinhalte wird beispielsweise gestärkt durch den Aufbau von Führungszirkeln.

Der Prozess, mit den Führungskräften in eine Auseinandersetzung mit den Werten zu gehen, der ihnen neue Handlungsprinzipien näherbringt, hat eine enorm formende Wirkung auf die Belegschaft des Unternehmens. Für Emmi gehört die Firmenkultur als drittes Element neben Organisation und Strategie zu den wichtigsten Aspekten nachhaltigen Wirtschaftens.

6.2 Voraussetzungen einer wirkungsvollen Kulturentwicklung

- **Gemeinsames Grundverständnis: Die Emmi-Werte**

Die wichtigste Basis und Voraussetzung, auf der die Kulturentwicklung fußt, ist ein gemeinsames Werteverständnis. Es vermittelt Sicherheit und ist der Wegweiser zur Umsetzung der Strategie. Für die Kulturgestaltung bei Emmi spielen die Werte eine entscheidende Rolle. Nach Minger (2001) sind Werte Ankerpunkte, welche die Strategie und Organisation sowie die Strukturen und Abläufe unterstützen. Durch die Werte kann die Ausrichtung der Unternehmung interpretiert werden. Sie reduzieren damit die Komplexität und stifteten Orientierung und Sicherheit. Im Zentrum der Entwicklung der Emmi-Werte standen die Fragen, welche Verhaltensweisen, Einstellungen und Motive Emmi in den vergangenen 15 Jahren erfolgreich gemacht haben, was unbedingt beibehalten werden sollte, welche Verhaltensweisen eher abgeschwächt oder verstärkt werden sollte und welche neuen Verhaltensweisen für die Zukunft entscheidend sein werden.

Aus der Essenz verschiedener Workshops sind die 5 Emmi Unternehmenswerte entstanden, die 2010 gemeinsam mit den Emmi-Führungskräften entwickelt wurden (◘ Abb. 6.2).

In den Werten kommt zum Ausdruck, was den Menschen bei Emmi wichtig ist, und woran sie ihr Handeln ausrichten wollen. Die Mitarbeitenden veredeln Milch als Rohstoff in

Produkte, die von den Kunden und Konsumenten geschätzt werden. Sie erschaffen etwas, worauf sie stolz sind. Diese Verbundenheit mit der Firma über die hohe Identifikation der Produkte führt zu einem außerordentlichen Engagement. Die Ausrichtung auf gemeinsame Werte soll auch aufzeigen, dass sich die Einzelnen als Mitarbeitende eines Gesamtkonzerns verstehen lernen und nicht nur als Teil ihres Betriebs. Es gilt über die Betriebs- und Arbeitsgebietsgrenzen hinauszudenken, Synergien mit anderen zu suchen und Entscheidungen immer im Sinne des Gesamtunternehmens zu treffen.

Zurzeit steht Emmi an einem Punkt, an dem die 5 Grundwerte allen Mitarbeitenden bekannt sind. Dies schafft bereits eine große Verbundenheit. Weltweit wurde an den Werten und deren Umsetzung gearbeitet. Die detaillierte Bedeutung der Werte für einzelne Gesellschaften und Standorte wurde bewusst nicht vorgegeben. Emmi verlangt von ihren Führungskräften diesbezüglich, mit ihren Mitarbeitenden in einen Diskurs zu gehen. Es ist die erklärte Absicht, dass alle Mitarbeitenden und Führungskräfte auf der Basis einer gemeinsamen Grundhaltung arbeiten. Diese verbindet die Betriebe und die Mitarbeitenden von Emmi. In der Auseinandersetzung muss Emmi dahin kommen, dass alle Mitarbeitenden die Emmi-Werte nennen und auch erklären können, was die Werte für ihren Arbeitsalltag bedeuten. Es geht dabei nicht um Uniformität und Gleichschaltung, sondern um die Auseinandersetzung. Diese Umsetzungsarbeit braucht Zeit, die sich Emmi auch gibt. Dies bedeutet aber auch, dass nicht alle Unternehmensbereiche am gleichen Ort stehen: Da gibt es Betriebe, die sich auf allen Hierarchieebenen vom Leiter bis zu den einfachen Mitarbeitenden kontinuierlich damit auseinandersetzen, und andere, in denen die Wertediskussion noch wenig verankert ist. Dies hängt mit der Situation zusammen, in der die Betriebe sich befinden (Umstrukturierungen, Zusammenlegungen etc.), oder auch mit der Dauer der Zugehörigkeit zum Konzern.

Die Umsetzung der Werte ist für Emmi kein HR-Verantwortungsziel (HR: Human Ressources), sondern eine klassische Führungsaufgabe, die klar in den Verantwortlichkeiten der entsprechenden Führungskräfte aller Hierarchiestufen liegt. Der Fachbereich Personal begleitet die Führungskräfte gezielt, um diese Umsetzung zu gestalten. Zentral dabei ist sicher das Vorleben der Emmi-Werte und entsprechend das gesamte Führungsverhalten. Um diese Führungsarbeit nicht dem Zufall zu überlassen, hat die Emmi-Führungscrew gemeinsam ein Führungsverständnis erarbeitet. Dieses umfasst eine Beschreibung dessen, was die Unternehmenswerte für die Führung bedeuten. Man kann sie als Führungsgrundsätze für den Berufsalltag bezeichnen.

■ **Berücksichtigung der zunehmenden Interkulturalität**

Eine weitere Voraussetzung für ein erfolgreiches Gelingen der Kulturtransformation ist die angemessene Berücksichtigung einer zunehmenden Interkulturalität. Seit mehreren Jahren sind verschiedene ausländische Gesellschaften Teil der Emmi-Gruppe. Deren Mitarbeitende wurden in die Implementierung der Emmi-Werte in ähnlicher Form einbezogen wie die Emmi-Mitarbeitenden in der Schweiz. Dennoch gilt es, Kultur und Gepflogenheiten der jeweiligen Länder in angemessenem Maße zu berücksichtigen. Konkret bedeutet dies, dass die Werte, an denen sich die Mitarbeitenden orientieren sollen, weltweit gleich sind. Deren Interpretation erfolgt jedoch je nach kulturellem Kontext mit Nuancen – explizit auch in der Bedeutung der Werte für die Führungsarbeit. In Italien als Beispiel wurde versucht, die Werte kulturell zu adaptieren und jemand im Betrieb hat die Werte neu gezeichnet. Nun arbeiten sie in Italien mit anderen Bildern als in der Schweiz. Dies ist der heutige Umsetzungsstand. Bei so vielen neu zu integrierenden Kulturen unter das gleiche Emmi-Dach bleiben unterschiedliche Nuancen der verschiedenen Kulturkreise bestehen. Wenn in der Schweiz der Wert „Wir denken mit und packen an" in der konkreten Arbeit als Partizipation und Mitsprache interpretiert wird, kann es sein, dass die gleiche Interpretation von Mitentscheidung in Italien die Gewerkschaften mobilisiert, die dann mehr Lohn fordern, weil Mitentscheidung arbeitsrechtlich anders ausgelegt wird als bei uns. Es ist die Entscheidung des Konzerns festzulegen, wohin man Emmi auch kulturell führen will und welche Grundlagen konzernweit, auch interkulturell, verankert werden sollen.

- **Der Veränderung Zeit geben**

Eine weitere wichtige Voraussetzung für die Umsetzung einer Kulturtransformation und gleichzeitig auch die größte Herausforderung ist die Zeit. Verhaltensweisen umlernen zu neuem Verhalten bedeutet nach dem neuropsychologischen Modell einen wesentlich größeren Lernaufwand als einen neue Verhaltensweise erstmals erlernen. Daher braucht es einen langen Atem und Geduld, den Verhaltensveränderungen die nötige Zeit zu geben, um nicht mehr in das alte Schema zurückzufallen. Das ist eine enorme Herausforderung und Investition. Das Bild vom wachsenden Urwald passt hier perfekt. Auch die Unternehmensspitze ist gefordert, stabil und geduldig genug zu sein, um ein paar Jahre Aufbauarbeit auszuhalten. Eine Faustregel besagt, dass Kulturentwicklung pro Stufe ein Jahr benötigt und Emmi hat fünf bis sechs Stufen! Dies wurde bereits bei der Planung dieses Veränderungsprozesses berücksichtigt.

- **Wertschätzung einfordern**

Von übergreifender und zentraler Bedeutung und die Basis jedes Veränderungsprozesses bei Emmi weltweit ist das im Führungsverständnis verankerte Element „Wertschätzung". Für die Führung bedeutet dies u. a., die Mitarbeitenden als gleichwertige Partner wahrzunehmen, sie ernst zu nehmen und ihnen zuzuhören. Das Commitment dazu, dass es keine Zweiklassengesellschaft gibt, wird in der Umsetzung eine große Herausforderung darstellen, denn das Hierarchiedenken in den Ländern rund um die Schweiz ist ausgeprägter als in der Schweiz.

Es ist aber eine Grundvoraussetzung für das Gelingen von Kulturveränderung und wird eingefordert. Wertschätzung bedeutet auch, dass die erwünschte hohe Identifikation der Mitarbeitenden mit dem Unternehmen nicht zu einer Selbstaufgabe führt. Auch hier haben die Führungspersonen eine Verantwortung gegenüber ihren Mitarbeitenden, aber auch gegenüber sich selbst.

- **Begleitende Führungskräfteentwicklung**

Die Führungskräfte bei Emmi haben nicht nur eine Vorbildfunktion bei der Umsetzung der Unternehmenswerte, sondern werden von der operativen Umsetzung der strategischen Pfeiler, v. a. von der stetig zunehmenden Internationalisierung des Unternehmens, besonders gefordert. Von ihnen wird eine hohe Veränderungsbereitschaft und -fähigkeit erwartet. Diese zwei Punkte sind die Grundvoraussetzung von Organisations- und Kulturentwicklung und stehen daher auch im Zentrum der **Führungskräfteentwicklungen**. Emmi suchte sich dafür als Partner das Institut für Angewandte Psychologie (IAP) in Zürich. In Zusammenarbeit mit dem Autor entwickelten die HR-Verantwortlichen von Emmi die unten beschriebene, auf die Bedürfnisse und Werte des Unternehmens abgestimmte Führungsentwicklung.

6.3 Umsetzungsarbeit

Um die Kulturentwicklung im Unternehmen wirkungsvoll zu gestalten, hat Emmi bereits bei der Planung auf Maßnahmen einer nachhaltigen Umsetzung geachtet. In diesem Kapitel werden nur einige nicht abschließende Punkte der Umsetzung kurz beschrieben und dann die Führungskräfteentwicklung als umfassendes Beispiel beleuchtet. Den Umgang mit Uniformität vs. Eigenständigkeit beschreibt der letzte Abschnitt dieses Kapitels.

- **Partizipation**

Die Emmi-Werte, das daran abgeleitete Führungsverständnis sowie die Personalführungsinstrumente sind in und mit den Führungskräften aller Hierarchiestufen entstanden. Dies hat die Akzeptanz der Umsetzung erhöht.

- **Einsatz der Personalführungsinstrumente**

Um diese professionelle, wertekonforme Führungsarbeit zu fördern, hat Emmi verschiedene Personalführungsinstrumente überarbeitet oder neu geschaffen. Als weitere Umsetzungsmaßnahme der Kulturveränderung wurden einige Prozesse von Emmi als verbindlich erklärt, z. B. einmal pro Jahr Ziele vereinbaren oder Vorgesetzte beurteilen.

- **Konsequenter Bezug zu den Werten**

Als weiterer Faktor einer nachhaltigen Umsetzung des gemeinsamen Werteverständnisses begegnen die Mitarbeitenden und Führungskräfte den Werten und ihren Interpretationen in allen Instrumenten und Richtlinien. Der Bezug wird auf jedem Formular visuell sichtbar. Weiter wird top-down bei jeder Argumentation nochmals klar der Bezug zu den Werten, zum Führungsverständnis und zu den Inhalten der Führungsentwicklung hergestellt. Spannend ist, dass sich die Führungskräfte in Anträgen und Argumentationen heute bereits auf die Emmi-Werte zu berufen beginnen. Das sind die ersten Anzeichen einer nachhaltigen Verankerung.

- **Vergütungssystem**

Auch zur strategischen Umsetzung gehört das angepasste Vergütungssystem. Emmi sucht Menschen, die intrinsisch (d. h. von innen heraus) an der Arbeit motiviert sind. In der Führungsschulung wurden Annäherungs- und Vermeidungsstrategien WW und deren Wirkungen aufgezeigt: Wenn Boni für gute Leistungen auf der Ebene des einzelnen Betriebs bezahlt werden, werden die Mitarbeitenden es vermeiden, sich für die gesamte Unternehmung einzusetzen. Dies läuft den Werten „Wir sind Emmi!" und „Wir denken mit und packen an" im Sinn eines gesamtunternehmerischen Denkens entgegen. Zudem soll der Bonus die echte Anerkennung und Wertschätzung nicht ersetzen.

Daher wurden Bonigruppen sehr stark reduziert. Emmi handelt bei allen neuen einzuführenden Strukturen und organisatorischen Abläufen gezielt nach diesen neuen Grundlagen der Werte und des Führungsverständnisses, was mithilft, die nachhaltige Umsetzung zu gewährleisten.

- **Lernende Organisation**

Ein weiterer Schlüssel, die Umsetzung zu unterstützen, ist das Lernen, genauer gesagt das Reproduzieren des Gelernten in die Unternehmung. Einerseits finden in der Führungsentwicklung Lernprozesse statt, die im Betrieb in die konkrete Anwendung gehen und dort durch Erfahrungen gefestigt werden. Nun kommt der nächste Schritt: das Weitertragen der Erkenntnisse in das Unternehmen, das Multiplizieren und Erklären der Verhaltensweisen, Handlungen und Haltungen. Dies erfordert eine sehr hohe Sprach- und Kommunikationskompetenz und soll Emmi als hohes und anspruchsvollstes Ziel begleiten. Viel wird jedoch erreicht sein, wenn die Mitarbeitenden sich für das Neue interessieren und wieder einmal eine Schulung besuchen wollen, um erneut angestoßen und motiviert zu werden. Emmi wird aus sich kein Perpetuum mobile formen können. Daher werden Bildungsmaßnahmen immer ein Thema bleiben, das die Führungskräfte und Mitarbeitenden im Entwicklungsprozess halten wird. Möglicherweise werden die Trainings weniger häufig angeboten, aber die Impulse, vergleichbar mit dem Herzschlag, werden als Teil der Emmi-Kultur verankert und ermöglichen immer wieder die bewusste Auseinandersetzung mit der Führungsarbeit.

- **Führungszirkel**

Im Verlaufe der Umsetzung der Führungsschulungen hat sich gezeigt, dass es wichtig ist, den Umsetzungsprozess im Führungsalltag zusätzlich zu begleiten. Entsprechend wurden Führungszirkel ins Leben gerufen. In diesen regelmäßigen Zirkeln werden durch das HR begleitet Führungsherausforderungen besprochen und das Gelernte aus der Führungsentwicklung angewendet.

6.3.1 Führungskräfteentwicklung

Das Human Resource Management (HRM) von Emmi definierte konkrete Angebote zur langfristigen Entwicklung der Führungskräfte im Sinn der Strategie- und Kulturunterstützung. Die Entwicklungsrichtungen sind in verschiedene Kompetenzbereiche eingeteilt:
- Führungskompetenz,
- unternehmerische Kompetenz,
- Fach- und Methodenkompetenz,
- Persönlichkeitskompetenz.

Für alle Bereiche wurden gemeinsam mit dem Management Schlüsselkompetenzen formuliert, die u. a. auch in einem Kompetenzenmodell abgebildet sind. Die Gestaltung der gesamten Führungsentwicklung richtet sich danach aus. Das Programm, das hier ausführlich beschrieben wird und welches das IAP begleitet, fokussiert sich auf den Bereich Leadership. Management-Themen werden über andere Programme abgedeckt.

Generell ist es Emmi wichtig, dass sich die Seminarinhalte und die Methodik nahe an den Arbeitssituationen der Führungskräfte bewegen. In einem Vorprojekt zur Gestaltung des Führungsentwicklungsangebots wurden deshalb die konkreten Arbeitssituationen und Führungsherausforderungen der Führungspersonen und Kader erfasst und so die anstehenden und relevanten Führungsthemen ermittelt.

Das Konzept beinhaltet einen nachhaltigen Lerntransfer. Es werden z. B. Vorbereitungsaufgaben sowie Transferaufgaben die Führungsschulungen begleiten. Die Transferaufgaben beinhalten die Planung, Anwendung und Reflexion der erarbeiteten Fertigkeiten, Lerninhalte oder Tools der Seminare. Beispielsweise wird nach dem Grundlagenmodul das Geben und Einholen von Feedback dokumentiert, Kommunikationssituationen werden durch aktives Zuhören bewusst geplant und reflektiert. Zudem unterstützt der modulare Aufbau eine kontinuierliche Lernkurve bei den Führungskräften.

Der Personenkreis für die Leadership-Schulungen umfasst ca. 250 Teamleitende, ca. 150 Fach- und Abteilungsleitende und ca. 70 Kaderpersonen aus dem Managementteam und der Konzernleitung. Geschult wird das Grundlagenmodul (4 Tage) sowie bedarfsgerecht bis zu 6 Aufbaumodule (je 2 Tage) zu ausgewählten Führungsthemen sowie 3 Vertiefungsmodule (je 2 Tage).

Die Weiterbildung basiert auf den Erkenntnissen der Hirnforschung. Es besteht die Möglichkeit, nach Abschluss der umfangreichen, bedarfsorientierten Module die Ausbildung vom Institut für Angewandte Psychologie als CAS in Leadership (Certificate of Advanced Studies) anerkennen zu lassen.

Im Bereich Leadership heißt professionelle Führung für Emmi:
- klare Zielorientierung,
- umfassende Entwicklung der Kompetenzen und
- ganzheitliche Zufriedenheitsorientierung.

Das bedeutet, dass die Führungskräfte dafür sorgen, dass sich ihre Mitarbeitenden an einem Kreislauf von Zielbildung, Zielüberprüfung und Controlling orientieren können, dass sie den Partizipationsgedanken im Alltag leben und transparent kommunizieren. Führungskräfte sind zudem auch gefordert, ihre Mitarbeitenden stärkenorientiert am Arbeitsplatz zu fördern und ihre Entwicklung so zu initiieren und zu begleiten, damit sie nicht nur die heutigen, sondern auch die zukünftig geforderten Fähigkeiten mitbringen. Emmi-Führungskräfte können für ihre Führungsarbeit auf eine abgestimmte Palette von Personalführungsinstrumenten zurückgreifen wie beispielsweise die Standortbestimmungs- und Zielvereinbarungsvorlage, mit denen ebenfalls als Bestandteil der Führungsentwicklung in den Seminaren gearbeitet wird.

Das heutige Führungsentwicklungsmodell gibt es seit 2½ Jahren. Es haben ca. 150 Führungskräfte aller Stufen das viertägige Grundlagenmodul besucht, weitere 50 Personen haben ausgewählte Aufbaumodule besucht. Die Emmi-Führungsentwicklung ist mit großem Erfolg angelaufen. Beobachtungen aus den Schulungen zeigen, dass die Führungskräfte in einer in der Schulung erlernten Terminologie über Führungsthemen sprechen und sie versuchen vermehrt, ihre Emotionen in die Führungstätigkeit zu integrieren. Sie haben damit angefangen, einander Feedback zu geben, und planen und reflektieren gezielter ihr eigenes Führungsverhalten. Als Resultat der Schulung sind ein veränderter Umgang und eine hohe Sensibilität für die Führungswerte zu erkennen. Die Emmi-Führungskräfte sind ein zentrales Element der Kulturbildung und -vermittlung und dies erfolgt auf diesem Weg sehr umfangreich und konsequent. Die Auseinandersetzung darüber, welchen Beitrag jeder Emmianer zur Umsetzung der Werte beitragen kann, ist in vollem Gang.

Zum Erfolg beigetragen hat auch ein innovatives inhaltliches Konzept, das die Komplexität sämtlicher Schulungs- und Führungsthemen auf ein einfach verständliches neuropsychologisches Modell reduziert. Dies ermöglicht neben einer hohen Prozessorientierung eine schnelle kognitive Auseinandersetzung mit den wesentlichen Themen und ein Verständnis derselben. Viele Führungskräfte schätzen es sehr, Verhalten von Mitarbeitenden und Führungsverhalten über ein einfaches, wissenschaftsbasiertes Modell erklären und begründen zu können.

Im folgenden Kapitel wird das neuropsychologische Modell der Führung vorgestellt, wie es in der Emmi-Führungsschulung mit den Teilnehmenden erarbeitet wird.

6.3.2 Führungsentwicklung auf neuropsychologischer Basis

Das Dreiweltenmodell beschreibt als einfaches, die Komplexität reduzierendes Arbeitsinstrument die Grundprozesse des Wahrnehmens, Denkens, Fühlens und Handelns. Es dient dazu, eigene Emotionen und die daraus entstehenden Verhaltensweisen in Emmi-Führungssituationen zu verstehen und zu erklären (◘ Abb. 6.3).

Die erste Welt ist die **Um-Welt**. Sie besteht aus der Welt außerhalb unseres Körpers. Darin gibt es statische Elemente (unsere physische Welt der Gegenstände) und Personen, die dynamisch und interdependent mit anderen Personen interagieren. Die **Körper-Welt** hat die Aufgabe, uns diese Um-Welt durch unsere Sinne zu erschließen (Input/Wahrnehmung) und uns zu Verhalten (Output/Handlungen) zu veranlassen. Die **Ich-Welt** stellt die Verarbeitung der Informationen aus der Umwelt durch unser **Gehirn** dar. Dabei werden die Informationen des Sehens (visuelles System), des Hörens (auditives System), der Körperempfindungen (somatosensorisches System), des Gleichgewichts (Vestibularsystem), des Geschmacks (gustatorisches System) und des Geruches (olfaktorisches System) **individuell verarbeitet** und ggf. an unser Steuersystem der Muskeln (primäres motorisches Feld) weitergeleitet.

Alle Informationen, Wahrnehmungen bzw. Erfahrungen werden in gigantischen neuronalen Netzen im Gehirn gespeichert. Bevor eine Erfahrung jedoch im Gehirn dauerhaft abgespeichert wird, durchläuft sie eine Art **Bewertungssystem**. Das Anliegen des Gehirns ist es, für ein größtmögliches Maß an psychobiologischem Wohlbefinden zu sorgen. Daher werden die Erfahrungen in zwei Kategorien abgespeichert: „gut" oder „schlecht" für den Organismus bzw. „Das hat gutgetan, davon will ich mehr!" oder „Das war unangenehm, dem will ich aus dem Weg gehen!". Dieses duale Bewertungssystem wird vom limbischen System ausgeführt. Das Wirken des limbischen Systems erleben wir als **begleitendes Gefühl**, das uns entweder vor bestimmten Handlungen warnt (**Vermeidungsstrategie**) oder unsere Handlungsplanung in eine bestimmte Richtung lenkt (**Annäherungsstrategie**).

Alle Erfahrungen werden also durch Emotionen begleitet, die sich auch im Körper manifestieren. Der Körper und seine Reaktionen spielen demnach im emotionalen System eine zentrale Rolle. Sind die Emotionen sehr stark ausgeprägt, dann sind sie an einem selbst oder

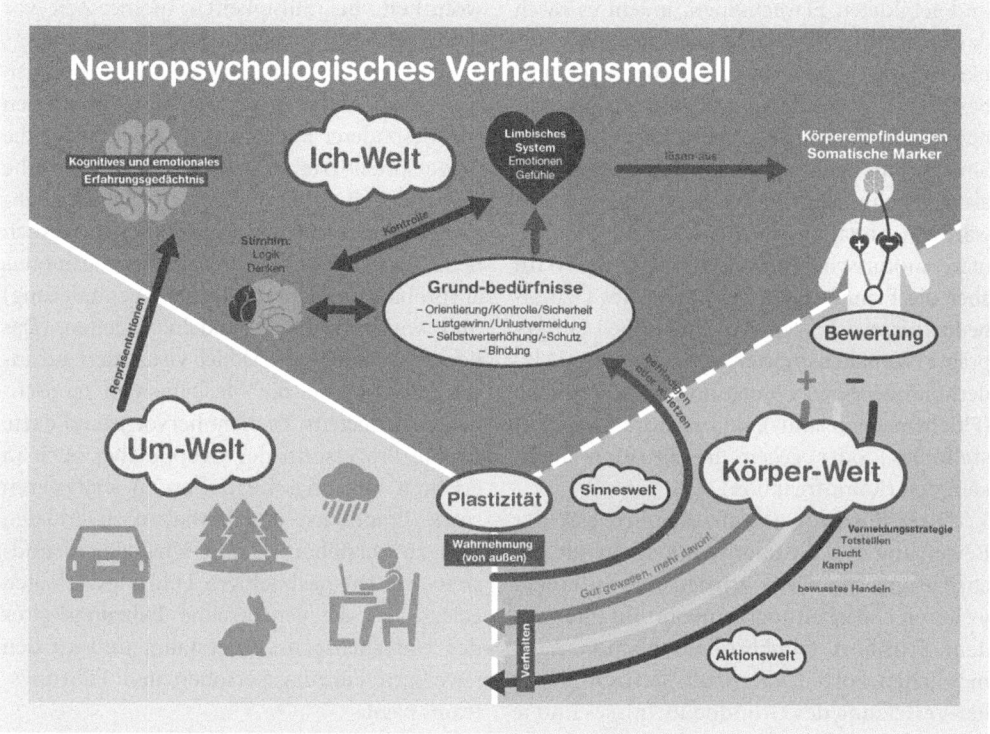

● **Abb. 6.3** Neuropsychologisches Verhaltensmodell (Hoffmann 2019, S. 80)

an anderen Personen physisch wahrnehmbar. Die Angst von einem Referat kann ein Grummeln im Bauch, einen trockenen Mund, ein Herzrasen oder ein rotes Gesicht verursachen. Eine erfolgreiche Problemlösung kann ein Lächeln, ein Entspannen der Muskeln oder das Sinken des Blutdrucks verursachen. Wenn also die Körper-Welt einer Situation oder einer Erfahrung ausgesetzt ist, werden nicht nur die entsprechenden Informationen über das Umweltsystem (Kognition) in einem neuronalen Netz abgespeichert, sondern im Sinne einer ganzheitlichen vollständigen Erfahrung auch die **Emotionen und die Körperempfindungen**, die sich daraus ergeben haben, inklusive der entsprechenden Bewertung „gut" oder „schlecht". Um zu analysieren, ob eine Situation oder Erfahrung als „gut" oder „schlecht" bewertet wird, bedienen wir uns eines einfachen Konzeptes, dem **Kongruenzprinzip** von Klaus Grawe. Grawe geht davon aus, dass der Organismus von gleichzeitig ablaufenden neuronalen Prozessen (Grundbedürfnissen) eine Befriedigung, also ein **psychobiologisches Wohlbefinden** anstrebt. Diesen Zustand beschreibt er als **Konsistenz**. Dabei gibt es zwei Schemata zur Erreichung von Konsistenz: Das Annäherungsschema sucht die Erfüllung von Grundbedürfnissen und der Vermeidungsmodus dient der Verhinderung von Verletzungen der Grundbedürfnisse. Je höher die Konsistenz ist, desto gesünder und ausgeglichener ist der Organismus. Jeder Mensch hat vier Grundbedürfnisse die evolutionär angelegt sind (Sicherheit/Orientierung, Selbstwerterhalt/-erhöhung sowie Bindung. Das vierte Grundbedürfnis (Lustgewinn) wurde aus Relevanz- und Komplexitätsgründen im Modell weggelassen).

Werden nun Informationen aufgenommen, wird etwas wahrgenommen oder erlebt, so reagiert das Gehirn eines normalen, intelligenten und gebildeten Erwachsenen, indem es rasch das **Erfahrungsgedächtnis** abfragt und Erinnerungen an entsprechende Erlebnisse heraufbeschwört. Wurden in den erinnerten Situationen Grundbedürfnisse befriedigt und die Situation als „gut", sprich für den Organismus als angenehm identifiziert, heißt in der gegenwärtigen Situation die Reaktion an das primäre motorische Feld „weitermachen". Wird aber die Erinnerung an ein verletztes Grundbedürfnis wach, werden individuell ausgeprägte Verhaltensmuster aktiv, um eine Wiederholung dieser Situation zu vermeiden (**Flucht**mechanismus), sie zu verdrängen (**Totstell**reflex) oder gegen die Situation anzukämpfen (**Kampf**reaktion).

Diese blitzartig ablaufenden Prozesse der Bewertung und die damit einhergehende beabsichtigte Handlung werden nun in einem weiteren Bearbeitungszentrum im Gehirn, dem **Stirnhirn** (subkortikale Ebene), nach möglichen Folgen überprüft. Je nach Stärke der Verletzung des Grundbedürfnisses und je nach abgespeicherten emotionalen Erfahrungen der Person (überwiegend eher „gut" oder „schlecht") beginnt ein Nachdenken über mögliche Folgen des Handelns, was die Reaktionen und das Verhalten in kontrollierte Bahnen lenkt. Werde ich von einer Person verbal angegriffen und beleidigt und spüre ich die Wut in mir aufsteigen, so hilft mir mein subkortikales Reflektieren, bewusst zu handeln und im Falle einer Kritik meines Vorgesetzten adäquat zu reagieren und nicht gleich wegzulaufen (Flucht). Sowohl die Grundbedürfnisse (Sicherheit/Orientierung, Selbstwerterhalt/-erhöhung, Bindung) als auch die subkortikalen Reaktionen (Flucht, Kampf, Totstellen: Vermeidungsverhalten) sind individuell ausgeprägt. Dem Konzept von Grawe zufolge sind Annäherungsschemata (bewusstes Handeln) langfristig erfolgreich und ermöglichen Lernen. Es ist also einfacher, sich eine neue Verhaltensweise anzueignen, als eine unerwünschte zu verlernen. Demnach wird es mir besser gelingen, gesund zu leben durch viel Bewegung, den Verzehr von frischem Gemüse und Früchten, als die Gewohnheit, bei Süßigkeiten meine Zeit vor dem Fernseher zu verbringen, zu verlernen.

Die neuropsychologischen Überlegungen sind besonders für den Umgang mit Emotionen von besonderer Bedeutung und liefern für die prozessorientierte Arbeitsweise verständliche und plausible Erklärungen für bewusstes Führungshandeln. Durch Probehandeln können neue neuronale Muster im Annäherungsmodus ausprobiert werden, die Lernen (Veränderung) und wirkungsvolles Handeln einleiten. Das neuropsychologische Modell visualisiert auf anschauliche Weise die Mechanismen menschlichen Verhaltens. Es dient hervorragend dazu, erlebte Prozesse in der Gruppe aber auch in erlebten Führungssituationen zu analysieren sowie Emotionen und Verhalten zu erklären und zu verstehen. Damit wird ein Grundstein für ein nachhaltiges Führungsverhalten gelegt, das die gemeinsame Führungskultur des Unternehmens mitgestaltet und zu den jeweiligen Führungspersonen und Führungsteams passt.

6.3.3 Uniformität vs. Eigenständigkeit

Wie einleitend erwähnt, befinden sich Unternehmen im Umbruch immer im Spannungsfeld zwischen Flexibilität und Uniformität. Auch bei Emmi werden verschiedene Projekte mit dem Thema Harmonisierung angestoßen. Wie viel Konzern ist Emmi? Wo fängt der Eigenverantwortungsgrad an und wo werden Konzernvorstellungen durchgesetzt? Eines der großen Themen ist auch die Leistung im Team. Wie wichtig ist der Konzern als Mutter und wie wichtig sind die vielen heutigen z. T. hoch rentablen eigenständigen Einheiten? Diese Fragen sind die momentan größten zu lösenden Herausforderungen an die Unternehmensführung und Kulturentwicklung.

Komplexität ist ein wesentlicher Kostentreiber im Unternehmen. Dies gilt nicht nur für die Produktionsprozesse oder die Sortimentsvielfalt, sondern auch für die Personalprozesse.

Aus diesem Grund werden bei Emmi, wo immer möglich, gruppenweit die gleichen Personalinstrumente eingesetzt. Diese unterstützen die Führungskräfte in ihrer Personalarbeit, ermöglichen übergreifende Personalprozesse und deren Professionalisierung. Erfahrungen aus Italien, England und den Niederlanden zeigen, dass mit einem standardisierten Konzern-Kompetenzanalyse-Instrument wertvolle Entwicklungsprozesse initiiert werden können. Leichte Modifikationen wie Sprache oder Prozessdesign sind den Landesgesellschaften vorbehalten. Andere Instrumente wie beispielsweise Vorgesetzten-Feedbacks brauchen bei globaler Umsetzung viel Fingerspitzengefühl und müssen dem örtlichen Verständnis angepasst werden, um die gewünschte Wirkung zu erzielen. Der Konzern trägt diesem Umstand Rechnung, indem das Instrument in den verschiedenen Ländern zeitlich versetzt eingeführt wird und Erfahrungen unmittelbar und stetig in den Prozess einfließen.

Erklärtes Ziel ist es, dass alle mitdenken und Mitverantwortung tragen, ein Hauptziel auch der Führungsentwicklung. Im Vordergrund steht, dass die Mitarbeitenden die Instrumente als Hilfsmittel in ihrem Bewegungsrahmen einsetzen und sie als unterstützend und nicht als Pflichtübung wahrnehmen. Diese Haltung steht nicht im Widerspruch zum Wert „Wir sind Emmi". „Wir sind Emmi" bedeutet, eine gemeinsame kulturelle Basis zu haben und dennoch den lokalen Umweltbedingungen entsprechend handeln zu können. Emmi ist der Ansicht, dass die Heterogenität geschäftsmäßig, kulturell und je nach Land dermaßen groß ist, dass zu enge Leitplanken blockieren und der Koordinations-, Administrations- und Verwaltungsaufwand außerhalb des Nutzengrenzwertes liegt.

Wo über Kennzahlen, wo über Prozesse und wo über Partizipation geführt wird, ist unterschiedlich. Beispielsweise wird der kontinuierliche Verbesserungsprozess (KVP) konzernweit in ganz unterschiedlichen Projekten gelebt, Optimo, Optimimo, Total Quality Management TQM, KVP werden einige Projekte genannt und sie haben jeweils individuelle Schwerpunkte. Als weiteres Beispiel ist die Ein- bzw. konsequente Durchführung von MbO (Management by Objectives) heranzuziehen. Das Führen mit Zielvereinbarungen wird vom Konzern vorgegeben, der Zeitpunkt jedoch bleibt aufgrund unterschiedlich ausgeprägter Saisonalität in den Organisationseinheiten individuell. Alle Instrumente sind in und mit den Führungskräften aller Hierarchiestufen entstanden. Dies folgte dem wichtigen Grundsatz der Mitwirkung, indem die Organisationseinheiten in enger Zusammenarbeit mit dem HRM (Human Resource Management) die Personalinstrumente gestalteten und optimierten. Hier hat sich bestätigt, dass die Mitwirkung zur Akzeptanz beiträgt, da diese Führungskräfte anschießend auch Marketing für die neuen Instrumente gemacht haben. Sie sind nun soweit institutionalisiert, dass die Mitarbeitenden sie in ihren individuellen Gegebenheiten einsetzen können. Und genau hier setzt auch die Führungsentwicklung an. Als bedarfsgerechtes Angebot kann diese neue Haltung von „Führen mit Zielvereinbarungen" und der Umgang mit den zur Verfügung gestellten Instrumenten eingeübt und erfahren werden. Es soll eine Professionalisierung der Führungsarbeit im Hinblick auf die Werte und die Kulturentwicklung entstehen. Dies verkörpert der Wert „Wir handeln marktorientiert". Jede Führungskraft hat ihren eigenen individuellen Markt, in dem Führung stattfindet. Alle stehen an einem anderen Ort, haben andere dringende Aufgaben. So finden die Teams in der Logistik eine komplett andere Umwelt vor als die Belegschaft bei den Frischprodukten. Führung sieht für eine Frau in einem Team mit Fremdsprachigen, in dem sich 80 % von einer Frau nichts sagen lassen wollen, anders aus als in einem Schweizerteam, das von einem Mann geführt wird. Wenn die Führungskräfte von Emmi verstanden haben, dass sie von der aktuellen Situation ausgehen sollen und nicht von einem Korsett aus Regeln und Vorgaben, beginnen die Werte und die Führungsgrundsätze zu leben. Dann wird nicht mehr top-down mit Druck gearbeitet, sondern die Führungskraft erkennt, dass es ihr Anspruch an sich selber ist, die Führungstätigkeit professionell wahrzunehmen und auszufüllen. Bewegungsspielräume zu haben und zu nutzen bedeutet auch, Sicherheit und Selbstwert in der Führung aufzubauen. Die aktuellen Führungstrainings zeigen jedoch auf, dass noch nicht alle Führungskräfte mit ihren Teams eine für sie passende Balance gefunden haben, innerhalb von geforderten Rahmenbedingungen ihre Eigenständigkeit und Selbstverantwortung zu leben. Dies hat einerseits mit den unterschiedlichen Sicherheitsbedürfnissen der Menschen zu tun, aber auch mit den etablierten Kulturen in den Gesellschaften im adäquaten Umgang mit Selbstverantwortung und „Dienst nach Vorschrift". An einem Standort hat der Umgang der Führungscrew mit dem strikten Einhalten oder sinnvollen Interpretieren von Regelwerken und Vorgaben zu einem ernsthaften Diskurs geführt. In den Schulungen taucht auch immer wieder die Frage auf, ob es keine Policy gäbe, wie man sich in ausgewählten Situationen zu verhalten habe. Die Antwort darauf ist: Nein! Es gibt Grundsätze, nach denen die Führungsperson die passendste Entscheidung oder das adäquateste Verhalten ableiten soll. Beispielsweise gibt es keine Richtlinie zur flexiblen Arbeitsform „work-at-home". Es gibt nur einen Grundsatz zu den Arbeitsbedingungen, dass Vereinbarkeit von Beruf und Familie so stark wie möglich begünstigt werden soll. Es wird von den Führungspersonen verlangt, dass sie für ihr Team und ihre Situation überlegen, wie das umsetzbar ist. Doch diese Diskussionen sind ein positives Zeichen dafür, dass über die Grundsätze und Emmi-Werte gesprochen wird.

6.3.4 Stand der Kulturentwicklung 2019

Emmi hat mit Führungsentwicklung und der damit im Zusammenhang stehenden Kulturentwicklung sehr viel erreicht. Mit dem klaren Bekenntnis zu Werten, welche auch menschlich ausgerichtete Ziele verfolgen, liegt Emmi heute auf dem vierten Platz der besten Arbeitgeber ihrer Kategorie „Herstellung von Lebens- und Genussmittel, sonstige Verbrauchsgüter" und auf Platz 23 im Gesamtranking von 250 Mittel- und Grossunternehmen in der Schweiz. Der Wert „Wir entwickeln uns weiter" hat dazu geführt, dass Emmi sicherstellt, dass bis 2020 alle Mitarbeitenden Entwicklungsziele erhalten, die sie befähigen, jederzeit die aktuellen oder zukünftigen Anforderungen erfüllen zu können. Die sehr erfolgreiche, nachhaltige und lang angelegte Führungsentwicklung mit dem IAP konnte nun nach knapp 10 Jahren mit vielen erfolgreichen Absolvierenden eines CAS (Certificate of advanced Study) in Leaderhip der ZHAW abgeschlossen werden. Auch eine Transferstudie belegt die wirkungsvolle Umsetzung der Kompetenzen in die werteorientierte Führungsarbeit. Die nachhaltige Kulturentwicklung mit dem Leben der Werte in der täglichen Arbeit greift, weil die Führung sie vorlebt. Die Zahlen der Emmi Unternehmensentwicklung bestätigen diese Entwicklung der Zahlen (siehe ◘ Tab. 6.2).

Mit dem neuen Managementprogramm „Be Excellent" versucht Emmi nun ab 2019 betriebsführende Aspekte wie Effizienz, Leistung, Zielerreichung und den Fokus auf Fakten und Zahlen mehr zu betonen, um der sich immer schneller verändernden Welt, auch als „VUCA" Welt bekannt (V- Volatility; U- Uncertainty; C- Complexity und A- Ambiguity) nachhaltiger zu begegnen). Dabei dient das bewährte Modell von Aufgabe (Vision/Strategie), Struktur und Kultur (Lippmann et al. 2019) als Grundlage. Für die 10 % der Entwicklungsaktivitäten, die bei Emmi „of the Job" angeboten werden, kommen in der Führungsentwicklung vermehrt e-Lerning und Blenbdedlearning-Konzepte zur Anwendung.

Wie in vielen anderen Unternehmen, in der die Digitalisierung auch in der Personalentwicklung Einzug hält, werden bei Emmi die Erfahrungen mit solchen Konzepten sorgfältig auf ihre Nachhaltigkeit und Zweckmässigkeit überprüft werden müssen.

Tab. 6.2 (Emmi Unternehmensentwicklung seit 2012)

Jahr	2012	2013	2014	2015	2016	2017	2018
Nettoumsatz	2981	3298	3404	3214	3259	3364	3457
Reingewinn	106	105	79	120	140	162	233
Eigenkapital	1165	1258	1313	1394	1506	1521	1657
Mitarbeitende	5047	5217	5207	5405	5779	6147	6151

6.3.5 Ausblick auf die nächsten Jahre

Emmi befindet sich in einem ständigen Change-Prozess. Das Wachstum wird noch nicht abgeschlossen und die Strukturen werden weiter dem Wandel ausgesetzt sein. Doch wenn die Führungspersonen verstanden haben, was die Emmi-Werte für ihre Teams bedeuten, wenn sie erfasst haben, warum das Führen mit Zielen so wertvoll ist, und wenn sie erkennen, was die menschliche Wahrnehmung, Bewertung und das Verhalten beeinflusst, dann wird auch die Einführung und der Umgang mit den neuen Instrumenten oder das Verändern von Strukturen als wertvoll und hilfreich erlebt und Emmi ist bereit, sich der zukünftigen Veränderung der Organisation zu stellen. Die kulturbildende, unterstützende Führungsentwicklung geht in eine neue Phase, in der bedarfsorientiert spezifische Führungskompetenzen in Aufbaukursen wie „zielorientiert führen", „Mitarbeitende entwickeln" oder „Zukunft gestalten" entwickelt werden. Und in den Länderorganisationen werden entsprechende Schulungsangebote in enger Zusammenarbeit mit der Zentrale erarbeitet und durchgeführt. Eine weitere Herausforderung der Zukunft wird es sein, die Führungsentwicklung gewinnbringend mit den Management-, den Fach- und Prozessschulungen zu verknüpfen. Die Führungskräfte müssen neben den Leadership-Kompetenzen auch die Fähigkeiten in Multiprojektmanagement entwickeln. Multiprojektmanagement bewegt sich im Spannungsfeld zwischen operativen und strategischen Entscheidungen. Das bedingt bei Emmi, dass Entscheidungen auf mögliche Konsequenzen für andere Faktoren wie Sicherheit, Sterilität, Qualität vor dem „Losrennen" überprüft werden. Der Komplexitätsgrad bei Emmi wird steigen und der Umgang damit ist oft noch nicht entwickelt. Der Wert „Wir denken mit und packen an!" und nicht umgekehrt wird wichtiger denn je. Eine weitere Herausforderung wird es sein, wie Emmi in der Zukunft wirkungsvoller in Großprojekte starten kann. Ressourcenmanagement, Digitalisierung und crossfunktionale Themen werden eine Herausforderung darstellen, weil der Entwicklungsstand der gegenseitig immer stärker vernetzten Gesellschaften bei der Umsetzung der Werte sehr unterschiedlich ist.

Lessons learned
- Die Erfahrung der Emmi-Kulturentwicklung bestätigt, dass ein langer Atem ein Erfolgsfaktor ist und 7–10 Jahre Durchhaltewille wichtig sind.
- Voraussetzung erfolgreicher Kulturprojekte ist die Erfahrung, dass sie nicht durch das HRM umgesetzt werden können, sondern eine Führungsaufgabe sind und die Zustimmung des Topmanagements brauchen.
- Erkenntnisse aus der Emmi-Kulturentwicklung zeigen, dass sowohl die Einführung von Instrumenten als auch die Bildungsangebote am besten

mit Pilotgruppen gestartet werden sollten, in der die relevanten Inhalte und Didaktik getestet werden kann. Daraus entstehen Ideen, die mehrheitsfähig sind.
- Kulturentwicklungsprojekte sollten mit großem Respekt vor den Reaktionen der Menschen in dem Unternehmen angegangen werden. Nur wenn die Menschen langfristig einen Mehrwert für ihre Tätigkeit darin sehen, werden sie folgen.
- In der Umsetzung ist eine gezielte, nachhaltige Führungsentwicklung essenziell. Die Führungskräfte leben die Umsetzung der kulturellen Interpretation vor.
- Eine weitere Erkenntnis aus der Führungsschulung ist, dass der Heterogenität eine genügend große Beachtung geschenkt werden sollte. Es gilt der Grundsatz: Uniformität ja, aber in Grenzen. Die Herausforderung besteht darin, die Führungskräfte in ihren unterschiedlichen Führungsverantwortungen und Führungsspannen da abzuholen, wo sie stehen, und ihnen die Unterstützung anzubieten, die sie brauchen.

Literatur

Häfele W (2007) OE Prozesse initiieren und gestalten. Haupt, Bern

Hoffmann C (2019) Gehirngerechte Führung. Springer, Heidelberg

Lippmann E, Jörg U, Pfister A (Hrsg) (2019) Handbuch Angewandte Psychologie für Führungskräfte, 5. Aufl. Springer, Heidelberg

Minger S (2001) Ansätze und Methoden zur Analyse von Unternehmenskultur. In: WINGbusiness. Die Wirtschaftingenieure 2/01. Österreichischer Verband der Wirtschaftsingenieure WING, Graz, S 26–29

Schein E (1999) The corporate culture survival guide. Wiley Imprint, San Francisco

Steiger T, Lippmann E (2013) Handbuch Angewandte Psychologie für Führungskräfte, 4. Aufl. Springer, Heidelberg

Das IAP führen heißt Vielfalt führen

Daniela Eberhardt, Stephanie Claus, Ellen Gundrum und Christoph Negri

7.1 Das IAP Institut für Angewandte Psychologie – 88

7.2 Das IAP wird Teil der Zürcher Hochschule für Angewandte Wissenschaften – 91

7.3 Die Vielfalt der Veränderung als Chance – 92
7.3.1 Die Strategie- und Strukturentwicklung – 94
7.3.2 Die inhaltliche Profilierung als Hochschulinstitut und marktfähige Weiterbildungs- und Dienstleistungsorganisation – 97
7.3.3 Die administrative Seite der Institutsführung – 99
7.3.4 Die Vielfalt der Personalführung – 101
7.3.5 Das Qualitätsmanagement – 102
7.3.6 Die Internationalisierung – 103
7.3.7 Der Umzug auf einen neuen Hochschulcampus und die Umstellung auf mobil-flexible Arbeitswelten – 104
7.3.8 Digitaler Wandel am IAP – 105

7.4 Schlussbetrachtung – 106

Literatur – 108

Zusammenfassung

Das Beispiel des IAP Institut für Angewandte Psychologie zeigt auf, welche Dimensionen bei der Vielfalt von Führung in Erscheinung treten können, wenn mehrere übereinander gelagerte Veränderungssituationen gleichzeitig bewältigt werden müssen. Das IAP als renommiertes Institut für Dienstleistungen und Weiterbildungen für Fach- und Führungspersonen wurde Teil der ZHAW Zürcher Hochschule für Angewandte Wissenschaften und ist im Rahmen eines Großprojektes an einen neuen Standort umgezogen. Zudem ist das IAP fortlaufend gefordert, sich auf den stetigen Wandel der Arbeitswelt und die Herausforderung im Kontext zunehmender Digitalisierung einzustellen, zu innovieren und sich als Organisation kontinuierlich weiterzuentwickeln. Die Vielfalt der Führung umfasst verschiedene Dimensionen wie die strategische Führung, den Auf- und Ausbau von Prozessen, Systemen und Hilfsmitteln, die Positionierung des IAP, die Personalführung, die Digitalisierung und Flexibilisierung der Arbeit und anderes mehr. Am IAP bedeutet Vielfalt zu führen Vielfalt zu schätzen, zu integrieren und auf ein gemeinsames Ziel, eine gemeinsame Vision auszurichten.

7.1 Das IAP Institut für Angewandte Psychologie

Das IAP Institut für Angewandte Psychologie ist ein einzigartiges Institut in seiner strategischen Ausrichtung, mit seiner ganz eigenen Kultur und seiner Vielfalt von Angeboten, Zielgruppen und Zielmärkten, in denen psychologische Dienstleistungen erbracht und Weiterbildungen durchgeführt werden. Das IAP ist heute das Hochschulinstitut des Departements Angewandte Psychologie der Zürcher Hochschule für Angewandte Wissenschaften ZHAW.

Zentrale Aufgabe des IAP ist der Wissens- und Praxistransfer mittels einer Vielzahl psychologischer und interdisziplinärer Angebote für Fach- und Führungspersonen ebenso wie für Privatpersonen. Das IAP arbeitet kostendeckend unter marktwirtschaftlichen Bedingungen. Es ist gleichermaßen wissenschaftlicher Fundierung verpflichtet und als Hochschulinstitut innovativ in der Entwicklung und Erprobung neuer Verfahren, Vorgehensweisen, Praktiken und Arbeitsmittel für die Praxis. Das IAP ist nicht nur Wirtschaftsunternehmen und Hochschule, sondern auch eine Organisation der öffentlichen Hand und funktioniert mit

Das IAP führen heißt Vielfalt führen

den Eigenheiten und nach den Vorgaben einer staatlichen Institution. Alles in allem ist es eine Organisation, die in ihrer strategischen Ausrichtung, ihren kulturellen Einflüssen und ihren Steuerungsmechanismen extrem vielfältig ist. Die Führung von Vielfalt in einer sich stark entwickelnden Fachhochschule ist geprägt davon, Vielfalt zuzulassen und einzufordern, den vielfältigen Anforderungen gerecht zu werden und gleichwohl die Vielfalt zu kanalisieren und ihr eine klare Richtung zu geben.

Am 01.01.2008 wurde das IAP Teil einer der größten Fachhochschulen der Schweiz, der ZHAW Zürcher Hochschule für Angewandte Wissenschaften. Außer dem Departement Angewandte Psychologie gibt es sieben weitere Fachdepartemente. 2018 zählt die ZHAW mehr als 13.000 Studierende, über 7000 Weiterbildungsteilnehmende und 3100 Mitarbeitende.

Den Integrationsprozess des IAP zu führen – mit seinem praxistransferorientierten Portfolio in Dienstleistung und Weiterbildung in eine der größten Fachhochschulen mit „Kerngeschäft" in Studium und angewandter Forschung und Entwicklung und den damit verbundenen Umzug von einem überschaubaren alten Fabrikgebäude auf einen großen Hochschulcampus mit 1400 Schulungsräumen und Platz für rund 5000 Menschen – war eine große Herausforderung und gleichzeitig ein großes Privileg. Die Transformation hin zu innovativen Formen der Weiterbildung und Dienstleistung im Kontext von demografischem Wandel und Digitalisierung der Arbeitswelt im hochkompetitiven Markt von Weiterbildung und Dienstleistung ist herausfordernd und spannend zugleich.

Im Jahr 2008 wurden mit psychologischen Dienstleistungen und Weiterbildungen fast 5 Millionen CHF Umsatz durch ca. 45 Mitarbeitende erwirtschaftet. Ende 2014 waren es mit rund 95 Mitarbeitenden über 12 Millionen CHF Umsatz. 2018 erzielte das IAP einen Umsatz von 15 Millionen CHF bei gleichbleibender Mitarbeitenden-Anzahl. Aktuell besuchen jedes Jahr etwa 1800 Personen eine IAP-Weiterbildung, zudem werden circa 2500 psychologische Beratungsmandate erbracht. Die Palette ist vielfältig und umfassend, sie reicht von Führungsentwicklung, Coaching, Organisationsberatung, Teamentwicklung, Konfliktmanagement und Mediation, Human Resources Management, Personalentwicklung und Ausbildungsmanagement, Assessments für Fach- und Führungskräfte, Verkehrs- und Sicherheitspsychologie, Berufs-, Studien- und Laufbahnberatung und Sportpsychologie bis hin zu therapeutischen Angeboten für Kinder, Jugendliche, Erwachsene, Paare und Familien. Zielgruppen sind Privatpersonen und Unternehmen, Organisationen der öffentlichen Hand, Institutionen genau wie NPOs (Non-Profit-Organisations) und NGOs (Non-Governmental-Organisations). In zehn berufsbegleitenden Weiterbildungsmasterstudiengängen und einer Vielzahl von Weiterbildungsangeboten können Fach- und Führungspersonen ihr Wissen vielfältig und umfassend verbreiten und vertiefen. Nach der Maxime „Das ganze Leben und der ganze Mensch!" sind auch die Mitarbeitenden des IAP mal älter, mal jünger, arbeiten Teilzeit oder Vollzeit, sind weiblich oder männlich, arbeiten in der Ausbildung als Praktikanten oder als Lernende, als wissenschaftliche Mitarbeitende, Dozierende und Professoren mit einem praktischen und wissenschaftlichen Background, mal mehr vom einen, mal mehr vom anderen. Oder sie sind kaufmännisch-administrative Expertinnen und Experten, kümmern sich um die Organisation der Bildungs- und Beratungsangebote und betreuen Kundeninnen und Kunden.

Einleitung: Die Entwicklung des IAP als Teil einer umfassenden inhaltlichen und organisatorischen Entwicklung
Vor fast einhundert Jahren (1923) hat der Schuhfabrikant Bally ein Buch von Hugo Münsterberg gelesen, einem Psychologen und Philosophen, der sich als einer der ersten darüber Gedanken machte, wie eine Willensentscheidung über organisatorische Abläufe in Handlungen umgesetzt werden kann. Als Pionier der Organisationspsychologie, die forschungsbasiert und wissenschaftlich fundiert ist, verfasste er „Grundzüge der Psychotechnik" (1914), die Bally durch Professoren der Universität Zürich in seinem Unternehmen einführen lassen wollte. Da der Praxistransfer damals noch

nicht in das Aufgabenspektrum der Hochschule gehörte, gründeten die Hochschullehrer – in der heutigen Sprache einen „Spinn-Off" – das „Psychotechnische Institut", das rasch in den unterschiedlichsten Unternehmen eignungsdiagnostische Abklärungen, Personalberatungen und andere psychologische Dienstleistungen erbrachte. Bereits 1935 wurde das Psychotechnische Institut umbenannt in „IAP Institut für Angewandte Psychologie". Der neue Name wurde der Vision besser gerecht, nämlich, dass es um die „Hilfe zur Selbsthilfe" und nicht um die „technische Optimierung" menschlicher Faktoren geht. Schon sehr früh in der Geschichte des IAP wurden die ersten soft-skill-fokussierten Führungsweiterbildungen der Schweiz angeboten. Im IAP-Vorgesetztenseminar wurde jahrzehntelang mit einer Vielzahl von Führungspersonen wissenschaftlich fundiert und ganz praxisnah an eigenen Fragestellungen aus der Führung und an State-of-the-art-Führungswissen gearbeitet (◘ Abb. 7.1).

Eng verbunden mit dem IAP ist damit auch die Geschichte der Angewandten Psychologie (vgl. zur Geschichte des IAP Kälin 2011).

Zunächst 1937 als Seminar für Angewandte Psychologie des IAP gegründet, wurde im Zuge der Hochschulentwicklung aus der praxisorientierten Ausbildung von Psychologinnen und Psychologen 1988 die Hochschulausbildung in Angewandter Psychologie. Aus der Trägerorganisation IAP wurde eine Organisationseinheit der Hochschule für Angewandte Psychologie. Mit dem Beschluss des Kantons Zürich, die ZHAW zu gründen, wurde die Hochschule für Angewandte Psychologie mit dem IAP 2008 als neues Departement für Angewandte Psychologie in die ZHAW integriert.

Im März 2007 – noch vor der Integration des IAP in die ZHAW – wurden an der HAP Hochschule für Angewandte Psychologie mit dem IAP als Institut verschiedene Führungsherausforderungen für den Integrationsprozess identifiziert und als Führungsauftrag für die neue IAP-Leitung gesammelt. Die neue IAP-Leitung (Daniela Eberhardt) wurde im September 2007 ernannt. Gleichzeitig erfolgte die Stabsübergabe des früheren Rektors der Hochschule für Angewandte Psychologie HAP an den neuen Direktor des IAP und des Departementes Angewandte Psychologie der ZHAW (Christoph Steinebach). Im September 2015 übernahm ein langjähriges Führungsmitglied des IAP die IAP-Leitung (Christoph Negri).

Das Departement Angewandte Psychologie der ZHAW hat heute insgesamt ca. 190 Mitarbeiterinnen und Mitarbeiter.

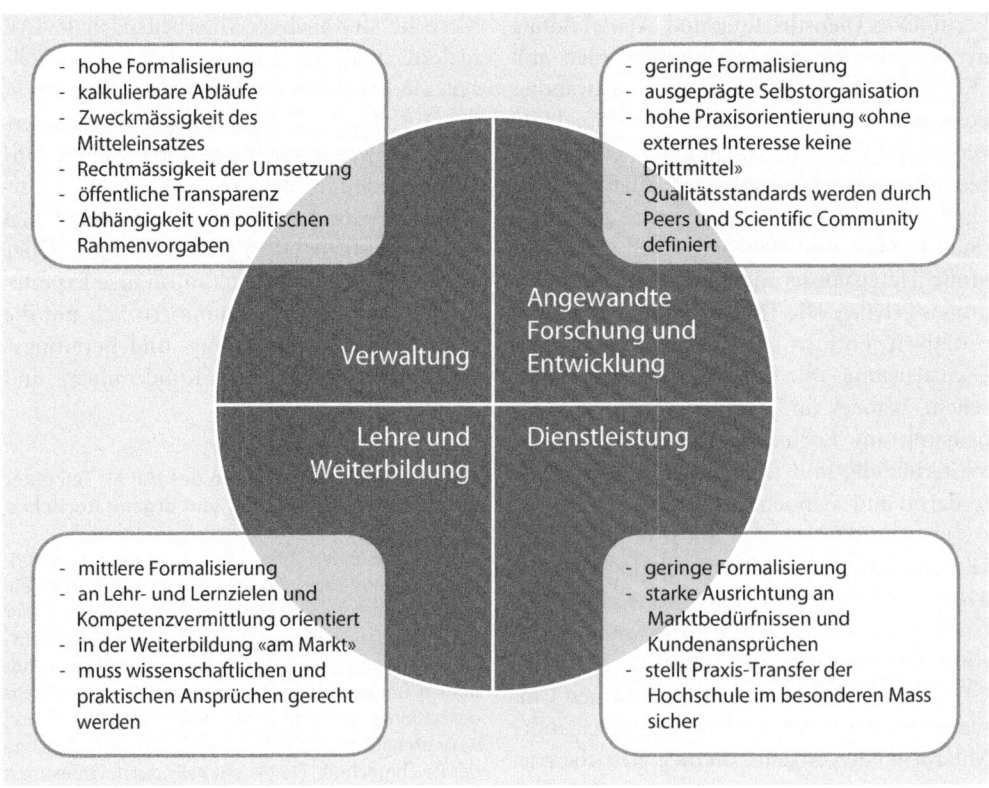

◘ Abb. 7.1 Fachhochschule als fragmentierte Organisation. (In Anlehnung an Nickel 2009)

Aus dem ehemaligen Stiftungsrat der Hochschule für Angewandte Psychologie und des IAP entstand zum 15.04.2008 die Stiftung IAP. Die Stiftung IAP ist eine Förderstiftung, die ideell und materiell im Rahmen der Projektförderung auf Antrag innovative Vorhaben zur Unterstützung des IAP fördert. Beispielhaft ist die Finanzierung von angewandten Innovationsprojekten oder die Vergabe eines jährlichen Preises für die beste Masterarbeit pro Weiterbildungsmasterstudiengang zu nennen (◘ Abb. 7.1).

In den folgenden Ausführungen werden – trotz vielfältiger spannender Prozesse auf allen Ebenen der Entwicklung der ZHAW, des Departementes Angewandte Psychologie und des IAP in seiner fast 100- jährigen Geschichte – ausschließlich ausgewählte Aspekte der Führung von Vielfalt auf der Stufe IAP in den Jahren 2008–2019 beschrieben. Die Autorinnen und der Autor haben den Gesamtprozess der Integration des IAP in die ZHAW – zusammen mit vielen anderen Personen, allen voran der Departementsleitung und den Leiterinnen und Leitern der Organisationseinheiten innerhalb des IAP – über den Zeitraum von 2008 bis heute in unterschiedlichen Rollen gestaltet. Daniela Eberhardt hatte als Leiterin IAP die Gesamtverantwortung in der Führung von 2008–2015. Dabei fokussierte sie auf die strategische Ausrichtung, die inhaltliche Profilierung, die Kulturentwicklung, die rechtliche und betriebswirtschaftliche Einbettung in Prozesse und Rahmenvorgaben der ZHAW sowie auf Themen der Mitarbeiterführung. Stephanie Claus hat den gesamten Stabsbereich Administration, Prozesse und Systeme aufgebaut, den sie auch leitet. Ellen Gundrum leitet die Stabsstelle strategische Marktbearbeitung und strategische Projekte. In dieser Funktion ist sie Wegbereiterin und Impulsgeberin für strategische Entwicklungen. Im Rahmen der strategischen Projekte „Digitalisierung" und „Innovation" befasst sie sich mit dem „agilen" und „digitalen" Wandel der Arbeitswelt sowie den daraus resultierenden Veränderungen für Weiterbildung und Beratung und fördert Transformationsprozesse am IAP.

Christoph Negri war seit Beginn als Führungsperson verantwortlich für Veränderungsprozesse am IAP und hat seit September 2015 die Gesamtverantwortung als Leiter IAP. In Zeiten des Umbruchs im Weiterbildungsmarkt, des digitalen und demografischen Wandels setzt er auf Innovationsprozesse, neue Arbeitsformen, neue Zusammenarbeitsformen mit Kunden, Stärkung der Kooperationskultur, und Digitalisierung bei gleichzeitiger Profilierung des IAP mit seinen lange bewährten Stärken im wissenschaftlich fundiertem Praxistransfer.

7.2 Das IAP wird Teil der Zürcher Hochschule für Angewandte Wissenschaften

Der Integrationsprozess in die ZHAW war für das IAP eine große Chance und eine große Herausforderung gleichermaßen. Der „vierfache Leistungsauftrag" der Schweizer Fachhochschulen ist in der strategischen wie auch operativen Führung anspruchsvoll. Innerhalb des Departements Angewandte Psychologie der ZHAW erbringt und verantwortet das IAP die beiden Leistungsbereiche Dienstleistung und Weiterbildung, während die Ausbildung von Studierenden und die angewandte Forschung durch das Psychologische Institut (PI) erfolgt. Die Führung der verschiedenen Leistungsbereiche unterliegt unterschiedlichen Rahmenbedingungen. Die Ausbildung von Studierenden wird durch den Bund getragen und durch staatliche Pauschalen finanziert, die Forschungsfinanzierung erfolgt über Drittmittel und eine staatliche Sockelfinanzierung, die Erträge für die Weiterbildung und Dienstleistung am IAP werden am Markt erwirtschaftet.

Während sich die angewandte Forschung an internationalen Standards der Scientific Community orientiert, folgen die Dienstleistungen je nach Marktsegment einer unterschiedlichen Logik. Zum einen gibt es Privatpersonen, die eine Psychotherapie, Berufs-, Studien- oder Laufbahnberatung besuchen, ein Coaching in Anspruch nehmen oder zu einer verkehrspsychologischen Abklärung kommen.

Zum anderen gibt es Firmenkunden, bei denen das IAP eine Organisationsberatung oder Assessments für sicherheitsrelevante Berufe und Führungspositionen durchführt oder für die das IAP massgeschneiderte Programme zur Führungsentwicklung realisiert.

Die Weiterbildungen und Dienstleistungen richten sich an unterschiedliche Zielgruppen. Deren Durchführung und Abwicklung erfordert umfassende administrativ-organisatorische Prozesse, die einerseits als Teil einer großen kantonalen Organisation funktionieren und andererseits eine starke Kunden- und Serviceorientierung ebenso gewährleisten wollen wie ein rasches und flexibles Vorgehen am Markt. In der Dienstleistung und Weiterbildung entscheidet die Nachfrage am Markt darüber, ob bestimmte Angebote tatsächlich durchgeführt werden. Gleichzeitlich werden mit den Weiterbildungsabschlüssen (z. B. Master of Advanced Studies Zürcher Fachhochschule in Leadership und Management) hoheitliche Bildungsaufgaben wahrgenommen und kantonal anerkannte Abschlüsse vergeben. Damit entsteht eine neue Dimension der Vielfalt: Es treffen Kultur und Ansprüche aus einer öffentlichen Verwaltung mit denen einer internationalen Hochschule und einem am Markt agierenden, ausgeprägt kunden- und serviceorientierten Weiterbildungs- und Beratungsinstituts zusammen. All diese Steuerungsmechanismen von Hochschule, Markt und öffentlicher Verwaltung wie auch die damit verbundenen kulturellen Besonderheiten, Arbeitsweisen und Anforderungen an die Mitarbeitenden vereinen sich im besonderen Maße am IAP, da es als einziges Hochschulinstitut gezielt und ausschließlich Leistungen in Bereichen erbringt, die sich selbst über Angebot und Nachfrage am Markt finanzieren müssen (◘ Abb. 7.1).

Auf dem Weg in die ZHAW galt es besonders dafür Sorge zu tragen, dass das IAP seine Identität unter dem Dach der ZHAW pflegen und bewahren kann. Die spezifische Identität ist entstanden aus der Auseinandersetzung mit den vielfältigen Ansprüchen von Markt, Hochschule und Verwaltung und wurde über all die Jahre älterer und jüngerer Institutsgeschichte immer wieder reflektiert und neu mit Leben erfüllt. Dies erforderte insbesondere im Integrationsprozess, aber auch zukünftig im vielfältigen Austausch mit verschiedenen Akteuren, sich fortlaufend mit der Frage auseinanderzusetzen, wie die Arbeit, die Zusammenarbeit und die Beziehung mit den vielfältigen Anspruchsgruppen gestaltet werden soll.

Für Führungspersonen und Mitarbeitende ist der Umgang mit dieser Vielfalt faszinierend, teilweise anspruchsvoll und immer wieder besonders. Es macht den Reiz des IAP aus, in seiner Vielfalt der Ansprüche mehr zu sein als Hochschule, Dienstleistungs- und Weiterbildungsanbieterin oder kantonale Verwaltung. Das IAP hat eine offene, neugierige und doch traditionsbewusste Kultur, in der jede Expertin und jeder Experte für bestimmte Themen oder Arbeitsweisen steht und doch alle zusammenhalten, sich austauschen und sich gemeinsam darum bemühen, diese Vielfalt und Besonderheit zu erhalten und ein Teil davon zu sein. Vielfalt am IAP ist identitätsstiftend und als Werthaltung stark verankert.

7.3 Die Vielfalt der Veränderung als Chance

Die Einzigartigkeit des IAP zu bewahren und gleichzeitig Teil der ZHAW zu werden hat die Vielfalt der Führung auf verschiedenen Ebenen gefordert und tut dies bis heute. Dies beinhaltete strategische, kulturelle, strukturelle Themen und Aufgaben ebenso wie Prozesse, Systeme, finanzielle und rechtliche Grundlagen oder das neue Corporate Design der ZHAW, in dem das IAP als Institut unter der Dachmarke ZHAW auftritt. Die Anforderungen an die Mitarbeitenden sind mit Blick auf die akademische und praktische Doppelprofilierung oder im kaufmännischen Umfeld mit Beherrschen einer Vielzahl von IT-Kenntnissen und Managementfähigkeiten vielfältig. Hinzu kam in der Phase der Integration ein umfassender Generationswechsel einer Vielzahl von

Das IAP führen heißt Vielfalt führen

IAP-Mitarbeitenden und eine veränderte Personalstrategie.

In der ersten Phase ging es um die Integration des IAP als Teil einer kleinen privaten Stiftungshochschule in eine der größten kantonalen Fachhochschulen der Schweiz. Der gesamte Strategie- und Strukturprozess war eingebettet in den Strategieprozess des neuen Departementes Angewandte Psychologie der ZHAW und der neugegründeten ZHAW und wurde in enger strategischer Abstimmung mit der Direktion wie auch den jeweiligen Führungspersonen des IAP gestaltet.

Die Vielfalt der Führung war auf verschiedenen Ebenen gegeben. Es ging um die Reflexion und Neuausrichtung der Strategie des Instituts, um die Umsetzung der strategischen Vorgaben der ZHAW zur Organisationsform, um den Umgang mit den verschiedenen Kulturen während der Integrationsphase und um die Umstellung aller Grundlagen der Unternehmensführung auf die Vorgaben der ZHAW und des Kantons Zürich.

◘ Abb. 7.2 erleichtert die Orientierung über den zeitlichen Ablauf des Transformationsprozesses.

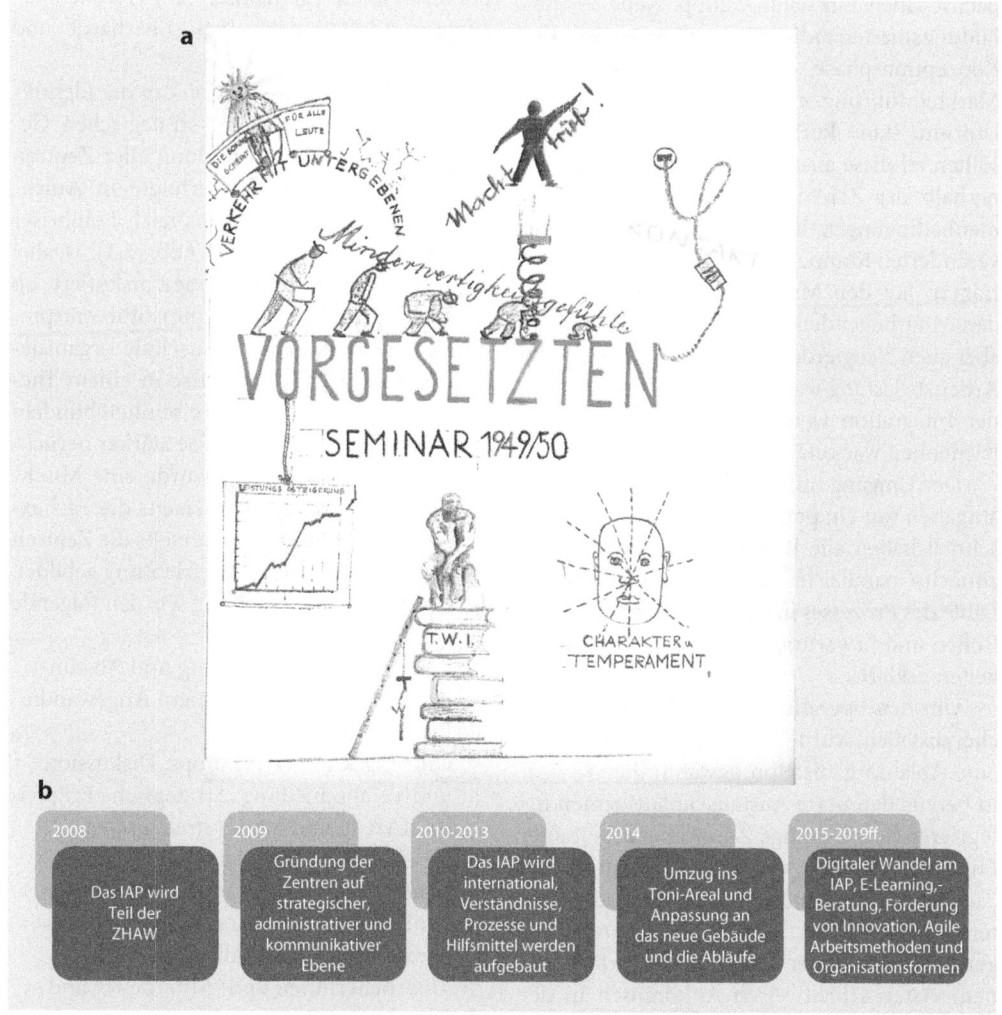

◘ Abb. 7.2   a, b Die Entwicklung der Führungsthemen im zeitlichen Überblick

7.3.1 Die Strategie- und Strukturentwicklung

Zum Zeitpunkt der Übernahme durch die Leitung IAP und der Integration des IAP in die ZHAW wurden die beiden Abteilungen Weiterbildung und Dienstleistung getrennt geführt. Führung von Vielfalt bedeutete zum Einstieg zunächst, die Breite des Angebotes, die Menschen und die offenen Themen kennenzulernen. Aufgrund des Veränderungsdrucks kam es bereits vor der tatsächlichen Integration in die ZHAW zu einem leichten Anstieg der Fluktuation; die Budgetsituation erforderte zunächst einen Einstellungsstopp. Neue Weiterbildungsmasterstudiengänge waren in der Konzeptionsphase oder auf dem Weg zur Markteinführung, ein psychologisches Ambulatorium stand kurz vor der Eröffnung. Nun sollten all diese anstehenden Innovationen innerhalb der ZHAW unter veränderten Rahmenbedingungen, in neuen Prozessen und bei veränderten Kompetenzen von Entscheidungsträgern auf den Markt gebracht werden. Bei den Mitarbeitenden gab es Verunsicherungen, aber auch Neugierde auf die neue Situation, die Arbeitsbelastung war groß und nahm während der Integration weiter zu, die Mitarbeiterzufriedenheit war gefährdet.

Der Umgang mit der Vielfalt der Leitungsaufgaben war ein pragmatischer Zugang. Ganz schnell haben alle Leitungspersonen des IAP zunächst parallel in den Abteilungen und im Laufe des Prozesses in gemeinsamen Sitzungen Rollen und Erwartungen und auch Zuständigkeiten geklärt.

Um den operativen Alltag reibungslos sicherzustellen, wurde für den gesamten Prozess eine Ablauforganisation gewählt, die sich gut in bereits definierte Austauschplattformen integrieren lies. Die enge Zusammenarbeit aller Führungspersonen, der klare Rahmen für die Zusammenarbeit und eine pragmatische Unterstützung bei der Klärung vieler Detailfragen im Rahmen der Integration führte zu einem ersten schrittweisen Ankommen in der ZHAW. Die Organisation wurde operativ handlungsfähig und das Führungsteam entwickelte eine Form der kollegialen Zusammenarbeit und des Vertrauens und nahm gemeinsam die Führungsverantwortung in der ganzen Vielzahl von Themen wahr.

In einem top-down geführten Strategieprozess wurde die strategische Positionierung des IAP innerhalb der neuen Organisation unter dem Dach der ZHAW gemeinsam überprüft. Zu Beginn des Prozesses am IAP wurden in einem partizipativ angelegten Gesamtprozess des Departements Angewandte Psychologie Vision, Leitbild und Strategie überarbeitet und verabschiedet. Im Laufe des Transformationsprozesses kamen gemeinsam entwickelte Führungsgrundsätze dazu (vgl. Eberhardt und Steinebach 2013).

Die inhaltliche Diskussion um die Identifikation und Definition der strategischen Geschäftsfelder, die der Gründung aller Zentren zugrunde gelegt wurden, erfolgte in Anlehnung an den Strategieprozess nach Lombriser und Abplanalp (2005; ◘ Abb. 7.3). Dabei wurde immer wieder die Frage diskutiert, ob sich das IAP als Hochschulinstitut entsprechend der Logik einer Hochschule organisieren soll und die Fachexpertise in einem Themenfeld in einer Organisationseinheit bündeln soll oder ob Marktbedürfnisse stärker berücksichtigt werden sollen. Es wurde eine Mischform gewählt, so wurde einerseits die Fachexpertise gebündelt und andererseits die Zentren entsprechend ihrer Marktausrichtung gebildet.

Bei der Prozessgestaltung wurden folgende Vorgehensschritte gewählt:
- Übergeordnete Einbettung und Abstimmung mit dem Departement Angewandte Psychologie
- Führungskräfte-Workshops: Diskussion und Verabschiedung „Strategische Eckpfeiler" IAP; Identifikation strategischer Geschäftsfelder und künftige Organisationsform; Entscheidungen zu Leitungsstruktur und Verortung von Personal etc.
- Veranstaltungen für alle IAP-Mitarbeiterinnen und -Mitarbeiter und Einzelgespräche
- umfassende flankierende Kommunikation

Das IAP führen heißt Vielfalt führen

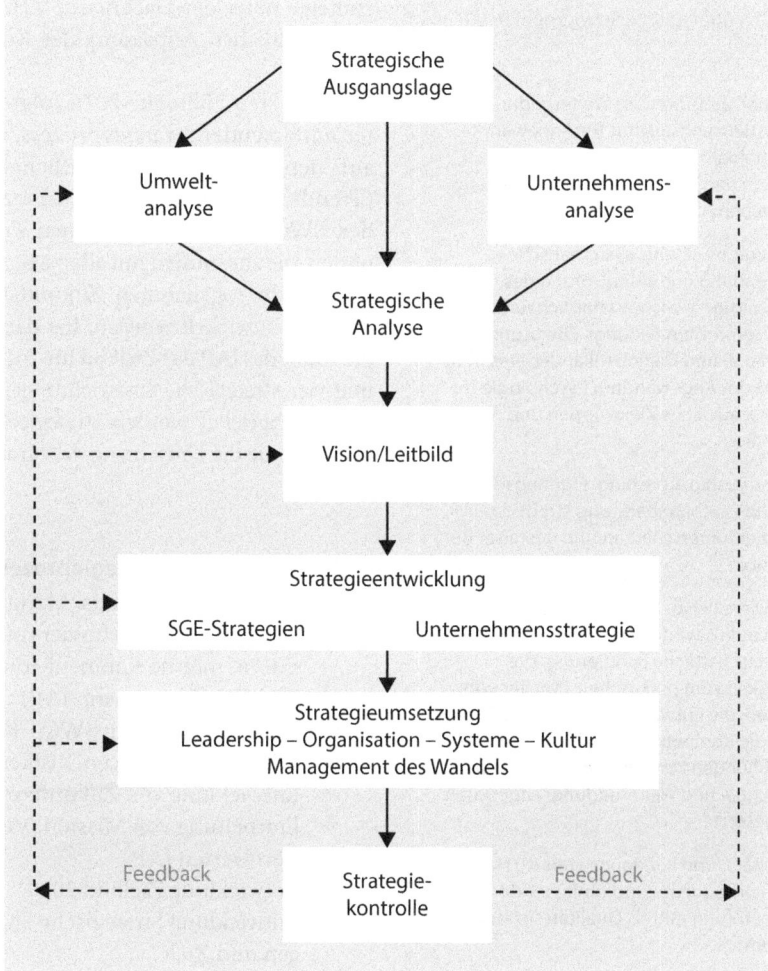

Abb. 7.3 Vorgehen Strategie- und Strukturprozess nach Lombriser und Abplanalp (2005, S. 47)

- Erarbeitung diverser betriebswirtschaftlicher und rechtlicher Grundlagen;
- Aufbau von Führungsinformationssystemen (Tab. 7.1).

Der Strategieprozess wurde in der Gesamtorganisation angekündigt, erläutert und transparent gemacht. Die IAP-Strategie wurde vom Fachhochschulrat (strategisches Aufsichtsgremium aller Zürcher Fachhochschulen) genehmigt.

Anschliessend erfolgte die Präzisierung in den Organisationseinheiten auf Zentrumsebene, in den Stabstellen und im Bereich Marketing und Kommunikation.

Auf der Basis der IAP-Strategie wurde nachfolgend in allen Zentren deren strategische Ausrichtung, ihre Themen und Angebote überprüft, präzisiert und angepasst.

In einem breit abgestützten Prozess mit Mitarbeitenden aus allen Zentren wurde IAP-übergreifend ein Weiterbildungsverständnis und ein Dienstleistungsverständnis erarbeitet.

Abgeleitet von den Strategischen Schwerpunkten wurden in allen IAP-Zentren Qualitätsprojekte lanciert. Qualität und Kundenorientierung als Haltung zu ermöglichen und zu fördern steht dabei bis heute im Vordergrund.

Tab. 7.1 Strategische Schwerpunkte IAP 2012–2016

1	Position als führendes Weiterbildungs- und Dienstleistungsinstitut für Angewandte Psychologie regional sowie national stärken und internationale Ausstrahlung anstreben
2	Weiterentwicklung, systematische Anwendung und Überprüfung des einzigartigen, wissenschaftlich fundierten, praxiserprobten Bildungs-, Beratungs-, Therapie- und Diagnostikangebotes in der Breite der Angewandten Psychologie für unterschiedliche Zielgruppen und Branchen
3	In Leadership, Coaching, Eignungsdiagnostik und Laufbahnberatung strebt das IAP Themenführerschaft an und gestaltet Best Practice
4	Das Dienstleistungs- und Weiterbildungsverständnis wird mit dem Fokus auf die wissenschaftliche Fundierung, die Fähigkeit zum praktischen Transfer von Wissen, die Entwicklung der Persönlichkeit und die Kompetenz zur Gestaltung von Beziehungen konsequent in den Dienstleistungs- und Weiterbildungsangeboten umgesetzt
5	Qualitäts- und kundenorientierte Haltung und konsequente und umfassende Überprüfung mittels Qualitätssicherungssystem
6	Das IAP arbeitet kostendeckend und verhindert durch seine Preisgestaltung Wettbewerbsverzerrungen
7	Die Marke IAP wird systematisch und strategiebasiert profiliert

Mit der Neuorganisation in Zentren und der Zuordnung und Bündelung von Themen und Angeboten erfolgte auch eine Zuordnung von Kunden und Interessenten. Dabei wurden Key-Accounts und Potenzialkunden identifiziert, Ansprechpersonen zugeordnet und Betreuungsprogramme entwickelt.

Die Präzisierung der strategischen Ausrichtung und Positionierung des IAP resultierte in einer Präzisierung der IAP-Kommunikationsstrategie unter der Dachmarke ZHAW mit einer inhaltlichen Anpassung der Kommunikation.

Im ersten Halbjahr 2016 folgte ein zweiter umfassender Strategieprozess. Wiederum auf der Basis einer gründlichen Analyse (Trends, Marktumfeld, Konkurrenz, Stakeholder, SWOT) und verschiedenen Zukunftsszenarien, die zusammen mit allen Mitarbeitenden des IAP in sogenannten Zukunftsfrühstücks-Runden entwickelt wurden, hat das Führungsgremium des IAP das Zielbild für 2020 erarbeitet und vier strategische Stossrichtungen festgelegt. Daraus abgeleitet wurden strategische Projekte definiert, die die Umsetzung der Strategie unterstützen.

- **Teilschritte des Strategieprozesses 2016**
    - Analyse breit: Trends, Marktumfeld, Konkurrenz, Stakeholder intern und extern, interne Rahmenbedingungen (ZHAW, Department, IAP)
    - Analyse verdichtet: SWOT (Stärken-Schwächen-Chancen-Risiken)
    - Entwicklung von Zukunftsszenarien
    - Erarbeitung von Mission, Vision und Kernwerten IAP
    - Entwicklung Zielbild 2020
    - Entwicklung Strategische Stossrichtungen und Ziele
    - Ableitung von Arbeitspaketen für die Strategieumsetzung
    - Definition und Lancierung von strategischen Projekten IAP-übergreifend
    - Präzisierung des Prozesses zur Strategieumsetzung in den Organisationseinheiten (Zentren)
    - Aktualisierung von Businessplänen in den Zentren und Umsetzung
    - Kommunikative Begleitung des gesamten Strategieprozesses
    - Definition von Indikatoren und Prozess zur Überprüfung der Strategieumsetzung
    - Überprüfung der Strategieumsetzung und Zielerreichung

Tab. 7.2 Strategische Stossrichtungen IAP 2016–2020	
SSR 1	Gesunde Finanzkraft: „Wir sind finanziell so gesund, dass wir die geplanten Innovationen mittel- und langfristig **selbstständig finanzieren** können"
SSR 2	Run the Business: „Das bestehende Kerngeschäft pflegen und optimieren"
SSR 3	Innovate & Change the Business: „Das Kerngeschäft durch Innovation erweitern"
SSR 4	IAP-Kultur: „Den IAP-Spirit pflegen und Kompetenzen entwickeln"

Im Zentrum der ersten Strategieperiode 2012–2016 standen Aufbau- und Prozess-Organisation und die strategische Profilierung des IAP (◘ Tab. 7.2). Die zweite Strategieperiode 2016–2020 fokussiert auf die Stärkung des Kerngeschäfts und dessen Erweiterung durch Innovation (neue Produkte, Geschäftsmodelle). Zudem gilt es den Transformationsprozess (Digitalisierung, Arbeitswelt 4.0, neue Arbeits-/Organisationsformen, Agilität) zu gestalten und das IAP zukunftsfähig aufzustellen. (vgl. ► Abschn. 7.3.1).

Zur Umsetzung der Strategie 2016–2020 wurden IAP-übergreifende strategische Projekte definiert und lanciert:
– Entwicklung einer Teilstrategie Weiterbildung
– Optimierung Finanz-Controlling
– Entwicklung Personalentwicklungskonzept
– Entwicklung Sparring-Konzept „Führung"
– Förderung Innovation
– Ausbau Customer-Relationship-Management CRM
– Optimierung Key-Account-Management und Business Development
– Transformation IAP Digital
– Kulturentwicklung Zentrumsübergreifende Zusammenarbeit
– Aktualisierung Teilstrategie Marketing-Kommunikation
– Entwicklung Trendmonitoring

Auf der Grundlage der IAP-Strategie wurden nachfolgend in allen Zentren die Businesspläne überprüft und angepasst.

7.3.2 Die inhaltliche Profilierung als Hochschulinstitut und marktfähige Weiterbildungs- und Dienstleistungsorganisation

Das IAP ist in seinen Anfängen von Hochschul-Lehrenden gegründet worden, um wissenschaftlich-fundiertes Know-how der Praxis zur Verfügung zu stellen. Diesem Grundsatz ist das IAP auch heute noch verpflichtet. Dabei unterscheidet sich das IAP als Beratungs- und Weiterbildungsinstitut innerhalb einer Hochschule von reinen Praxisanbietern. Die für den Praxistransfer eingesetzten Beratungs-, Coaching- oder Therapieansätze sind nicht einer einzigen Schulrichtung oder wissenschaftlichen Modellvorstellung verpflichtet, sondern wenden an, was den Klientinnen und Klienten den größten Nutzen verspricht. Auch beim Einsatz von Methoden und Verfahren gilt die Prämisse der Methodenvielfalt und der wissenschaftlichen Fundierung der eingesetzten Verfahren.

Ein Baustein für die Auseinandersetzung mit den wissenschaftlichen Standards, aber auch zu den Besonderheiten des prozessorientierten Vorgehens am IAP und dem großen praktischen Nutzen der Weiterbildung und Dienstleistung war der Diskurs mit allen Mitarbeitenden zum Weiterbildungs- und Dienstleistungsverständnis in der Strategieperiode 2012–2016.

In der Strategieperiode 2016–2020 wurden diese um ein Didaktik-Verständnis und ein Beratungsverständnis ergänzt. Dabei wurden veränderte Anforderungen im Kontext von

Digitalisierung und Arbeitswelt 4.0 (Digitales Lernen, Online-Beratung) berücksichtigt.

- **Entwicklung des IAP-Weiterbildungs-, Dienstleistungs- und Didaktik- und Beratungsverständnis**

In einem moderierten und IAP-übergreifenden Prozess wurde in Workshops mit Studienleiterinnen und -leitern aus allen Themenbereichen und Organisationseinheiten ein gemeinsames IAP-Weiterbildungsverständnis entwickelt, präzisiert und verabschiedet. Das IAP-Weiterbildungsverständnis beschreibt, was Weiterbildung am IAP besonders macht, worauf in den Weiterbildungsangeboten fokussiert wird und was Teilnehmende erwarten können, wenn sie sich für eine Weiterbildung am IAP entscheiden.

In gleicher Manier wurde in Workshops mit Beratenden aus allen Themenfeldern und Organisationseinheiten ein gemeinsames IAP-Dienstleistungsverständnis erarbeitet und verabschiedet. Da Dozierende und Beratende am IAP „beraten, was sie lehren", waren viele Mitarbeitende an beiden Arbeitsprozessen aktiv beteiligt.

Didaktik- und Beratungsverständnis wurden wiederum in Arbeitsgruppen mit Vertretenden aus unterschiedlichen Zentren erarbeitet und an IAP-Veranstaltungen mit allen Mitarbeitenden validiert. Es kommt zum Ausdruck, wie wir am IAP wirksame Didaktik und Beratung gestalten, dabei steht immer der Mensch im Mittelpunkt.

Die Erarbeitung aller Grundverständnisse war für alle Beteiligten und für die Gesamtorganisation IAP ein identitätsstiftender Prozess, in dem verankerte Werte identifiziert, diskutiert, überprüft und im Kontext von Hochschule und Arbeitswelt 4.0. präzisiert wurden.

Praxisbeispiel: Weiterbildungsverständnis
- Die eigene Persönlichkeit weiterentwickeln
- Know-how aus Wissenschaft und Praxis anwenden
- Beziehungen verstehen und gestalten
- Kompetenzen in Handlungen umsetzen

Praxisbeispiel: Dienstleistungsverständnis
- Vielfalt als Ressource nutzen
- Eigene Potenziale erkennen und einsetzen
- Den Prozess als Teil der Lösung sehen
- Der hohen Qualität verpflichtet
- Wissenschaft und Praxis regen sich wechselseitig an

Praxisbeispiel: Didaktikverständnis
- Unterstützt ganzheitliches Lernen
- Fördert die Persönlichkeitsbildung
- Ermöglicht Lernen im Austausch mit anderen
- Vertieft den individuellen Lernprozess
- Stösst nachhaltige Entwicklung an

- **Innovationen fördern**

Das IAP als Hochschulinstitut steht auch für Entwicklung und Verbreitung innovativer Verfahren, Anwendungen und Arbeitsformen. Nicht nur die neue Organisation und Ausrichtung des IAP, sondern auch ein sich immer schneller wandelndes Arbeits- und Marktumfeld erforderten es, Innovationsbereitschaft als Haltung zu etablieren und Innovation in allen Bereichen zu fordern und zu fördern. Um Innovation zu ermöglichen und zu fördern, braucht es nährende Rahmenbedingungen. Dafür wurden verschiedene Innovationsformen definiert, Prozess- und Finanzierungsvarianten festgelegt, Mitarbeitenden für neue, agile Methodenmodelle befähigt und Innovationsprojekte methodisch begleitet.

Das IAP befindet sich selbst in einem fortlaufenden Entwicklungs- und Veränderungsprozess, nach einer ersten Phase der fachlich ausgerichteten Aufbauorganisation und der strategischen Profilierung folgten weitere Entwicklungen. Heute arbeitet das IAP – angepasst auf die jeweilige Kundensituation in der Dienstleistung und Weiterbildung – in mobil-flexiblen Arbeitswelten, mit agilen Methodenmodellen, hat ein Innovations-Lab gegründet und erprobt in den eigenen Organisationseinheiten neue Organisationsformen wie Soziokratie oder shared Leadership.

7.3.3 Die administrative Seite der Institutsführung

Der Zusammenschluss aller Teilschulen und die folgende Umstrukturierung des IAP bedeuteten auch den Zusammenschluss und die Anpassung von finanziellen Vorgaben, Änderungen von Personalkategorien, Funktionsbezeichnungen und Softwareprogrammen, sowie die Vereinheitlichung administrativer Prozesse und Hilfsmittel.

Jede Neueinführung bzw. Veränderung ist im Detail ganz unterschiedlich verlaufen. Vieles musste in kurzer Zeit eingeführt und durch die Führungspersonen sowie durch die Administration und alle Mitarbeitenden getragen werden.

- **Anpassung und Neueinführung von Softwareprogrammen und Prozessen**

Mit der Integration des IAP in die ZHAW und der laufenden Weiterentwicklung als Dienstleistungsorganisation wurden schrittweise verschiedene Systeme vereinheitlicht, neu eingeführt und weiterentwickelt. Dies war und ist eine große Herausforderung, einerseits konzeptionell und andererseits bei der detaillierten Umsetzung und der Migration von grossen Datenmengen (z. B. Kundendaten) aus unterschiedlichen Ursprungssystemen.

Bei Software-Projekten war und ist die Begriffs- und Bedürfnisklärung zwischen Nutzern, Projektteam, IT-Mitarbeitenden und Führungspersonen sehr wichtig – immer mit dem Fokus, dass das System die administrativen Prozesse und die Zusammenarbeit mit den Kunden verbessern soll. Beim administrativen Personal ging es vor allem darum die Vielfalt der Inputs von allen wertzuschätzen und die Akzeptanz dafür zu schaffen, dass der Wandel stetig ist und einmal Eingeführtes gegebenenfalls rasch wieder angepasst werden muss.

Zur Planungsphase bei Softwareeinführungen gehörte die Erstellung eines Konzeptes oder Pflichtenheftes, es folgte die Testphase durch die Projektmitarbeitenden und in der Endphase wurden Superuser definiert, Schulungsunterlagen erstellt, die Schulung und effektive Einführung des neuen Systems in den Normalbetrieb vorbereitet und durchgeführt. Parallel zu den Anpassungen aufgrund der Integration in die ZHAW, wurden Änderungen wegen der neuen Aufbauorganisation des IAP vorgenommen. Während des gesamten Veränderungsprozesses war es wichtig die betroffenen Mitarbeitenden miteinzubeziehen und regelmäßig zu informieren.

Im Zuge der Digitalisierung werden Systeme und Prozesse im Allgemeinen laufend hinterfragt, optimiert und wo möglich weiter digitalisiert. Dies kann von ZHAW oder vom IAP selbst initiiert werden. Die Vielfalt der Bedürfnisse und Möglichkeiten zu kanalisieren, Veränderungen richtig zu priorisieren und effizient zur Umsetzung zu gelangen bleibt herausfordernd und spannend.

Aktuell wird der Anmelde-, Aufnahmeprozess, sowie die administrativ-organisatorische Begleitung von Weiterbildungsstudierenden digitalisiert. Dazu muss ZHAW-übergreifend eine Datenharmonisierung im Schulverwaltungssystem erreicht werden. Parallel dazu wird ein Weiterbildungsportal entwickelt. Das IAP fungiert dabei als Pilotprojekt. Bei der Projektarbeit kommt eine agiles Methodenmodell zur Anwendung.

Mit einem strategischen Projekt verfolgt das IAP zudem die Optimierung des Customer-Relationship-Management-Systems. Ziel ist es, dass Beratende und Dozierende zukünftig aktiv im System arbeiten und Kundenbeziehungen ergänzend systembasiert gestalten können. Ein anderes strategisches Projekt verfolgt die Optimierung des Finanz-Controllings. Zusammen mit Führungspersonen wurde eine langfristige Modellrechnung sowie ein einheitlich übergreifendes Projekt-Controllingsystem aufgebaut. Der Ablauf des gesamten Prozesses sowie die dazugehörigen Hilfsmittel wurden allen Mitarbeitenden (Beratenden, Dozierenden, administrativem Personal) vorgestellt. Mitarbeitende haben den Prozess und die

Hilfsmittel (Offerten, Kalkulationen, etc.) in der Praxis erprobt. Optimierungsvorschläge wurden aufgenommen und laufend umgesetzt. Die Erfahrung hat gezeigt, dass eine kritische Auseinandersetzung mit allen Betroffenen hilfreich ist, um gute, tragfähige Lösungen entwickeln zu können.

- **Ablagestruktur und Aufbau Geschäftskontrolle**
  - Administrativ galt es eine Vielzahl an Aufgaben zu bewältigen. Die gesamte elektronische Ablage wurde in eine neue Struktur überführt. Dazu waren Aufräumarbeiten nötig, die in zwei Workshops mit den administrativen Mitarbeitenden in Abstimmung mit der IT Abteilung identifiziert und dokumentiert wurden. Während der Integration galt es, Prozesse, Dokumente, Beschlüsse und Hilfsmittel am IAP zu prüfen, anzupassen und zu ergänzen. Das gewählte Vorgehen war immer ähnlich:
  - Anspruchsgruppen wurden einbezogen
  - rechtliche ggf. finanzielle Abklärungen wurden getroffen
  - Abklärung von Konsequenzen (positive sowie negative, intern sowie für Kunden);
  - Vorbereitung für die Entscheidung und die Einführung
  - Planung der Einführung, enge Begleitung bei der Umsetzung;
  - Definition der Verantwortlichen für die regelmäßige Pflege der Prozesse, Anleitungen etc.

Um den Überblick zu bewahren und den raschen Zugriff zu gewährleisten, wurde über alle Prozesse, Beschlüsse, Dokumente etc. ein Beschlussprotokoll, eine Art Landkarte geführt mit dem Verweis auf detaillierten Unterlagen.

Praxisbeispiel: Beispielhafte Prozesse, Dokumente, Hilfsmittel
- Einführung
- Vereinheitlichungen von Prozessen und Dokumenten für die Weiterbildung ZHAW-weit, Einführung Campus Card (Ausweis für Weiterbildungsstudierende), Accounts für Weiterbildungsteilnehmende, etc.
- Definition der Servicebereitschaft IAP: Öffnungszeiten IAP
- Definieren von Abläufen im neuen Gebäude, wie z. B. Schliessung der Räume, Posteingang/-ausgang, etc.
- Angleichung von allgemeinen Zulassungs- und Teilnahmebedingungen, sowie Anmelde- und Aufnahmebestätigung am IAP
- Raumplanung und Koordination der Weiterbildungsveranstaltungen am IAP
- Definition der Praktikantenbetreuung und Zusammenarbeit mit freien Mitarbeitenden
- Aufbereitung der IAP-Quartalsreports inkl. quantitativer und qualitativer Kennzahlen
- Optimierung Budgetprozess
- Aufbau von externen und internen Statistiken
- Anpassung der Löhne, Funktionsbezeichnungen des administrativen Personals, Aufbau Lernenden-Betreuung
- Digitalisierung von Finanzprozessen (Kreditorenbegleichung, Hardware-/Softwarebestellungen)
- Digitalisierung aller Anmeldeformulare
- Definition der Anwesenheit pro Bereich im Rahmen des mobilen Arbeitens

7.3.4 Die Vielfalt der Personalführung

Vielfältigen Ansprüchen gerecht zu werden geht nur mit einer Vielfalt von Mitarbeitenden mit unterschiedlichen Kompetenzen und der Möglichkeit unterschiedlichen Kunden oder internen Stakeholdern eine Anschlussmöglichkeit zu bieten. Zu Beginn des Prozesses wurden rund 45 Mitarbeiterinnen und Mitarbeiter des IAP in die ZHAW mit kantonalem Personalrecht überführt, heute im Jahr 2019 hat das IAP knapp 100 Mitarbeiterinnen und Mitarbeiter.

> **Praxisbeispiel: Wie muss man sich einen „typischen IAP-Mitarbeiter" vorstellen?**
> Oft sind wir in den letzten Jahren in Selektionsprozessen von potenziellen neuen Mitarbeitenden gefragt worden, was denn ein oder eine typische IAP-Mitarbeiterin sei. Die Antwort schien schwierig, weil die Menschen so unterschiedlich sind hinsichtlich Alter, Geschlecht, ihrer Hobbys, ihrer nationalen Herkunft, ihrer Kompetenzen und Vorlieben und auch bezüglich des Beschäftigungsgrades. Und doch ist sie ganz einfach zu beantworten: Der oder die typische Mitarbeiterin am IAP ist entweder männlich oder weiblich, arbeitet Vollzeit oder Teilzeit und ist jünger oder älter. Alle haben aber gemeinsam, dass sie sich für das, was sie tun, interessieren, kompetent sind, diese Kompetenzen einbringen und ihr Wissen mit anderen teilen!

- **Wie lässt sich die Vielfalt der Personalführung beschreiben?**

Alle Mitarbeiterinnen und Mitarbeiter haben individuelle Stärken, Vorlieben aber auch Grenzen, was die Belastbarkeit oder den Umgang mit Rahmenbedingungen oder Inhalten betrifft. In enger und guter Zusammenarbeit mit den zuständigen HR-Consultants konnten viele notwendige Human-Resources-Prozesse und Aufgaben angegangen und häufig zur Zufriedenheit der Betroffenen geklärt werden. Übergeordnet wurde zunächst eine „langfristige und interne Personalstrategie" implementiert. Das bedeutet u. a., dass vermehrt auf interne Mitarbeitende gesetzt und der Anteil der freien Mitarbeitenden reduziert wurde. Alle Leitungsaufgaben wie Studienleitungen in der Weiterbildung und Projektleitungen in der Dienstleistung werden nur noch durch interne Mitarbeitende wahrgenommen, gleichwohl setzt das IAP nach wie vor auf eine gute und professionelle Zusammenarbeit mit externen Expertinnen und Experten, die die IAP-Angebote mit ihrem speziellen Know-how und ihren praktischen Erfahrungen bereichern. Es entstanden Praktikanten-Regelungen, Pensionierungsanlässe und vieles mehr. In einzelnen Arbeitsgruppen wurden Team- bzw. Kulturentwicklungsprozesse durchgeführt, auf den verschiedenen Organisationsebenen Plattformen für Austausch und Information, Wichtig war die Schaffung klarer und verbindlicher Grundlagen, die für alle gelten und dann individuell ausgestaltet werden können. In der Führung gilt und galt es dafür zu sorgen, dass die Anwendung dieser Rahmenbedingungen fair und für alle gleichermaßen umgesetzt werden.

Anspruchsvoll war es zeitweise, die Ansprüche der Einzelnen mit denen der Organisation in Einklang zu bringen. Das Führungsteam am IAP umfasst unterschiedliche Persönlichkeiten. Allen gemeinsam ist der Anspruch, Verantwortung denjenigen zu übertragen, die diese Verantwortung schätzen und wahrnehmen, und sie sind auch bereit, in der Führung dafür einzustehen und notwendige Klärungen vorzunehmen. Genau diese Wertschätzung und Verbindlichkeit, die dadurch entsteht, ermöglicht positive menschliche Begegnungen und ist die Basis für eine kundenorientierte und leistungsstarke Organisation.

Die Führung des IAP ist vielfältig und offen für die Zusammenarbeit in neuen Arbeitsformen. So wird aktuell in einem Zentrum die Führung nach soziokratischen Prinzipien mit klarer thematischer Verantwortung auf alle Mitarbeitende gleichermassen verteilt. Dieser Umstellungsprozess wird wissenschaftlich und prozessual extern begleitet. Weiterhin gibt es in einem Zentrum bei flacher Hierarchie und grosser Führungsspanne eine umfangreiche Delegation ganzer Führungsaufgaben wie z. B. eine Arbeitsgruppe zur Entwicklung, Koordination und Gestaltung der Dienstleistungen oder des Key-Account-Managements. Alle diese Formen der Führung sind im Einsatz, um der Vielfalt der komplexen Anforderungen und Bedürfnisse gerecht zu werden und eigene Erfahrungen in der Vielfalt möglicher Führungsmodelle zu sammeln. Zudem begleitet das IAP verschiedene Organisationen in solchen Transformationsprozessen hin zur agileren Organisation. Das IAP beschäftigt sich gleichzeitig auch mit den aktuellen Trends in der Arbeitswelt und führt jährlich eine grosse Studie zu Themen der Arbeitswelt 4.0 durch. (2017: IAP Studie I: der Mensch in der Arbeitswelt 4.0. quantitative Studie mit 630 Fach- und Führungskräften; 2018: IAP Studie II: der Mensch in der Arbeitswelt 4.0, Teil 2. Qualitative Studie; 2019: IAP Studie III: Agile Arbeits- und Organisationsformen in der Schweiz. Quantitative Studie; 2020: IAP Studie IV: In Planung, Start im Herbst 2019). (▶ https://www.zhaw.ch/de/psychologie/institute/iap/iap-studie/)

7.3.5 Das Qualitätsmanagement

Seit Bestehen hat sich das IAP einer hohen Qualität verpflichtet. Die Integration in die ZHAW und die damit einhergehende Überprüfung der strategischen Ausrichtung und Positionierung des IAP erforderte es auch, das Qualitätsverständnis zu überprüfen und im Kontext der Hochschule zu präzisieren. Fragestellungen wie: „Was heißt Qualität für ein Hochschulinstitut?", „Welches Qualitätsverständnis haben wir am IAP?", „Wie wird Qualität am IAP zukünftig gefördert, gelebt, gemessen und verbessert?", „Welche berufspolitischen Standards definieren Qualität?" und nicht zuletzt „Welches Qualitätsverständnis portieren unsere Mitbewerbenden am Markt?" wurden zuerst im Führungskreis und danach in Qualitätsprojekten in den Zentren diskutiert und bearbeitet.

Im Strategie- und Zielfindungsprozess wird „hohe Qualität" seit der Integration in die ZHAW weiterhin als wesentliches Profilierungsmerkmal identifiziert und in den Zielen verankert.

- **Qualität in der Weiterbildung und Dienstleistung**

Für die Weiterbildung wurde ein eigenes forschungsbasiertes Evaluationsinstrument entwickelt, überprüft und eingesetzt, das im besonderen Maße die Nachhaltigkeit in der Bildung beachtet (vgl. Negri 2013). Die Qualitätsmessung fokussiert auf Wirkung und Praxistransfer. Dabei erfolgt die Gesamtevaluation der Weiterbildungsprogramme mittels Prä-, Post- und Transferevaluation. Ergänzend werden alle Kurse innerhalb eines Programms evaluiert.

Die Erkenntnisse aus den Evaluationen werden systematisch und regelmäßig ausgewertet und fließen in die Weiterentwicklung der Produkte und Angebote und in Qualitätsprozesse ein (◘ Abb. 7.4.).

Um die Qualität in der Dienstleistung zu definieren, zu präzisieren, zu fördern, zu leben und zu überprüfen wurden in den einzelnen Zentren Qualitätsprojekte durchgeführt. Der IAP-Dienstleistungsprozess wurde in den einzelnen Zentren als Beratungs- und Betreuungsprozess für die unterschiedlichen Dienstleistungsprodukte präzisiert und Maßnahmen zur Qualitätssicherung, z. B. Intervision, Supervision, kollegiale Fallberatung werden systematisch eingesetzt. Es entstanden Qualitätsgremien, eine Qualitätsplattform und Handbücher. Die regelmäßige Evaluation von Wirksamkeit und Zufriedenheit der Beratungs- und Dienstleistungskunden wurde mittels Messung der

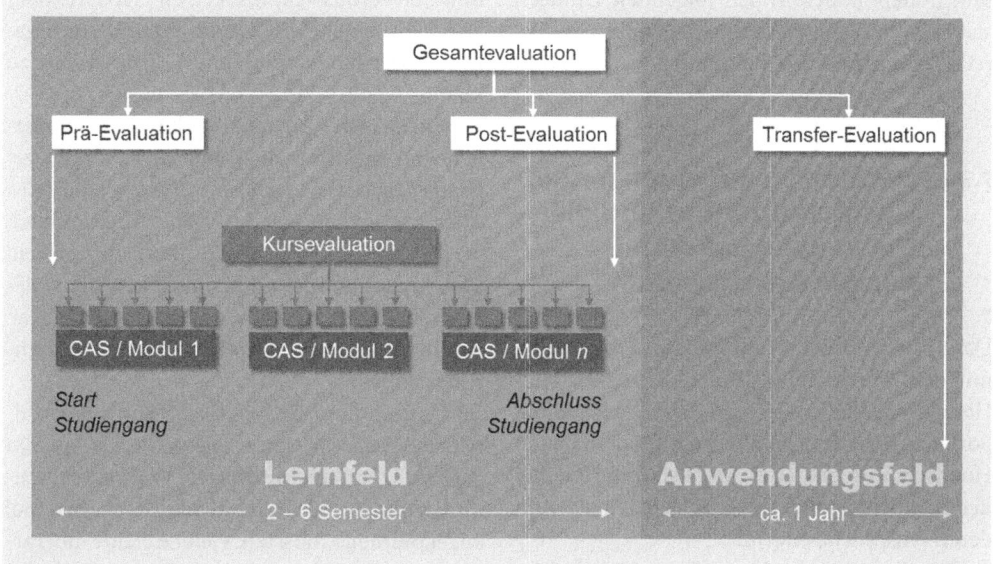

◘ Abb. 7.4 Ausschnitt Evaluationskonzept IAP

Ergebnisqualität mit verschiedenen Messzeitpunkten aufgebaut.

7.3.6 Die Internationalisierung

In unterschiedlichen Programmen wurde die internationale Zusammenarbeit aufgebaut. Die Vielfalt der Führung war insbesondere gefordert, als die umfangreichen Masterstudiengänge in der Weiterbildung um das Modul „Interkulturelle Kompetenz" erweitert wurden. Interkulturelle Kompetenz kann nur im Austausch mit anderen Kulturen erworben werden, d. h. es wurden Studienwochen in verschiedenen Ländern aufgebaut und durchgeführt. Um Interkulturalität auch in den Reisegruppen zu fördern, werden die Teilnehmenden aus verschiedenen Weiterbildungsmasterstudiengängen für die Studienreise gemischt. Als Stationen der Studienreise gibt es Besuche bei Firmen, Organisationen der öffentlichen Hand, sozialen Institutionen, Vorträge und Austauschmöglichkeiten mit Vertretern lokaler Hochschulen, kulturelle Angebote und Reflexionen über Beobachtungen und Erfahrungen.

Aus organisatorischer Sicht ist dieses Programm nochmals eine Steigerung von Vielfalt in der Führung. Die Verantwortung für die Studiengänge ist den Studienleitungen zugeordnet. Diese sind Mitarbeitende der verschiedenen Zentren des IAP. Die Länder werden von unterschiedlichen Länderverantwortlichen aufgebaut, die Kooperationspartner vor Ort betreuen und auch die Einhaltung übergeordneter Standards verantworten. Während der Studienreise begleiten und betreuen die Länderverantwortlichen die Reisegruppe und führen den obligatorischen Leistungsnachweis durch. Dabei haben die Partner in den Ländern ihre eigenen Gepflogenheiten, Erwartungen und Kommunikationsformen.

Für die Führung bedeutet dies auf verschiedenen Ebenen immer wieder ein Einfordern von Zusammenarbeit und Kooperation sowie die Klärung von Rollen, Erwartungen und Zuständigkeiten. Wie werden die Länder zugeteilt? Wie gestalten wir die Prozessreflexion? Welche Leistungen können an allen Standorten zur Verfügung gestellt werden?

Die Studienreisen werden in drei Sprachen (deutsch, englisch, französisch) durchgeführt und finden aktuell in den folgenden Ländern statt: Deutschland, Österreich/Slowakei, Frankreich, Singapur, USA, Finnland.

7.3.7 Der Umzug auf einen neuen Hochschulcampus und die Umstellung auf mobil-flexible Arbeitswelten

Das Departement Angewandte Psychologie mit dem Hochschulinstitut IAP, der Zürcher Hochschule der Künste und dem Departement Soziale Arbeit der ZHAW: Auch auf dem neuen Hochschulcampus Toni-Areal sind die Vielfalt der Bedürfnisse unterschiedlicher Nutzer und deren Ansprüche enorm.

Der Bau und der Umzug waren Teil eines Großprojektes mit komplexen Abstimmungs- und Planungsverfahren sowie Rahmenbedingungen, die auf verschiedene Nutzer ausgerichtet waren, und es waren immer wieder flexible Vorgehensweisen und kreative Ideen gefragt. Die Durchführung vertraulicher Beratungen und Therapien erforderte z. B. erhöhten Schallschutz und entsprechende bauliche Maßnahmen. Es mussten Vereinbarungen mit den Betreibern und Nutzern im Gebäude, dem Facility Management und weiteren Akteuren verhandelt und umgesetzt werden. Diese Planungen betrafen die Beratungs-, Therapie- und Büroräume der Mitarbeitenden, wie auch die Schulungsräume für die Weiterbildungen. Die Themen waren vielfältig und umfassten Raumnutzung, Platzbedarf, spezielle Anforderungen für Anwendungen oder Kundenbedürfnisse, Ausstattung für Schulungszwecke sowie Verpflegung der Teilnehmenden, organisatorische Abläufe, Facility Management, Navigation der Kundinnen und Kunden durch ein komplexes Gebäude und vieles mehr.

Als 2013 die Umzugsvorbereitungen schon im Gange waren, musste der Umzug aus baulichen Gründen um ein Jahr auf Sommer 2014 verschoben werden. Nur für einen Moment standen alle Planungen still, dann wollten Mitarbeitende und Kunden informiert werden und der Verbleib im bisherigen Gebäude oder alternativ eine Zwischenumzug musste organisiert werden, viele offene Fragen waren zu klären.

Ein solcher Umzug erfordert viel Detailarbeit und ist immer auch mit Unsicherheit gepaart. Etwas Neues kommt und bis zuletzt ist nicht ganz klar, wie das Neue funktionieren wird. Viele Fragen wurden durch uns gestellt und einiges konnte mitgestaltet werden, vieles blieb aber auch unklar, bis das IAP vor Ort war. Damit umzugehen, war eine vielfältige Führungsaufgabe.

Danach fand der physische Umzug gestaffelt statt und wir waren alle gefordert, uns im großen Toni-Areal in Zürich West zurechtzufinden und das Neue kennenzulernen. Erst mal angekommen, mussten viele Abläufe überarbeitet und angepasst werden. Der Versuch, etwas Gemütlichkeit in die zu Beginn noch neuen, z. T. kahlen und sehr weiß wirkenden Gebäudeteile zu bringen, musste mit den neuen Sicherheitsbedingungen in Einklang gebracht werden.

Zwischenzeitlich wurden die Räume auf mobil-flexible Arbeitsformen umgestellt. Alle Mitarbeitenden wurden mit mobilen Geräten ausgestattet. Anschlüsse angepasst, so dass unterschiedliche Geräte überall angeschlossen werden können. In einer ersten Phase wurden Arbeitsplätze und Räume pro Abteilung umgestaltet. Non-territoriale Arbeitsplätze wurden geschaffen, Räume wurden funktionsorientiert ausgestattet. Es entstanden Kollaborations- und Kommunikationsräume genau wie Konzept-/Ruhearbeitsräume. Mitarbeitende wählen ihren Arbeitsplatz je nach aktueller Arbeitsaufgabe oder Tätigkeit. Nachdem wir rund 1 Jahr Erfahrungen sammeln konnten, werden auf dieser Grundlage nochmals Anpassungen vorgenommen. Es entsteht ein weiterer Kollaborationsraum, Kommunikationsräume werden noch flexibler und funktionaler gestaltet, die Beleuchtung wird angepasst. Die Aufteilung in funktionsorientierte Zonen wird fortgesetzt und mit Piktogrammen signalisiert. Räume sollen zukünftig in definierten Zonen auch Kunden zur Verfügung stehen und für kollaborative Projekte mit Kunden genutzt werden können. Die zentrumsübergreifende Zusammenarbeit am IAP wird damit weiter gestärkt und gefördert. Silos werden weiter abgebaut.

Mit der neuen Raumgestaltung können wir Räume besser auslasten. Kollaborationsräume unterstützen die konzeptionelle Zusammenarbeit, sowohl im Team als auch zentrumsübergreifend. Die neue Einrichtung schafft eine angenehmere Atmosphäre. Mit mobilen Geräten ausgestattet, wird allen Mitarbeitenden Homeoffice ermöglicht und dies wird auch breit genutzt.

Im Vorfeld der Umgestaltung wurde eine Nutzungsanalyse durchgeführt. Die Umgestaltung und funktionsorientierte Einteilung wurden anfänglich durch ZHAW-Experten aus dem Bereich Facility-Management begleitet. Mitarbeitende wurden frühzeitig involviert. Es wurden Nutzungsregeln für Räume definiert und Service-levels für die Reinigung angepasst.

7.3.8 Digitaler Wandel am IAP

Die Digitalisierung verändert vieles – die Art und Weise wie wir kommunizieren, wie wir lernen, weiterbilden und beraten, wie wir arbeiten, zusammenarbeiten und wie wir führen. Das IAP betrachtet die Veränderungen aus arbeits- und organisationspsychologischer Perspektive, begleitet Veränderungsprozesse in Organisationen und steht selbst vor der Herausforderung, den digitalen Wandel in der eigenen Organisation sinnvoll und verträglich voranzutreiben. Technologische Erneuerung ist dabei zwar ein sehr wichtiger, aber nur ein Teil der Herausforderung. Vielmehr geht es darum, wie wir unsere Arbeitswelt am IAP und in Kooperation mit Kunden und Partner gestalten, um stetige Veränderung flexibel und anpassungsfähig zu meistern.

IAP Weiterbildungen werden schon seit einigen Jahren papierlos durchgeführt. Inhalte stellen wir auf einer Lernplattform zur Verfügung. Weitgehend alle Weiterbildungen werden heute im „blended Learning" umgesetzt. Teilnehmende lernen kombiniert in digitalen und analogen Formaten. Dazu gehören Web-based-Trainings, Lernvideos, Lerngruppen, Lernen am Arbeitsplatz, Präsenzunterricht und Weiteres. Aktuell entwickelt das IAP in den Themenfeldern Beratung und Führung Weiterbildungsangebote die überwiegend in digitaler Form durchgeführt werden. Teilnehmende können dabei Lerninhalte, -formen, Lernzeiten und Lernorte flexibler an ihre Lebens- und Arbeitssituationen anpassen. Diese Entwicklungen fordern die Organisation, die Mitarbeitenden und Teilnehmenden auf unterschiedlichen Ebenen. Digitales, flexibles Lernen erfordert eine administrativ-organisatorische Betreuung und Verwaltung auf der Ebene des Lernindividuums. Teilnehmende werden vermehrt individuell begleitet und im Umgang mit den für sie auch häufig neuen Formen des Lernens unterstützt. Die Rolle der Dozierenden verändert sich, wird vielfältiger. Dozierende sind Experten, Anwendungstrainer/-innen, Supervisoren, Lernbegleitende und Entwicklungscoachs. Sie sind gefordert Lernen in der Kombination von digitalen und analogen Formaten methodisch-didaktisch sinnhaft und wirkungsvoll zu gestalten. Sie definieren digitale Lernformate inhaltlich, didaktisch-methodisch, sind häufig Teil der Produktion und wenden diese im Unterricht an. Dies erfordert vermehrt digitalen Kompetenzen, z. B. im Umgang mit Anwendungstools. In Zusammenarbeit mit Dozierenden hat das IAP ein E-Learning-Konzept erstellt. Darin definieren wir Grundsätze und Leitlinien für das E-Learning am IAP. Es dient der Orientierung und unterstützt Dozierende, die Blended Learning oder Online Learning in ihren Weiterbildungen integrieren.

Um Lernen und Beraten mit technologischer Unterstützung realisieren zu können haben wir am IAP ein Kompetenzteam gebildet, dass Dozierende und Beratende dabei unterstützt Lerninhalte digital aufzubereiten und digitale Lernmedien herzustellen.

In der Beratung, im Coaching und in der Therapie bieten wir unseren Klienten/-innen Online-Formate an. Dies erleichtert ihnen den

Beratungsprozess sinnvoll in ihren Arbeits- und Lebensalltag zu integrieren und Termine flexibler wahrzunehmen. Ergänzend entwickelt das IAP digitale Formate, die Kunden z. B. beim Transfer in ihren Alltag unterstützen. Auch hier sind Beratende gefordert neue digitale Tools für die Online-Beratung zu beherrschen und den Beratungsprozess adäquat zu gestalten. In Erfa-Gruppen machen wir Beratenden Angebote zum Austausch ihrer Erfahrungen mit verschiedenen Tools oder mit Auswirkungen auf den Beratungsprozess und die Beziehungsgestaltung mit den Klienten.

Im Kontext von Digitalisierung und Arbeitswelt 4.0 fokussiert das IAP auf den Menschen. In einer Studienreihe erheben wir regelmässig, wie Menschen den digitalen Wandel erleben, der in vielen Organisationen einhergeht mit dem Wandel hin zu mehr Agilität. Welche Kompetenzen werden wichtiger, damit es gelingen kann, in einer sich stetig und rasch wandelnden Arbeitswelt, gesund zu bleiben und erfolgreich zu handeln. (Vgl. ▶ Abschn. 7.3.4)

Auf dieser Grundlage und im Austausch mit Kunden entwickelt das IAP derzeit ein Kompetenzmodell im Sinne eines Orientierungsrahmens, dass Organisationen und Mitarbeitende dabei unterstützen soll, sich weiterzuentwickeln.

Die digitale Diversität ist nach wie vor gross, bei Mitarbeitenden, bei Führungskräften ebenso wie im Kundenkreis. Am IAP erheben wir die digitalen Kompetenzen von Mitarbeitenden und machen regelmässig Angebote, damit Mitarbeitende sich zielorientiert qualifizieren können.

Die IAP Marketing-Kommunikationsstrategie setzt vor allem auf digitale Kommunikation und nutzt vielfältige digitalen Kanäle und Instrumente, um das IAP mit seinen Themen zu profilieren.

Digitale Transformation ist vielfältig und anspruchsvoll in der Führung. Führungskräfte und Mitarbeitende müssen mit Unsicherheit, Komplexität und stetigem Wandel umgehen. Am IAP arbeiten derzeit sieben Arbeitsgruppen parallel an unterschiedlichen Aufgabenstellungen im Kontext der digitalen Transformation. (Vgl. ◘ Tab. 7.3) Im Projekt arbeiten Arbeitsgruppen selbstgesteuert und weitgehend in agilen Settings. Die Projektarbeit erfolgt ergänzend zu den bisherigen Aufgaben. Gestaltungsraum bieten und nutzen, Selbstführung und hohe Selbstkompetenz im Umgang mit den eigenen Ressourcen sind dabei wichtige Erfolgsfaktoren.

◘ **Tab. 7.3** Arbeitsgruppen im strategischen Projekt IAP Digital

1	Digitale Kompetenzen fördern
2	Lernen und Beraten mit Technologie
3	Kompetenz-Modell entwickeln
4	Online-Weiterbildung entwickeln
5	Profilierung: Studienreihe (Der Mensch in der Arbeitswelt 4.0)
6	Beratungsverständnis aktualisieren
7	E-learning-Konzept entwickeln und implementieren

7.4 Schlussbetrachtung

Nach all den Jahren prozessorientierter Führung im sich rasch wandelnden Umfeld blicken wir zurück und freuen uns an unserer eigenen Standortbestimmung:

- Wir sind in der ZHAW angekommen.
- Wir sind im neuen Hochschul-Campus Toni-Areal angekommen.
- Wir sind als IAP am Markt profiliert und geschätzt.
- Unsere Mitarbeitenden arbeiten gerne am IAP.
- Das IAP ist innovativ und schafft es seine einzigartige Ausrichtung mit neuen Anforderungen im Kontext von Digitalisierung und Arbeitswelt 4.0 zu kombinieren und in die Zukunft zu transformieren.
- Das IAP packt die Zukunft aktiv an, entwickelt das Kerngeschäft erfolgreich und kontinuierlich weiter und fördert

Innovation, entwickelt neue Produkte und Geschäftsmodelle für die Weiterbildung und Dienstleistung.
- Das IAP kann in einem kompetitiven Umfeld weiterhin kontinuierlich am Markt wachsen und seine Position festigen und ausbauen.

Lessons learned
- Partizipation und Abstimmung zwischen unterschiedlichen Personen hat die Veränderung nachhaltig unterstützt.
- Bestehende Termine und Sitzungen für die Veränderungsthemen sollen genutzt werden, damit möglichst viele partizipieren können.
- Eine gute Abstimmung zwischen den Führungspersonen und über verschiedene Führungsebenen hinweg bringt Orientierung auch bei vielen offenen Fragen und hoher Komplexität.
- Offene und lösungsorientierte Kommunikation und Transparenz zu kritischen Aspekten und offenen Fragen trägt zur Akzeptanz bei.
- Haltung und Kultur und damit Bereitschaft für Wandel ist wichtig und kann durch die Führungspersonen unterstützt und beeinflusst werden.
- Führungskräfte sollten in Veränderungsprozessen Fragen auch mal offenlassen und Unsicherheit aushalten, wenn Antworten noch nicht klar sind.
- Beim Krisenmanagement (Systemprobleme, Störungen in den Abläufen u. Ä.) hilft eine detaillierte Dokumentation aller Themen.
- Verantwortung sollte denjenigen übergeben werden, die die Verantwortung auch tragen, dabei sollte der Handlungsspielraum entsprechend angepasst werden.
- Veränderungsoffene Mitarbeitende zu Multiplikatoren machen.
- Verständnis und Raum für Mitarbeitende schaffen, die länger brauchen, um mit Veränderungen umzugehen.
- Raum für Freude schaffen und auch kleine Schritte und Erfolge wertschätzen.
- Neues ausprobieren, reflektieren, entwicklungsfreudig sein
- Räume (physisch und Zeit) für Entwicklung schaffen
- Mutig sein
- Dran bleiben

Es war und ist eine turbulente und spannende Zeit, in der wir alle zusammen viel gestalten, lernen, arbeiten und lachen konnten. Dies alles war möglich, weil das IAP eine jahrzehntelange Tradition hatte, sich für das Anliegen einzusetzen, die „Stärken zu stärken" bei Fach- und Führungspersonen in vielfältigen sozialen Settings. Unsere Vorgänger haben viel geschaffen und es war ein Privileg und eine ganz besondere Aufgabe, diese Organisation in eine neue Organisationsumwelt zu überführen und laufend weiterzuentwickeln.

Eine Prämisse in der Führung von Vielfalt war die Integration des vielfältigen Expertenwissens des IAP in die Entwicklung der eigenen Organisation und seiner Angebote. Damit das gelingt, braucht es in der Führung das Interesse und Engagement für die Menschen, die Themen, die Organisation, für externe Entwicklungen in der Arbeitswelt und für den technologischen Fortschritt. Führen ist wie Puzzle spielen, es braucht die Freude an den Einzelteilen und den Gestaltungswillen diese zusammenzuführen. Und es braucht auch die Motivation und den Durchhaltewillen das hinzubekommen, auch wenn die Teilchen nicht immer perfekt passen.

Möglich ist ein solcher Prozess nur mit dem absoluten Vertrauen und der Unterstützung des eigenen Vorgesetzten und den zentralen Stellen der Organisation. Führen und Folgen gehören zusammen und Führung muss zugestanden werden. Das sind alles

Weisheiten aus der Führungsentwicklung, die für die Praxis höchst relevant sind. Als Richtschnur bei Führungsgesprächen und Entscheidungen hilft immer wieder das Vertrauen in die eigenen Mitarbeitenden und die Freude daran, dass eben nicht alle alles können, sondern sie sich ergänzen und das in einer offenen und kollegialen Art der Zusammenarbeit, unabhängig vom hierarchischen Status, vom Geschlecht oder Alter. Dabei geht es immer um den Menschen und die Sache. Wenn es einmal nicht gelingt es allen recht zu machen, dann braucht es eine Optik für das Gesamte: Was passiert, wenn wir um eine Person herumbauen und andere dafür mehr machen oder weniger bekommen? Dann wird klar, es geht nur zusammen und es geht nur, wenn alle im Rahmen ihrer Möglichkeiten Verantwortung übernehmen und sich einbringen. Die Mitarbeitenden des IAP machen das und darauf sind wir stolz.

Literatur

Eberhardt D, Steinebach C (2013) Führung gestalten und Organisation entwickeln – mit Führungsgrundsätzen zu einer positiven Kultur. In: Eberhardt D (Hrsg) Unternehmenskultur aktiv gestalten – Praxisfälle aus Wirtschaft, öffentlichem Dienst, Kultur und Sport. Springer, Berlin/Heidelberg, S 99–116

Kälin K (2011) Hans Biäsch (1901–1975) – ein Pionier der angewandte Psychologie. Chronos, Zürich

Lombriser R, Abplanalp PA (2005) Strategisches Management, Visionen entwickeln – Strategien umsetzen – Erfolgspotenziale aufbauen, 4. Aufl. Versus, Zürich

Münsterberg H (1914) Grundzüge der Psychotechnik. Barth, Leipzig

Negri C (2013) Evaluation von weiterbildenden Studiengängen – was macht Weiterbildung erfolgreich. Dissertation an der Universität Koblenz-Landau, Landau

Nickel S (2009) Partizipatives Management von Universitäten, 2. Aufl. Rainer Hampp, Göttingen

Wann passt eine Führungskraft?

Management Diagnostik und Vielfalt der Führung

Roberto Siano

8.1 Einleitung – 110

8.2 Fallbeispiel 1: Die Begeisterungsfähige – 112

8.3 Fallbeispiel 2: Der Narzisst – 114

8.4 Fallbeispiel 3: Der Treiber – 116

8.5 Weitergehende Empfehlungen – 118

Persönliche Botschaft des Autors – 119

Literatur – 120

Elektronisches Zusatzmaterial Die elektronische Version dieses Kapitels enthält Zusatzmaterial, das berechtigten Benutzern zur Verfügung steht. https://doi.org/10.1007/978-3-662-60465-6_8. Die Videos lassen sich mit Hilfe der SN More Media App abspielen, wenn Sie die gekennzeichneten Abbildungen mit der App scannen.

© Springer-Verlag GmbH Deutschland, ein Teil von Springer Nature 2020
C. Negri, D. Eberhardt (Hrsg.), *Angewandte Psychologie in der Arbeitswelt*, Der Mensch im Unternehmen: Impulse für Fach- und Führungskräfte, https://doi.org/10.1007/978-3-662-60465-6_8

Zusammenfassung

Die große Bandbreite und die vielen Facetten des Themas Führung wird in der Selektion von Führungskräften gut sichtbar. Anhand dreier konkreter Beispiele aus dem Assessment-Alltag wird illustriert, wie unterschiedlich einerseits Anforderungen an Vorgesetzte und andererseits auch deren Persönlichkeiten sind. Zudem führt die Frage nach der Passung von Person und Stelle immer wieder zu neuen Antworten, abhängig nicht nur von der Persönlichkeit des Kandidaten, sondern auch von Faktoren wie Situation, Kultur des Unternehmens, Entwicklungspotenzial und Risikobereitschaft. Außerdem wird gezeigt, wie wichtig es ist als Diagnostiker aus dem Straus von unterschiedlichen Anforderungen den Fokus auf die jeweils relevanten Aspekte zu legen.

8.1 Einleitung

Dieses Kapitel basiert auf dem Praxisbeitrag „Wann passt eine Führungskraft" (Siano 2016). Er wurde mit aktuellen Einschätzungen ergänzt, um den Faktor Risikoeinschätzung erweitert und das Fallbeispiel 2 wurde ausgewechselt. Aus Gründen der besseren Lesbarkeit und Verständlichkeit des Textes wird das generische Maskulinum als geschlechtneutrale Form verwendet.

Das Thema Führung kann aus verschiedenen Blickwinkeln betrachtet werden (z. B. Pfister und Neumann 2019). In diesem Kapitel wird das Thema aus Sicht des Diagnostikers beleuchtet. Anhand der immer wiederkehrenden Frage von Kunden „Passt diese Führungskraft auf meine vakante Stelle?" zeige ich die Breite der Führungsanforderungen an Kandidaten und Kandidatinnen bei einer Stellenbesetzung. Dabei interessiert v. a. die reale Praxis, ohne zu bewerten, was ein theoretisch richtiger Führungsstil wäre oder ein Führungskompass als Leitfaden vorschlagen würde (Pfister und Neumann 2019). Illustriert wird diese Perspektive anhand konkreter, anonymisierter Praxisfälle aus dem Assessment-Alltag.

Einzel-Assessments sind seit Jahrzehnten ein wichtiges Puzzleteil im Selektionsprozess (König et al. 2010), wobei meist die Frage nach den Führungsfähigkeiten im Zentrum steht. Bei genauerer Betrachtung erkennt man, dass zwar immer nach den Führungsqualitäten des Bewerbers gefragt wird, diese aber je nach Situation und Ausgangslage sehr unterschiedliche Kompetenzen und Verhaltensmuster beinhalten. So bedarf z. B. eine Teamführung im Hochschulumfeld anderer Fähigkeiten als die Bereichsleitung in einem Dienstleistungsunternehmen. Deshalb ist das Ziel eines solchen diagnostischen Prozesses auch nicht, die ideale Führungspersönlichkeit zu finden, sondern die Passung von Person und Situation zu beschreiben und daraus die Erfolgswahrscheinlichkeit für die Zukunft abzuleiten (Kanning 2016).

Aber auch dieses Bild greift noch etwas kurz, da weder Persönlichkeit noch Situation statisch sind. Es findet immer eine Interaktion statt, wodurch sich diese beiden Elemente wechselseitig beeinflussen. Zum Beispiel kann eine sehr starke Unternehmenskultur Eigenschaften von Probanden abschwächen oder verstärken bzw. ein Vorgesetzter kann auf die Werte im Team bewusst oder unbewusst Einfluss nehmen. Außerdem spielt bei der Eignungsbeurteilung oftmals die Skizzierung der Entwicklungsaspekte eine wesentliche Rolle. Die Frage „kann der Bewerber gewisse Fähigkeiten erlernen und wie?" gehören zum Alltag in der Management-Diagnostik. Damit wird die Beurteilung von Bewerbenden um eine Abschätzung der Entwicklungsmöglichkeiten erweitert (Sarges 2013). Neben der eigentlichen Abklärung der Passung gibt es – je nach Situation – einen weiteren äußerst wichtigen Aspekt und zwar das Management der Risiken. Nehmen wir an, Sie arbeiten bei einer Bank und sind verantwortlich für die Einstellung der Hausmeister. Diese haben infolge ihrer Aufgaben einen Schlüssel, der ihnen Zugang zu wirklich allen Räumen verschafft. In diesem Fall ist die Abklärung der wichtigsten Fähig- und Fertigkeiten hilfreich, aber wirklich zentral wird die Abschätzung der Integrität sein. Denn das Potenzial Schaden anzurichten ist in diesem Beispiel sehr hoch. Diese Überlegungen lassen sich natürlich auch auf die Führungsebene übertragen. Es gibt Führungspositionen in denen die Risiken so hoch sind, dass die Suche nach Hinweisen für destruktives Führungsverhalten (Schyns und Schilling 2013) einen zentralen Aspekt der Beurteilung einnimmt.

Alle Abhängigkeiten jeweils theoretisch-korrekt im Detail zu erklären, würde der Klarheit einer Empfehlung entgegentreten. Deshalb geht es in der praktischen Diagnostik oftmals um eine pragmatische Annäherung an die Fragestellung der Eignung und der Entwicklung, indem der Fokus pointiert auf die relevanten Aspekte von Person und der jeweiligen Situation und deren Interaktion gelegt wird.

Bei der Auswahl der drei Fallbeispiele wurde darauf geachtet, dass die Fälle realistisch sind, d. h. keine Extremfälle darstellen. Trotzdem sollten sie prototypisch für unterschiedliche Fragestellungen aus der Praxis der Management Diagnostik stehen. Das Ziel ist, mit diesen Beispielen die Breite der Führungsfragestellungen und Persönlichkeiten aufzuzeigen.

> **Aspekte bei der Beurteilung der optimalen Passung**
> **Optimale Passung von Bewerbenden und Stelle**
> In der Literatur wird oftmals von der optimalen Passung zwischen Bewerbenden und Position gesprochen. Was bedeutet aber optimal im heutigen Stellenmarkt? Welchen Einfluss hat dies auf die Eignungsdiagnostik und die Stellenbesetzungen? Welchen weiteren Einschränkungen begegnet man in der Praxis regelmäßig?
> **Der zur Verfügung stehende Pool an Kandidaten**
> Egal ob eine Führungsposition mit einer internen oder externen Person besetzt wird, die Anzahl geeigneter Kandidaten ist in der Schweiz meistens beschränkt. Der Bewerbermarkt ist – um es volkswirtschaftlich auszudrücken – sehr unvollkommen, was sich im vielbeschworenen Fachkräftemangel widerspiegelt. Dies führt oftmals zur Situation, dass Unternehmen ein Auge zudrücken und eine Person einstellen, obwohl sie nicht hundertprozentig von deren Eignung überzeugt sind. Deshalb wird in der Praxis ein sehr großer Wert auf die Entwicklungsmöglichkeiten im Führungsbereich gelegt, um gewisse Abweichungen nach der Einstellung zu bearbeiten.
> **Primat der Fachlichkeit**
> Grundsätzlich werden Personen für eine Führungsposition vorgeschlagen, die

fachlich überzeugen. Die Passung orientiert sich oftmals an fachlichen Kriterien und nicht an den Führungskompetenzen. Bei internen Kandidaten werden diese auch gerne von vorgesetzter Stelle überschätzt. Auch die Aussage „für dieses Stelle ist die Fachkompetenz wichtiger" hört man regelmäßig, wobei fachliches Know-how in der Regel einfacher aufzubauen ist als Führungsfähigkeiten.

Imaginärer Vergleich
Im Bewerbungsprozess gibt es oftmals eine geringe Anzahl geeigneter Kandidaten und Kandidatinnen. So ist es nicht unüblich, dass im Assessment oft nur noch eine Person sitzt. Eine Eignungseinschätzung ist aber oft auch ein Vergleich mit ähnlichen Stelleninhabern, da eine Passung nie absolut zu verstehen ist. Da dieser Vergleich oftmals nur auf den Erfahrungswerten der beurteilenden Person fußt, ist die Beurteilung mit einer gewissen Vorsicht zu betrachten.

8.2 Fallbeispiel 1: Die Begeisterungsfähige

- **Das Unternehmen**

Dieses international ausgerichtete Beratungsunternehmen mit einem ausgezeichneten Ruf am Markt legt großen Wert auf die Entwicklung und der Erhalt der einzelnen Mitarbeitenden. Einerseits, weil es sich fast ausschließlich um Personen mit einem technisch ausgerichteten Hochschulstudium handelt, die schwer auf dem Markt zu finden sind. Andererseits ist dies auch ein impliziter Teil der Kultur – ein wertschätzender Umgang ist sehr wichtig und wird auch von der Geschäftsleitung und dem Verwaltungsrat vorgelebt. Die Kehrseite davon ist, dass kritisches Feedback nur sehr dosiert und abgeschwächt gegeben wird, weil man niemandem verletzen will. Kennzeichnend sind auch die flachen Hierarchien und ein grundsätzliches Primat des Fachwissens. Außerdem werden die Mitarbeitenden schon bei den ersten Projekten zu eigenständiger Aufgabenerledigung ermuntert, was sich in einer großen Freiheit, aber auch viel Verantwortung niederschlägt.

- **Fragestellung**

Frau B. war erfolgreiche Leiterin eines Teams. Ihre Mitarbeitenden achteten und schätzten sie, wodurch ein sehr starkes Wir-Gefühl entstand. Ihr Führungsstil war von Kooperation und Delegationsfähigkeit geprägt, aber auch von einem treibenden und vorwärts gerichteten Spirit. So entwickelte sie ihre Mitarbeitenden „on the Job", wobei diese auch stark gefordert wurden. Zudem trug sie mit ihren akquisitorischen Fähigkeiten und ihrem Gespür für Kundenanliegen einen wichtigen Teil zum Erfolg des Unternehmens bei. Dennoch gab es Personen im Unternehmen, die mit ihrer dynamischen und fordernden Art Schwierigkeiten hatten, wodurch schlummernde Konfliktherde entstanden.

Frau B. wurde aufgrund der beschriebenen Leistungen und ihrer langjährigen Zugehörigkeit zum Unternehmen für die Geschäftsleitung (GL) vorgeschlagen. Vor diesem Karriereschritt wurde immer ein ganztätiges Assessment durchgeführt. Dabei standen v. a. Fragen zu ihren Führungsverhalten und -stil im Vordergrund? Vor allem aufgrund der bestehenden Konflikte entstanden Fragen bzgl. ihrer Eignung, einen größeren Bereich zu führen. Zudem kam nach einer vertieften Abklärung die Frage auf, wie sich die Zusammenarbeit mit ihr im GL-Team gestalten könnte.

> **Elemente eines Assessments**
> Ein Assessment besteht normalerweise aus unterschiedlichen Aufgabentypen, da jede Methode Vor- und Nachteile mit sich bringt. Präzise Aussagen und eine hohe prognostische Validität sind deshalb nur mit einer Mischung aus verschiedenen Verfahren möglich. Meist werden folgende eingesetzt:

Wann passt eine Führungskraft?

- Interview, durchgeführt von zwei Diagnostikern, meist halbstandardisiert;
- Präsentationsaufgabe, wobei es einerseits um die Präsentationsfähigkeiten und andererseits um den Inhalt geht;
- Rollensimulation(en), in der Regel Mitarbeitenden-, Konflikt- oder Kundengespräche;
- Management-Aufgaben zur Überprüfung der Organisationsfähigkeiten, des Arbeitsstils und der Leistungsfähigkeit;
- Persönlichkeitstests zur Abrundung des Gesamteindrucks;
- Tests zum intellektuellen Vermögen, da diese ein verhältnismäßig starker Prädiktor für Berufserfolg und eine wichtige Voraussetzung für konzeptionelle Fähigkeiten ist;
- Führungsstiltests zur Einschätzung von Führungssituationen sowie weitere Verfahren je nach Anforderung.

- **Die Person am Assessment-Tag**

Frau B. fiel bereits während des Interviews mit ihrer gewinnenden Persönlichkeit auf – sie war unkompliziert, herzlich und sprühte vor Energie. Der Tag verlief sehr angenehm und angeregt. Man spürte ihre Kontaktstärke und ihr echtes Interesse am Gegenüber. Die meisten Aufgaben beim Assessment löste sie hervorragend. In der Präsentationsübung war sie ausgesprochen überzeugend und inspirierend, intellektuell war sie exzellent und auch im Bereich Arbeitsorganisation war sie stark. Sie konnte Menschen mit ihrer Mischung aus Nähe und Authentizität leicht um den Finger wickeln.

Auffällig war ihre Begeisterungsfähigkeit, die man förmlich spürte. Aber man sah ihr auch schnell an, wenn ihr etwas nicht passte. Besonders markant war dies in der Rollensimulation: Ihr Konterpart wurde als nicht motivierte, eher überhebliche Person gespielt. Obwohl sich Frau B. des Settings der Rollensimulation bewusst war, konnte sie ihre Missbilligung für diese Einstellung der Rollenspielerin nicht verbergen. Sie agiert unwirsch und es gelang ihr nicht, auf das Gegenüber einzugehen und das Gespräch fruchtbar zu gestalten. In der Reflexion erklärte sie, dass das unmotivierte Verhalten bei ihr ein totales Missbehagen ausgelöst hatte, was zu diesem wenig produktivem Verhalten geführt hatte. Dies passte auch zu verschiedenen konfliktbehafteten Situationen, die sie im Interview geschildert hatte und bei denen sie ihre Unlust auch nicht hatte verbergen können.

Trotz dieses kritischen Punktes kamen wir zu einer Empfehlung für die Stelle, die aber von einer klaren Empfehlung für ein Coaching begleitet wurde. Alleine aber schon das ehrliche und klare Feedback durch den Assessment-Bericht konnte das Bewusstsein für ihr Verhalten erhöhen und damit den Startschuss für einen Entwicklungsschritt geben.

- **Die Kernpunkte**

Die auffälligste und für die Abschätzung der Eignung wichtigste Dynamik war die Mischung aus sehr großer Begeisterungsfähigkeit und einem hohen Maß an Energie, die sie ausstrahlte. Dieses Feuer und Engagement waren wichtige Erfolgsfaktoren, mit denen sie viele Menschen für sich gewinnen konnte, sei es in der Akquisition oder in der Führung. Diese Stärke hatte aber auch gewisse Schattenseiten. Sie konnte mit ihrer Energie relativ einfach Mitarbeitende, die anders ticken, überfahren. Dies stand im Gegensatz zur herrschenden Unternehmenskultur, die eher auf Zurückhaltung aufbaute. Zudem beinhaltete diese Begeisterungsfähigkeit auch eine große Lustkomponente: Wenn ihr etwas gefiel, dann war sie voller Elan bei der Sache – bei Nichtgefallen fiel es ihr aber schwer, dies zu verbergen.

Aufgrund dieser Dynamik prognostizierten wir folgende kritische Themenfelder bei einer Beförderung zum Geschäftsleitungsmitglied:

- Mitglied der Geschäftsleitung: Mit ihrer Art konnte sie die grundsätzlich eher ruhigeren und gesetzteren Mitglieder der Geschäftsleitung brüskieren. Dieser Aspekt wirkte sich als Geschäftsleitungsmitglied stärker aus, da sie keinen Vorgesetzten mehr hatte, der sie schützte und ihr Verhalten für die Geschäftsleitung übersetzte. Für dieses Missverhältnis war aber nicht nur Frau B. verantwortlich, sondern auch die Firmenkultur. Vor dem Assessment hatte sie kein bzw. sehr wenig Feedback bzgl. ihrer Wirkung erhalten, obwohl sie sehr offen dafür war. Entsprechend konnte sie ihren Blick für die unterschiedlichen Sichtweisen nicht schärfen und ihr Verhalten bislang nicht anpassen.
- Führung: Das Team, das sie leitete, hatte sie über die Jahre selber aufgebaut. Dadurch führte sie Mitarbeitende, die zu ihr und ihrer Art passten und diese auch schätzten. Die Energie floss und wurde als positiv angesehen. Als Mitglied der Geschäftsleitung wurde ihre Führungsspanne größer und die Gruppe ihrer Mitarbeitenden heterogener. Deshalb musste sie ihren Führungsstil stärker variieren, um auch die etwas zurückhaltenden Mitarbeitenden für sich zu gewinnen.

Dieser Fall zeigt exemplarisch auf, dass die Erfolgsfaktoren, die eine Person für die Teamführung mitbringt, sich auf der nächsten Führungsebene kritischer auswirken können.

Nachgang

Frau B. arbeitet auch fünf Jahre später noch erfolgreich im Unternehmen. Aber sie ist nach gut zwei Jahren aus der Geschäftsleitung zurückgetreten und kümmert sich vermehrt um operative Projekte. Die beschriebenen Dynamiken führten zu Konflikten innerhalb des Führungsgremiums und zu starken Irritationen innerhalb der Geschäftsleitung. Nach einer längeren Phase der Findung, die auch ein Coaching beinhaltete, fanden beide Seiten einen gemeinsamen Weg, der momentan für alle stimmt.

> **Anforderungsklärung**
> Die Anforderungsklärung ist mindestens so wichtig wie das eigentliche Assessment. Nur bei genauer Kenntnis der Führungsanforderungen kann man eine präzise Empfehlung abgeben. Deshalb sollten wann immer möglich mindestens zwei verschiedene relevante Personen aus dem Trio direkter Vorgesetzter, Stelleninhaber und HR befragt werden. In der Praxis haben sich folgende Themengebiete als effektiv erwiesen, um die Führungsanforderungen an eine Stelle zu eruieren:
> - der Führungsstil des Vorgängers;
> - der Grund des Stellenwechsels des Vorgängers;
> - die Erwartungen des direkten Vorgesetzten und sein Führungsstil;
> - die Erwartungen des Teams;
> - die Führungsspanne und die Struktur des Teams (Alter, Ausbildung etc.) und
> - zu erwartende Herausforderungen in absehbarer Zukunft.

8.3 Fallbeispiel 2: Der Narzisst

- **Das Unternehmen**

Ein großes, internationales Unternehmen aus der Versicherungsbranche möchte starke regionale Präsenz markieren. Neben der Konzernzentrale gibt es Agenturen, die über das ganze Land verstreut sind. Die Generalagenten führen ihre Agenturen als selbstständige Unternehmer mit Profit- und Loss-Verantwortung und sorgen für einen Großteil des Umsatzes. Für das Unternehmen gilt es den Spagat zu meistern zwischen Wichtiges zentral zu regeln und am Verkaufspunkt größtmögliche Freiheit zu ermöglichen.

Die Zukunft wartet mit großen Herausforderungen auf dieses Unternehmen und die ganze Branche. Das Internet mit der Möglichkeit der einfachen Preisvergleiche hat schon viel Veränderung in den Versicherungsmarkt gebracht und das ist erst der Anfang. Diese Umwälzungen führen dazu, dass sich das Profil der Außendienstmitarbeiter verändert: der klassische Verkäufer wird überflüssig und von einem kompetenten Berater abgelöst. Dieser strategische Wechsel muss von der Zentrale aus koordiniert werden. Eine Möglichkeit der Einflussnahme ist der Nominationsprozess für die Verkaufsleiter. Der Prozess, wie die Einstellung abzulaufen hat, wird vom Hauptsitz vorgegeben, wie auch die im Fokus stehenden Kompetenzen. Die Entscheidung, wer eingestellt wird, obliegt aber immer noch dem Generalagenten.

- **Die Fragestellung**

Die internen Kandidaten, die für eine Position als Verkaufsleiter aspirieren, müssen einen mehrstufigen Prozess durchlaufen. Sie müssen von ihrem Generalagenten nominiert werden: Die Kriterien sind einerseits gute Verkaufsleistungen und andererseits die Motivation, andere weiterzubringen. Wenn eine Position frei wird, dann wird die Person in ein Assessment ans Institut für angewandte Psychologie IAP geschickt. Der definitive Einstellungsentscheid liegt dann aber beim Generalagenten in Absprache mit der Zentrale. Diese greift aber kaum ein, nicht einmal bei einem negativen Assessmententscheid. Ist zum Zeitpunkt einer Vakanz kein interner Kandidat vorhanden, wird extern nach einer Alternative gesucht.

Am IAP wird eine Abschätzung der Führungsfähigkeiten vorgenommen mit Fokus auf den folgenden Kompetenzen: Einfühlungsvermögen, Konflikt- und Durchsetzungsfähigkeit, Kommunikationsfähigkeit, Selbstmanagement, Analytische Fähigkeiten und Führungskompetenz. Dabei geht es nicht ausschließlich um die Passung, sondern auch um konkrete Entwicklungsempfehlung. Deshalb gehört eine Besprechung des Assessmentberichts mit dem Kandidaten und dem Generalagenten fix zum Prozess dazu. Herr Z. kam als externer Bewerber zu uns ins Assessment für die Position als Verkaufsleiter.

- **Die Person am Assessment-Tag**

Herr Z. wirkte gewinnend, hörte zu, zeigte sich interessiert und humorvoll. Das Interview startete locker. Entsprechend seinem hohen Energielevel sprudelten die Worte aus ihm heraus; er legte ein gewöhnungsbedürftiges Sprechtempo an den Tag. Die Bühne, die wir ihm boten, hat er dankbar angenommen und ausgefüllt. Dabei präsentierte er sich von seiner charmanten und gewinnenden Seite. Er fühlte sich wohl, die Stimmung war aufgeräumt. Doch mit der Zeit wirkten die Antworten etwas oberflächlich. Die fehlende Tiefe wurde durch Schlagworte „ich bin halt so – ein Mensch mit Ecken und Kanten" ersetzt. Doch auf einmal kippte das Gespräch und zwar genau in dem Moment, als mein Kollege, der bis anhin sehr bestätigend war, eine Aussage des Kandidaten kritisch hinterfragte. Die erste Gegenfrage wischte Herr Z. noch mit einem Lächeln weg. Das zweite und vor allem dann das dritte Nachfragen veränderte die Kommunikation grundlegend. Er wirkte brüskiert, die Wärme in seiner Stimme verschwand und die Stimmung kippte in Richtung feindselig. Bei Zustimmung zeigte er sich zugewandt – aber bei Kritik zeigte er sich rechtfertigend und abweisend.

Sein Persönlichkeitstest zeichnete ein dazu passendes Bild – im Bereich Narzissmus hatte er sehr hohe Werte. Auch sein Lebenslauf war sehr aufschlussreich. Im Grundzug konnte er auf eine sehr erfolgreiche Karriere zurückblicken. Seine Wechsel folgten aber einem Muster: Alles lief gut, bis er sich, in seinen Augen ungerechtfertigter, Kritik ausgesetzt sah. Dies trübte die Beziehung zu seinem Vorgesetzten nachhaltig, wodurch es dann zu einem Bruch kam, der ihn zum Wechsel veranlasste. In der Rollensimulation (einem Kritikgespräch mit einem Mitarbeitenden) konnte er nicht überzeugen, obwohl er Führungserfahrung besaß. Er stelle die Zielerreichung in den Fokus und übersah die Bedürfnisse und Interessen des

Gegenübers. Er wirkte dabei sehr kühl und wenig interessiert am Gesprächspartner als Mensch. Abgesehen von diesen kritischen Aspekten zeigte er grundsätzlich gute Leistungen in den einzelnen Verfahren und konnte in vielen der geforderten Kompetenzen punkten.

- **Die Kernpunkte**

Wie erwähnt verfügte Herrn Z. über viele Stärken in den Bereichen Kommunikation, Energie, Durchsetzungsfähigkeit und intellektuelle Fähigkeiten. Das größte Risiko waren seine narzisstischen Tendenzen. Hier sprechen wir von subklinischem Narzissmus und nicht von pathologischem Verhalten. Narzissten sind auf den ersten Blick gewinnend und brauchen Bewunderung. Werden sie in Frage gestellt, reagieren sie abweisend bis aggressiv. Mit Kritik können sie schlecht umgehen und neigen zu heftigen Gegenreaktionen. Sie sind auch kaum zu tiefen Gefühlen fähig und ihr Denken dreht sich vor allem um sie selber.

Aufgrund der Tendenz schnell gekränkt zu sein und zu heftigen Reaktionen zu tendieren, prognostizierten wir gewisse Risiken in der Rolle als Vorgesetzter. Er zeigte wenig Verständnis für andere Einstellungen und konnte nur bedingt einen Perspektivenwechsel vornehmen. Auf vermeidendes, demotiviertes Verhalten von Mitarbeitenden reagierte er mit Härte und zeigt sich kompromisslos. Dies könnte vor allem in auf Zeit zu grossen Problemen führen.

Grundsätzlich entsprach der Führungsstil von Herrn Z nicht dem vom Unternehmen gewünschten Vorgesetztenverhalten. Der Generalagent wollte ihn trotzdem unbedingt anstellen, obwohl er unsere Einschätzung bezüglich dieser Problematik teilte. Aber der nachweisliche Verkaufserfolg war für ihn Grund genug, das Risiko einzugehen. Zudem half ihm die klare Beschreibung im Assessmentbericht, um mit dem Kandidaten Entwicklungsmassnahmen auszuarbeiten.

An diesem Beispiel lässt sich der Einfluss der Situation schön aufzeichnen. Als Vorgesetzter eines Verkaufsteams führt man grundsätzlich zwei Typen Verkäufer: Einerseits Neulinge, die sich erst im Beruf zurechtfinden. Aufgrund der Erfahrung und des Erfolgs von Herrn Z. blicken diese Anfänger zu ihm hinauf und die Gefahr einer narzisstischen Kränkung ist recht gering. Andererseits gibt es erfahrene Verkäufer. Die wollen vor allem in Ruhe ihr Ding durchziehen. Insofern gibt es gar nicht so viele Interaktionen. Ausserdem neigt der durchschnittlich Aussendienstmitarbeitende zur Konfliktvermeidung, was die Gefahr verkleinert, dass der Status von Herrn Z. angegriffen wird.

- **Nachgang**

Der Generalagent war mutig und hat Herrn Z. entgegen unserer Empfehlung eingestellt. Ein halbes Jahr nach Einstellung scheint er recht zu behalten. Herr Z. ist erfolgreich und es sind noch keine Probleme bekannt. Wie die Situation in ein paar Jahren aussieht, das wird dann die Zukunft weisen.

8.4 Fallbeispiel 3: Der Treiber

- **Das Unternehmen**

Dieses renommierte Forschungsunternehmen mit mehreren Standorten in der Schweiz besitzt eine Spitzenposition, wenn es um die Zusammenarbeit von Wirtschaft und Forschung geht. Sein Ruf ist ausgezeichnet und es besitzt verschiedene internationale Kooperationen. Die Mitarbeitenden haben zum größten Teil einen Hochschulabschluss und viele haben promoviert. Es gibt neben den Festangestellten auch einige Post-Docs und die Publikationsdichte ist sehr hoch. Das Unternehmen sucht einen Standortleiter, da der Vorgänger in Pension gehen sollte.

- **Fragestellung**

Herr T. war ein renommierter Forscher. Nach Gesprächen mit dem Geschäftsführer kam er in die engere Auswahl für die Standortleitung. Dabei überzeugte er mit vielen für das Unternehmen relevanten Kontakten, einer großen Anzahl an Publikationen und einer klaren Vision, in welche Richtung er den Standort weiterentwickeln wollte.

Dieses Unternehmen arbeitete schon seit längerer Zeit mit uns zusammen. Bei jeder wichtigen Führungsfunktion wurde ein Einzel-Assessment durchgeführt, um eine zusätzliche unabhängige Beurteilung des Kandidaten bzw. der Kandidatin zu erhalten. Bei Herrn T. stand die Frage im Mittelpunkt, ob und wie er den Standort führen konnte. Dabei war für das Unternehmen die Mitarbeiterentwicklung wichtig und die weitere Pflege von Kooperation und Teamgeist am Standort.

- **Die Person am Assessment-Tag**

Herr T. trat am Assessment-Tag als interessierte und interessante Person auf. Er war sehr ehrgeizig und leistungsorientiert – ein klassischer Treiber und Macher. Ihm war es ausgesprochen wichtig, Dinge zu bewegen und Ziele zu erreichen. Zudem hatte er eine klare Vision, wie man den Standort weiterentwickeln konnte. Als Führungskraft war er sehr verbindlich und klar – man wusste, was er von seinen Mitarbeitenden erwartete.

Auffallend waren zwei weitere Dinge – seine klare Sachorientierung und seine hohe Anspruchshaltung. So kannte er, obwohl er über einige Jahre Führungserfahrung verfügte, kaum Führungswerkzeuge. Auch seine Führungsmotivation war eher gering und mehr ein Wunsch, eine herausfordernde Position zu bekleiden, in der er etwas bewegen konnte. Menschen spielten dabei eher eine untergeordnete Rolle und waren mehr Mittel zum Zweck. Seine Methoden zur Mitarbeitermotivation beschränkten sich darauf, die Ziele zu erklären und das sollte als Motivation reichen. Zudem zeichnete sich Herr T. durch hohe Ansprüche an sich selber, aber auch an andere aus. Konnten oder wollten die Mitarbeitenden diesen Erwartungen nicht genügen, dann war das für ihn eine persönliche Enttäuschung. Aber auch hier fehlten ihm die Werkzeuge, um dem entgegenzuwirken.

Aus diesen Gründen empfahlen wir Herrn T. nur bedingt, das heißt mit der Einschränkung, ihn mit einem Führungscoaching zu begleiten und zu unterstützen.

- **Die Kernpunkte**

Die hohe Vorwärtsorientierung und Anspruchshaltung in Verbindung mit der eher geringen Sensibilität führten zu einer Dynamik, die zu Konflikten führen konnte. Zudem war Herr T. nicht wirklich daran interessiert, etwas an seinem Führungsverhalten zu ändern, weil Führung für ihn ein notwendiges Übel, nicht aber sein Kerninteresse war. Für ihn war die Führungsaufgabe mit einer sauberen Organisation und klaren Aufgabenverteilung verwirklicht.

Aufgrund der beschriebenen Eigenschaften erwarteten wir v. a. folgende Problemfelder in der Führung:

- Anspruchshaltung: Seinen hohen Erwartungen würden nicht alle Mitarbeitenden genügen können. Dadurch entstünde eine Zweiteilung des Teams – diejenigen, die genügen, und die anderen. Da er wenige Ideen bzgl. Mitarbeiterentwicklung hatte, würde dies mittelfristig zu einer hohen Fluktuation führen.
- Motivation der Mitarbeitenden: Auch sehr sachlich-technisch orientierte Menschen benötigen bisweilen mehr als nur Klarheit in den Zielen, um motiviert zu sein. In diesem Bereich fehlten Herrn T. die Mittel, um seine Begeisterungsfähigkeit auf die anderen zu übertragen und das Maximum aus den Mitarbeitenden herauszuholen.
- Leadership: Herr T. polarisierte mit seiner Art. Deshalb würde es für ihn schwer werden, dem Standort ein Gefühl von Einheit zu geben und dadurch den Boden für eine fruchtbare und konstruktive Zusammenarbeit zu ebenen.

Dieser Fall zeigt auf, dass es für eine Standortleitungsfunktion nicht genügte, wenn Herr T. vom fachlichen Standpunkt betrachtet ideal für diese Position war, da selbst sehr technisch-wissenschaftliche Menschen gerne auch auf einer emotionalen Ebene geführt werden.

- **Nachgang**

Das Unternehmen wollte Herrn T. auf jeden Fall aufgrund seiner fachlichen Qualitäten einstellen und tat dies auch. Zu Beginn war ein Coaching geplant, das Herr T. aber schnell abgebrochen hatte. Nach rund einem Jahr kam das Unternehmen auf uns zu und fragte nach einer externen Konfliktmoderation, da viele Leute unzufrieden mit dem Führungsstil von Herrn T. waren und deutliche Gräben im Standort entstanden waren.

8.5 Weitergehende Empfehlungen

Aus Sicht des Diagnostikers gibt es verschiedene Empfehlungen für die Auswahl von Führungskräften, die im Folgenden kurz zusammengefasst werden.

- **Die größten Stärken sind die größten Schwächen**

Ob eine Eigenschaft eine Stärke oder Schwäche ist, hängt selten vom Wesenszug selber, sondern meist vom Kontext ab. So kann sich beispielsweise eine starke Dynamik, die gemeinhin als positive Eigenschaft taxiert wird, in einer sicherheitsorientierten und stark reglementierten Unternehmung wie z. B. einem Kernkraftwerk als negativ erweisen. Deshalb empfehlen wir immer, die Stärken eines Bewerbers genau unter die Lupe zu nehmen und zu überlegen, unter welchen Umständen sich diese als Schwächen herausstellen können. Nur auf diese Weise gelangt man zu einem ganzheitlichen Bild einer Person und kann mögliche Probleme antizipieren.

- **Unterschied Risiko Management und Passung**

Bei der Auswahl der Führungskräfte gibt es zwei Ansätze, die kombiniert werden können, aber doch ganz unterschiedlich sind. Beim Risiko Management geht es darum abzuschätzen, wie hoch ein Risiko bei einer Person ist, wie groß die Eintrittswahrscheinlichkeit und die daraus resultierenden Kosten. Danach kann man entscheiden, ob man das Risiko tragen will oder nicht. Es folgt deshalb meist eine Ja- oder-Nein-Entscheidung. Ziel ist nicht die beste Person zu finden, sondern die risikohaften auszusortieren. Bei der Passung werden hingegen Differenzen miteinander verglichen und die Erfolgswahrscheinlichkeit verschiedener Bewerber abgeschätzt, um eine Rangreihenfolge machen zu können.

- **Hierarchischer Aufstieg von internen Führungskräften**

Wenn man interne Mitarbeiter in eine Führungsrolle befördert oder sie den Schritt von einer Teamführung zu einer mehrstufigen Führung machen, dann ist dies äußerst anspruchsvoll. Durch die Änderung der Hierarchiestufe wandeln sich die Anforderungen an die Position und plötzlich sind Erfolgsfaktoren, die vorher eine große Rolle gespielt haben, nicht mehr gleichermaßen relevant. Um nicht gemäß dem Peter-Prinzip zu handeln, d. h. einen Mitarbeitenden so lange zu befördern, bis seine Schwächen unverhältnismäßig stark im Fokus stehen, ist es wichtig, interne Kandidaten bzgl. der neuen Stellenanforderungen zu selektionieren und nicht aufgrund der bisherigen Leistungen zu befördern.

- **Führungsmotivation kann man nicht lernen**

Es gibt viele Dinge im Führungsalltag, die man lernen kann, sei es Kommunikationstechniken, Umgang mit Konflikten oder Feedback geben – aber die Führungsmotivation gehört nach unserer Erfahrung nicht dazu. Die Rolle als People Manager sollte einer Führungsperson liegen, denn die Mitarbeitenden spüren es, wenn der Vorgesetzte v. a. mehr Einfluss anstrebt und nicht wirklich an der Menschenführung interessiert ist, wie zum Beispiel im Fallbeispiel 3. Deshalb sollte man bei der Auswahl genau hinterfragen, woraus die Führungsmotivation des Kandidaten bzw. der Kandidatin besteht.

- **Ehrliches Feedback steht am Anfang jeder Entwicklung**

Erfolgreiche Führung ist eine komplexe Tätigkeit, die von vielen Faktoren abhängt und auch sehr stark vom Umfeld. Darum ist es wichtig,

Vorgesetzten und auch Bewerbenden ein ehrliches Feedback bzgl. ihrer Wirkung und möglicher Entwicklungsfelder zu geben. Nach Abschluss der Selektion empfehlen wir deshalb, den ausgewählten Kandidaten bzw. Kandidatinnen ein ehrliches Feedback bzgl. ihrer Stärken und Entwicklungspotenziale zu geben. Damit kann der Einstieg in die neue Position erleichtert und eine positive Entwicklung unterstützt werden.

- **Theorie und Praxis können sich unterscheiden**

Führungstheorien und -literatur gibt es unendlich viele. Oft wird dabei auch beschrieben welcher Führungsstil in welchen Situationen ideal. Da aber weder Unternehmen noch Menschen perfekt sind, ergibt es mehr Sinn, in der Selektion die Passung zu bewerten und nicht die Kandidaten und Kandidatinnen mit einem Führungsideal zu vergleichen.

- **Die Vielfalt der Führung**

Die Vielfalt der Führung wird in der Diagnostik von Führungskräften gut sichtbar. So individuell wie die Menschen sind, so individuell gestalten sie ihre Führungsrolle und interpretieren ihre Führungsaufgabe. Kandidaten und Kandidatinnen überraschen immer wieder mit neuen Kombinationen von Stärken und Schwächen, was die Arbeit des Diagnostikers äußerst spannend macht. Im Laufe der Zeit erkennt man, dass es zwar Leitlinien und Grundsätze für einen Führungserfolg gibt, aber kein Patentrezept. Es existiert keine perfekte Führungskraft, aber unterschiedliche Menschen, die dann, wenn sie eine zu ihrer Persönlichkeit passende Stelle bekleiden, mithelfen können, ein Unternehmen erfolgreich zu gestalten und dabei aufblühen. Deshalb dient die Aufgabe des Diagnostikers, d. h. die Passung zwischen Person und Position abzuschätzen, nicht nur den Unternehmen, sondern auch den Kandidaten und Kandidatinnen. Diese verantwortungsvolle Tätigkeit gelingt aber nur, wenn man sich als Diagnostiker in Demut übt. Man muss die Augen für die Unterschiedlichkeit der menschlichen Persönlichkeit offenhalten, darf sich aber nicht zu stark von eigenen Vorstellungen oder Idealen leiten lassen.

Persönliche Botschaft des Autors

Abb. 8.1 Persönliche Worte: Roberto Siano

Literatur

Kanning UP (2016) Professionelle Strategien zur Auswahl von Führungskräften. In: Felfe J, van Dick R (Hrsg) Handbuch Mitarbeiterführung. Springer Reference Psychologie. Springer, Berlin/Heidelberg

König CJ, Klehe U-C, Berchtold M, Kleinmann M (2010) Reasons for being selective when choosing personnel selection procedures. Int J Sel Assess 18(1):17–27

Pfister A, Neumann U (2019) Führungstheorien. In: Lippmann E, Pfister A, Jörg U (Hrsg) Handbuch Angewandte Psychologie für Führungskräfte. Springer, Berlin/Heidelberg

Sarges W (2013) 2013 Management-Diagnostik. Hogrefe Verlag GmbH & Co. KG, Göttingen

Schyns B, Schilling J (2013) How bad are the effects of bad leaders? A meta-analysis of destructive leadership and its outcomes. Leadersh Q 24(1):138–158

Siano R (2016) Wann passt eine Führungskraft? In: Eberhardt D (Hrsg) Führung von Vielfalt. Springer, Berlin/Heidelberg

IAP Impuls 2017 – Psychologie des Unternehmertums

Ladina Schmidt Boner

9.1 Unternehmensnachfolge in Familienunternehmen – 122

9.2 Best Practice: Familieninterne Nachfolgeregelung bei JOMA Trading AG, Aadorf – 127

9.3 Best Practice: Familienexterne Nachfolgeregelung bei MELCOM AG, Wallisellen – 132

Persönliche Botschaft des Autors – 136

Literatur – 136

Elektronisches Zusatzmaterial Die elektronische Version dieses Kapitels enthält Zusatzmaterial, das berechtigten Benutzern zur Verfügung steht. https://doi.org/10.1007/978-3-662-60465-6_9. Die Videos lassen sich mit Hilfe der SN More Media App abspielen, wenn Sie die gekennzeichneten Abbildungen mit der App scannen.

© Springer-Verlag GmbH Deutschland, ein Teil von Springer Nature 2020
C. Negri, D. Eberhardt (Hrsg.), *Angewandte Psychologie in der Arbeitswelt*, Der Mensch im Unternehmen: Impulse für Fach- und Führungskräfte, https://doi.org/10.1007/978-3-662-60465-6_9

Zusammenfassung

In Familienunternehmen treffen zwei Welten aufeinander: die Familie und das Unternehmen. Die Gleichzeitigkeit familiärer und unternehmerischer Regeln wirkt auf die Familiendynamik, die wiederum Einfluss auf die Dynamik des Unternehmens haben kann. Familiäre Beziehungen mit ihren vielfältigen Verletzlichkeiten bieten ein gewisses Konfliktpotenzial, das jederzeit auf das Unternehmen überschwappen kann. Gerade Phasen von Veränderungen machen die Interaktionen konfliktanfällig – so auch bei der Unternehmensnachfolge. Für einen erfolgreichen Nachfolgeprozess sind gemeinsame Grundsätze im Umgang miteinander zentral. Auch Klarheit über die eigenen Bedürfnisse und denkbare Szenarien im Nachfolgeprozess sind wichtige Grundlagen für ein erfolgreiches Gelingen. Dieser Beitrag zeigt, was es für einen erfolgreichen Nachfolgeprozess braucht. Illustriert wird er durch zwei Praxisbeispiele; eine familieninterne und eine familienexterne Nachfolgeregelung.

9.1 Unternehmensnachfolge in Familienunternehmen

In Familienunternehmen treffen zwei Welten aufeinander: die Familie und das Unternehmen. Die Gleichzeitigkeit familiärer und unternehmerischer Regeln wirkt auf die Familiendynamik, die wiederum Einfluss auf die Dynamik des Unternehmens haben kann. Familiäre Beziehungen mit ihren vielfältigen Verletzlichkeiten bieten ein gewisses Konfliktpotenzial, das jederzeit auf das Unternehmen überschwappen kann. Gerade Phasen von Veränderungen machen die Interaktionen konfliktanfällig – so auch bei der Unternehmensnachfolge. Für einen erfolgreichen Nachfolgeprozess sind gemeinsame Grundsätze im Umgang miteinander zentral. Auch Klarheit über die eigenen Bedürfnisse und denkbare Szenarien im Nachfolgeprozess sind wichtige Grundlagen für ein erfolgreiches Gelingen. Dieser Beitrag zeigt, was es für einen erfolgreichen Nachfolgeprozess braucht. Illustriert wird er durch zwei Praxisbeispiele: eine familieninterne und eine familienexterne Nachfolgeregelung.

Über Jahrhunderte hinweg galt die Familie als ökonomische Institution. Sie war für die Mitglieder Arbeits- und Wohnort zugleich, definierte klare Verhaltensmuster, übte soziale Kontrolle aus und erbrachte wichtige gesellschaftliche Leistungen. Mitte des 19. Jahrhunderts war die Familie praktisch alleine zuständig für die Bereitstellung der Nahrung und des Wohnraumes, die Erziehung, die Krankenpflege, den Vermögensaufbau und

-erhalt sowie die Altersvorsorge. Im Laufe der Zeit wurden viele dieser Aufgaben zu großen Teilen an wirtschaftliche oder gesellschaftliche Institutionen delegiert. In der Folge entwickelten sich die Funktionen von Familie und Unternehmen immer stärker auseinander.

- **Wenn die Grenzen verschwimmen**

Seit Beginn des 21. Jahrhunderts können Familien und Unternehmen als zwei verschiedene soziale Systeme oder Welten betrachtet werden, in denen unterschiedliche Regeln gelten. Diese Regeln passen nicht immer zusammen und schließen sich teilweise sogar aus. In Familien stehen Personen, ihre Beziehungen, Emotionen, Bedürfnisse und langfristigen Entwicklungsprozesse im Vordergrund. Bei der Unternehmensführung hingegen stehen zudem Aspekte wie formale Rollen und Funktionen, definierte Arbeitsabläufe und Wirtschaftlichkeit im Vordergrund.

Im Familienunternehmen verschwimmen die Grenzen dieser beiden Welten. Es kommt häufig zu einer Vermischung der Rollen und Verantwortlichkeiten. Familiäre und unternehmerische Regeln kommen gleichzeitig ins Spiel und die personelle Identität von Familienmitgliedern und Mitarbeitenden deckt sich. Dies ist für alle Beteiligten sehr anspruchsvoll und macht die Kommunikation und Entscheidungsfindung häufig konfliktanfälliger.

- **Zwischen Dankbarkeit und Vorwurf**

Die enge Kopplung wirkt auf die Familiendynamik, die wiederum Einfluss auf die Dynamik des Unternehmens nehmen kann:

- ■ **Konkurrenz- und Schuldgefühle**

Kinder in Unternehmerfamilien erleben das Unternehmen oft als Konkurrenz bzgl. der elterlichen Liebe und Aufmerksamkeit. Dies führt häufig zu einer ambivalenten Beziehung gegenüber dem Unternehmen. Entweder distanzieren sich die Kinder oder sie bemühen sich umso mehr um eine Tätigkeit innerhalb der Firma, um Anerkennung, Beachtung und eine tragende Rolle in der Familie zu finden.

Eltern ihrerseits haben manchmal das Gefühl, ihren Kindern nicht genügend Zeit widmen zu können, und reagieren mit offenen oder verdecken Schuldgefühlen. Als mögliche Folge „entschädigen" Eltern ihre Kinder dann materiell und deklarieren ihr berufliches Engagement als Zeichen des Familiensinns, im Sinne von „wir tun das alles nur für unsere Kinder". Dies bringt die Kinder wiederum in eine Zwickmühle und lässt sie zwischen Dankbarkeit und Vorwurfshaltung schwanken.

- ■ **Doppelbindungssituation**

Unternehmerpersönlichkeiten der abgebenden Generation zeichnen sich gemäß Studien häufig durch Streben nach Unabhängigkeit und Macht, Lust am Gestalten und Entscheiden sowie einen patriarchalen Führungsstil aus. Sie erwarten von ihren Kindern einerseits Unterordnung und Bewunderung, andererseits sehen sie sich selbst als „Erfolgsmodell" und wünschen sich, dass ihre Kinder ihnen und ihrem Stil nachfolgen.

Dies bringt die Kinder in die sog. Doppelbindungssituation: Unterwerfen sie sich, übernehmen sie eine schwache Position und verlieren Respekt und Glaubwürdigkeit. Entwickeln sie sich zu eigenständigen Unternehmerpersönlichkeiten, werden sie zu Konkurrenten, die das Bestehende verändern könnten. Konflikte sind im bestehenden Gefüge somit vorprogrammiert.

- ■ **In elterlicher Delegation**

In Unternehmerfamilien stehen der Wunsch und die Hoffnung, dass das Geschäft von der nächsten Generation weitergeführt wird, fast immer explizit oder implizit im Raum. Während der gesamten Entwicklung haben die Kinder miterlebt, wie sinnstiftend das Unternehmen für die Familie und v. a. für ihre Eltern ist. Mit ihrer Berufswahl werden sie gezwungen, über den Fortbestand des Familienunternehmens und damit des ganzen Lebenssinnes ihrer Eltern zu entscheiden. Dieses Dilemma kann

Tab. 9.1 Zentrale Unterschiede der zwei Welten „Familie" und „Unternehmen"

	Familie	Unternehmen
Beziehungen	Nicht kündbar, aufgrund biologischer Gegebenheiten bzw. Liebe konstant, Funktionen austauschbar, Loyalitätsverpflichtungen	Kündbar, Funktionen vertraglich geregelt, abhängig von fachlicher Qualifikation und Arbeitsleistung
Währung	Liebe	Geld
Gerechtigkeit	Gleichbehandlung, abgestimmt auf Stärken und Schwächen der Einzelnen	Vertraglich festgelegt, in der Regel Belohnung der Leistungsfähigsten
Überlebensbedingungen	Emotionaler Zusammenhalt	Ökonomische Rentabilität
Entscheidungsfindung	Nach dem Gerechtigkeitsprinzip der Gleichbehandlung, Status als Familienmitglied zählt	Aufgaben, formale Rollen und Funktionen zählen
Kommunikation	Personenorientiert, informell, mündlich, teilweise unverbindlich	Aufgabenorientiert, formaler Rahmen, schriftlich bzw. mündliche Abmachungen werden festgehalten

zu einer Parentifizierung der Kinder führen, das heißt, die Kinder fällen ihre eigenen Lebensentscheidungen aus Motiven, die für ihre Eltern wichtig sind, quasi in elterlicher Delegation. Das muss natürlich nicht immer zwingend so sein. Doch braucht die Abgrenzung gegenüber den Erwartungen und Hoffnungen der Eltern einen besonderen psychischen Aufwand, was eine eigenständige Identitätsentwicklung umso nötiger macht (◘ Tab. 9.1).

- **Voraussetzungen für den Erfolg**

Trotz Veränderungen in der Wirtschaft und Gesellschaft und der tendenziell sinkenden familieninternen Nachfolgeregelungen werden Familienunternehmen weiterhin das Bild der Schweizer KMU-Landschaft (KMU: kleine und mittlere Unternehmen) prägen. Was Familienunternehmen auch in Zukunft zu attraktiven Arbeitgebern und gefragten Geschäftspartnern macht, sind ihr langfristiger Fokus, die starke Qualitätsorientierung, die mitarbeiterfreundliche Unternehmenskultur sowie die Bedeutung nachhaltiger Geschäftsführung.

Familiäre Beziehungen mit ihren vielfältigen Verletzlichkeiten bieten jedoch ein erhebliches Konfliktpotenzial, das jederzeit auf das Unternehmen überschwappen und es im Fortbestand bedrohen kann. Damit dies möglichst nicht passiert, sollten bestimmte Grundsätze im Zusammenspiel von Familie und Unternehmen berücksichtigt werden. Dazu gehören u. a.:

- - **Konfliktfähigkeit und Zusammenhalt fördern**

Die Basis für einen guten Zusammenhalt der Familie hat mit Grundhaltungen zu tun, die durch die familiäre Erziehung und Sozialisation vermittelt werden. Werte wie Geborgenheit, Vertrauen, Verständnis, Respekt, Verlässlichkeit und eine offene Kommunikation schaffen ideale Voraussetzungen für tragfähige Beziehungen. Werden zudem verantwortungsvolle, autonome Persönlichkeiten gefördert, bestehen gute Chancen, dass Konflikte frühzeitig angesprochen werden und die Betroffenen gemeinsam nach Lösungen suchen können.

■■ **Transparenz**

Mit zunehmender Komplexität der familiären Strukturen und unterschiedlicher Beteiligung der Eigentümerinnen bzw. Eigentümer an der Unternehmensführung kommt es häufiger zu Argwohn und Gefühlen einer ungleichen, unfairen Behandlung oder Benachteiligung. Die geschäftsführenden Eigentümerinnen und Eigentümer reagieren darauf am effizientesten mit transparenter Information und Offenlegen der Verhältnisse.

■■ **Trennung von familiären und unternehmerischen Interessen**

Erfolgreiche Familienunternehmen realisieren möglichst klar die strikte Trennung von Familie und Unternehmen. Sie ordnen Individualinteressen einzelner Familienmitglieder den Unternehmensinteressen unter. Besondere Beachtung gilt dabei v. a. den Entscheidungen, die direkt mit der Geschäftsführung, z. B. bei der Nachfolgeregelung, zu tun haben.

Das Engagement von Familienmitgliedern zahlt sich für das Unternehmen nur aus, wenn sie mindestens so qualifiziert sind wie die familienfremden Personen, die infrage kommen.

Aufgrund der familiären Beziehungen und ihres Verständnisses von Gerechtigkeit ist dies je nach Situation sehr schwierig umzusetzen. Es ist jedoch nicht hilfreich, wenn ein unqualifiziertes, ungeeignetes Familienmitglied in einer Position überfordert ist und damit das Unternehmen Gefahr läuft, Schaden zu nehmen.

■■ **Klare Kompetenz- und Verantwortungsbereiche**

Klare Strukturen schaffen Transparenz, ermöglichen die Delegation von Verantwortung, vermitteln Sicherheit und erlauben Kontrolle. Insbesondere bei der Mitarbeit mehrerer Familienmitglieder im Unternehmen sind Rollenklärung und Rollenzuteilung sowie deren Respektierung wichtige Voraussetzungen für eine erfolgreiche Zusammenarbeit.

Aufgrund der Komplexität und der verschiedenen sich wechselseitig beeinflussenden Faktoren ist es trotz bester Absichten aller Beteiligten nicht einfach, solche Grundsätze durchgehend umzusetzen. Wichtig ist, sie sich immer wieder bewusst zu machen und möglichst danach zu handeln.

In Veränderungsprozessen wie der Nachfolgeregelung ist es zentral, alle Beteiligten frühzeitig einzubeziehen, miteinander im Gespräch zu sein sowie die verschiedenen Interessen und Standpunkte zu klären. Erfahrungsgemäß braucht ein solcher Prozess viel Zeit und es gibt in der Regel nicht die eine richtige Lösung. Es ist bereits viel gewonnen, wenn es den Beteiligten gelingt, offen über neue Wege zu reden, in verschiedenen Szenarien zu denken. Erwartungen und Wünsche sollen transparent gemacht, unterschiedliche Ziele sowie Sichtweisen akzeptiert werden. Denn nur gemeinsam können nachhaltige Lösungen gefunden werden, die der Familie und dem Unternehmen langfristig dienen (◘ Abb. 9.1).

> **Grundsätze für eine erfolgreiche Nachfolgeregelung**
> - Aktive Pflege des Zusammenhalts;
> - Ausgangslage frühzeitig klären;
> - alle Beteiligten involvieren;
> - transparente Kommunikation fördern;
> - gegenseitige Erwartungen und Ziele offen aussprechen;
> - unterschiedliche Werthaltungen erkennen und akzeptieren;
> - professionelle Abklärung des Anforderungsprofils und der Eignung des Nachfolgers bzw. der Nachfolgerin;
> - Nachfolgeplan mit klar terminierten Entscheidungsschritten erstellen;
> - verbindliche Spielregeln für die Zusammenarbeit in der Übergangsphase definieren;
> - klare Kompetenz- und Verantwortlichkeitsbereiche definieren;
> - es gibt nicht die Lösung – in Szenarien denken!

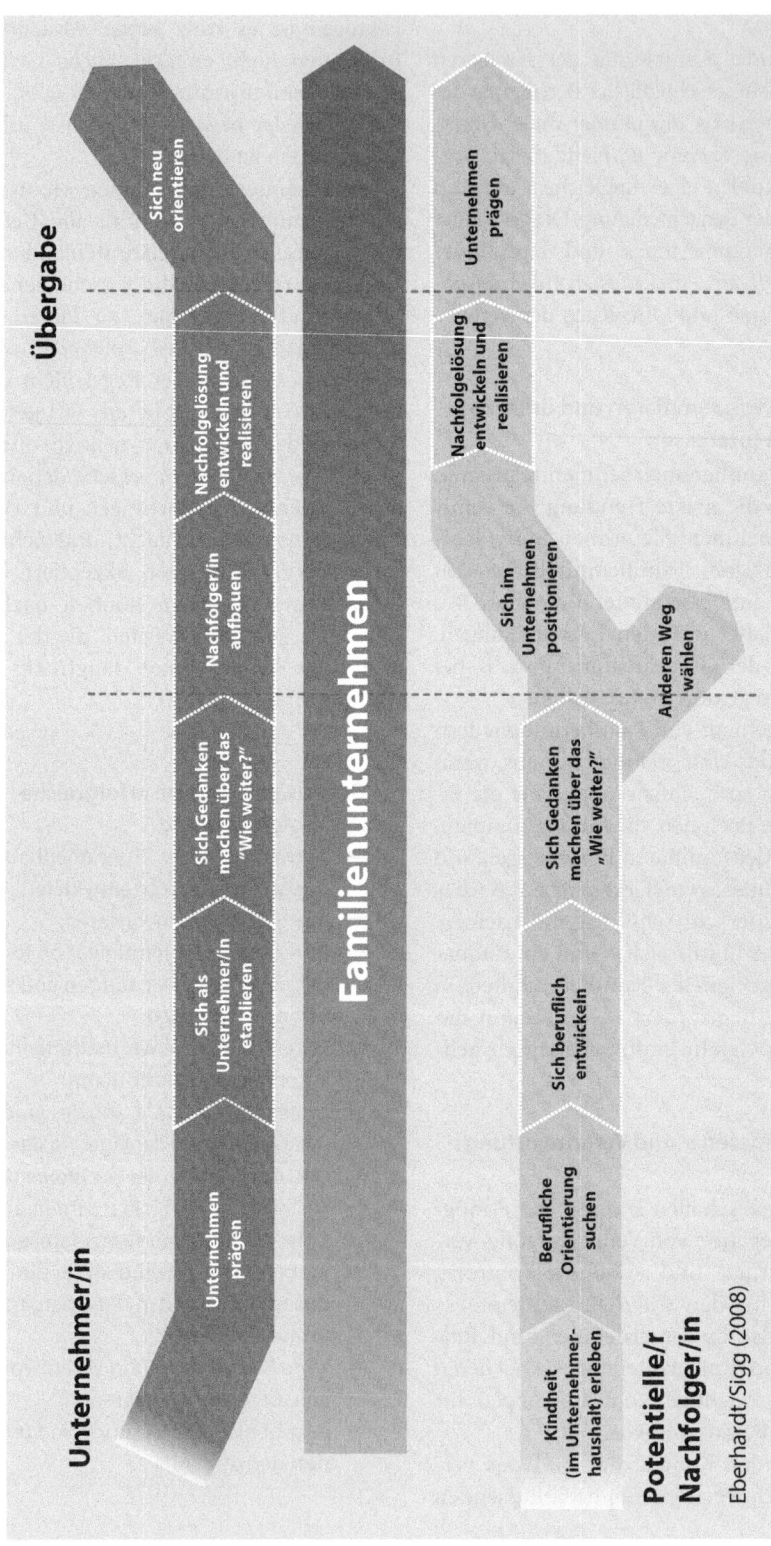

Abb. 9.1 Entscheidungsprozess in der Unternehmensnachfolge
Eberhardt/Sigg (2008)

Aufgaben des übergebenden Unternehmers bzw. der übergebenden Unternehmerin
- Kinder in ihrer eigenständigen Entwicklung fördern;
- frühzeitiges Thematisieren der Nachfolgeregelung;
- Anforderungs- und Kompetenzprofil für die Unternehmensführung klar definieren;
- Aufbau und Förderung des gewünschten Nachfolgers oder der gewünschten Nachfolgerin;
- Alternativen prüfen (auch externe) und verschiedene Szenarien entwickeln;
- Mentoring-Programm konzipieren;
- An die eigene Zukunft denken: was möchte ich danach tun, anpacken, realisieren, geniessen?

Aufgaben des Nachfolgers bzw. der Nachfolgerin in der Familie
- Berufswahl: persönliche Möglichkeiten, Interessen und Neigungen ehrlich prüfen;
- Unabhängigkeit und Eigenständigkeit entwickeln;
- Selbst- und Sozialkompetenz fördern;
- externe Qualifikationen und Erfahrungen sammeln;
- Nachfolgeregelung (falls nötig) von sich aus frühzeitig ansprechen.

✅ **Auf den Punkt gebracht**
- Erfolgreiche Nachfolgeprozesse brauchen Zeit.
- Unternehmerische Interessen haben Vorrang.
- Es ist elementar, offen miteinander zu reden.
- Verschiedene Sichtweisen müssen akzeptiert werden.
- Es gibt nicht die einzig richtige Lösung: in Szenarien denken!

9.2 Best Practice: Familieninterne Nachfolgeregelung bei JOMA Trading AG, Aadorf

Unternehmensgeschichte

1978 wurde die JOMA Trading AG durch Josef Mäder in Winterthur gegründet.

1986 begann per Handschlag die enge Zusammenarbeit mit Leuwico, einer Büromöbelmanufaktur in Deutschland. Dadurch wurde JOMA Trading AG alleinig autorisierter Partner in der Schweiz und der Handel mit Büromöbeln zum Kerngeschäft. JOMA Trading AG ist heute spezialisiert auf Beratung, Planung und Umsetzung von Büroeinrichtungen von individuell ausgelegten Einzelarbeitsplätzen bis zur Kompletteinrichtung grosser Verwaltungsgebäude. Sie beschäftigt heute 11 Personen und ist in Aadorf zu Hause.

2011 arbeitete Nadja Mäder zwischen zwei Anstellungen für ein paar Monate im Familienunternehmen.

2012 zogen Nadja Mäder und ihr Partner Till Sternik nach Aadorf.

2014 stieg Nadja Sternik-Mäder in die Firma ein, vorerst noch unverbindlich. Schritt für Schritt wurde sie durch ihren Vater in die verschiedenen Bereiche eingeführt. Sie klärten die Verantwortungsbereiche und teilten sie auf.

Seit 2015 arbeitet Tanja Mäder, die jüngere der zwei Töchter, in Teilzeit im Sekretariat. Sie übernahm die Stelle von Cecile Mäder; die Ehefrau von Josef Mäder leitete 2001–2015 das Sekretariat.

2016 stieg Till Sternik, Ehemann von Nadja Sternik-Mäder, ins Unternehmen ein.

2017 Josef Mäder ist nach wie vor Geschäftsführer und seine Tochter Nadja Stellvertreterin.

Ab 01.01.2018 wird Nadja Sternik-Mäder 100 % der Aktien und zusammen mit ihrem Ehemann Till Sternik die Geschäftsführung der JOMA Trading AG übernehmen. Josef Mäder wird weiterhin in einem reduzierten Pensum sowie als Verwaltungsratspräsident für die JOMA AG tätig sein.

- **Wie alles begann**

Mit 27 Jahren entschied sich Josef Mäder, sich selbstständig zu machen, und gründete die JOMA Trading AG. Zuvor war er ein paar Jahre erfolgreich in einer internationalen Handelsfirma in Zürich tätig. Ein Drittel seiner Arbeitszeit war er auf Reisen und gewohnt, selbstständig seine Geschäfte abzuwickeln.

Josef Mäder kam 1978 zu dem Schluss, dass er zukünftig sein eigener Chef sein möchte, und machte sich auf die Suche nach einem Geschäftsmodell. Er besuchte Erfindermessen als Inspirationsquelle und versuchte sich in verschiedenen Geschäftsfeldern. Nach drei schwierigen Anfangsjahren konnte sich die Firma etablieren. 1986 kam es zum Kontakt mit Leuwico, einer Büromöbelfaktur in Deutschland, und eine enge Zusammenarbeit begann. JOMA Trading AG erhielt den Zuschlag, in der Schweiz als alleiniger Partner diese exklusiven, höhenverstellbaren Büromöbel zu vertreiben. Sie beschäftigt heute 11 Personen.

Als herausforderndste Momente der vergangenen 39 Jahre als Unternehmer beschreibt Josef Mäder einerseits die Jahre 2003/2004, als die Wirtschaft stotterte, er Kurzarbeit einführen und Verlust schreiben musste. Andererseits war auch das Jahr 2011 sehr schwierig, denn der Hauptlieferant Leuwico geriet in eine Krise und musste 2011 Insolvenz anmelden. Eine Auffangfirma übernahm Leuwico und die Firma konnte saniert und gerettet werden. In dieser Zeit hat Josef Mäder eine gute Portion Gelassenheit geholfen sowie die Tatsache, dass seine Firma finanziell gesund war, er auf Reserven zurückgreifen konnte und privat sowie geschäftlich von den Banken unabhängig war.

- **Die Familie des Unternehmers**

Nadja Sternik-Mäder erzählt, dass sie es als Kind immer toll fand, zusammen mit ihrer Schwester in den Geschäftsräumen zu spielen und sich zu verstecken. Sie genoss es sehr, dass ihr Vater jeden Mittag zum Essen da war und sie jederzeit vom Elternhaus aus in einer Minute bei ihm im Büro stehen konnte. Sie hat das Zusammenspiel sowie die örtliche Nähe des Elternhauses und des Geschäftes in bester Erinnerung und dies als Kind sehr positiv erlebt.

Die Mutter, Cecile Mäder, war für die Familie zuständig und hielt ihrem Mann den Rücken frei. Als die Kinder älter wurden, stieg sie ebenfalls ins Geschäft ein und übernahm die Leitung des Sekretariats. Das Geschäft war trotz des engen Zusammenspiels mit der Familie zu Hause nie groß ein Thema, außer eben im Jahr 2011, als sich Josef Mäder ernsthaft Sorgen um seine Firma machte.

Auch bei der Berufswahl hielt sich der Vater zurück und ließ seine beiden Töchter frei wählen. Nadja Sternik-Mäder entschied sich für die Hotelfachschule Lausanne und erklärte ihren Eltern, dass durch die Wahl dieses Studium auch gleich klar sei, dass sie die JOMA Trading AG nie übernehmen werde. Die Eltern nahmen es gelassen und ließen ihre Tochter ihren Weg gehen.

Die jüngere Tochter Tanja startete mit einer Lehre zur Detailhandelsangestellten für Sportartikel ins Berufsleben und bildete sich im Bereich Sport und Bewegung weiter. Sie schätzt es, nun im Familienunternehmen mitzuarbeiten und in der Administration ihren Beitrag zum Erfolg zu leisten. Weder eine Übernahme noch Beteiligung oder Mitglied der Geschäftsleitung waren für sie je ein Thema.

- **Nachfolgeprozess – ein fließender, natürlicher Prozess**

Josef Mäder setzt den Startpunkt des Nachfolgeprozesses mit dem Umzug seiner Tochter Nadja 2012 nach Aadorf gleich. So war sie vor Ort und er ist der Ansicht, dass dadurch für sie die Auseinandersetzung mit einer möglichen Nachfolge sowie der Entscheidungsprozess starten konnten.

Nadja Sternik-Mäder fand es hilfreich, dass sie vonseiten ihres Vaters nie Druck verspürte.

Lachend findet sie, ihr Vater habe das clever gemacht, denn er habe immer betont, dass sie ihr Leben leben und für sich entscheiden müsse, was sie möchte. Er sagte ihr, wenn sie sich für JOMA Trading AG entscheide, so sei dies sicher sehr schön, wenn nicht, dann gebe es eine andere Lösung. Für Nadja Sternik-Mäder war es hilfreich, dass sie 2011 für ein paar Monate im Geschäft arbeiten, für sich eine Standortbestimmung machen und sich eine neue Stelle suchen konnte, ohne dass ihr Vater sie beeinflusst hätte. Zwei Jahre später war sie für sich so weit, dass sie mit Freude ins Familienunternehmen einsteigen konnte.

2014 stieg Nadja Sternik-Mäder ein und ließ sich von ihrem Vater in die verschiedenen Geschäftsbereiche einführen. Wichtig war für sie von Beginn an, Fachwissen aufzubauen, sich weiterzubilden und im Verkauf aktiv mitzuarbeiten.

2016 gab Josef Mäder die Verantwortung fürs Marketing an seine Tochter ab und ein Jahr später für das Personalwesen. Der Einstieg im Jahr 2016 ihres Ehemannes, Till Sternik, verantwortlich für Buchhaltung und Administration sowie Projekte, beschreibt Nadja Sternik-Mäder als große Entlastung. Es freut sie auch sehr, dass die Zusammenarbeit zwischen ihrem Vater und ihrem Ehemann so positiv läuft.

Gewisse Mitarbeiter müssen sich zwar noch an den neuen Führungsstil von Nadja Sternik-Mäder gewöhnen, denn ihr Tempo ist hoch und sie verlangt viel Eigenverantwortung, Eigeninitiative und Verbindlichkeit. Nadja Sternik-Mäder genießt dennoch viel Vertrauen und Goodwill von den mehrheitlich langjährigen Mitarbeitenden und ihre Kompetenz sowie ihre offene, kommunikative, herzliche Art kommen ihr dabei entgegen.

Für Josef Mäder ist es wertvoll, dass das Abgeben an seine Tochter ein Prozess über Monate und Jahre ist. Das große Vertrauen in sie und ihren Ehemann Till Sternik hilft ihm dabei und er ist zuversichtlich, dass er sich immer mehr zurückziehen kann.

Als Voraussetzung für die gute Zusammenarbeit der inzwischen vier Familienmitglieder nennen Vater wie Tochter die gleichen Punkte: viel Vertrauen, Akzeptanz, offene Kommunikation, jede und jeder ist im eigenen Bereich kompetent und wird dafür respektiert, klare Regelung der Verantwortungs- und Kompetenzbereiche, gegenseitige Loyalität und Unterstützung.

- **Herausforderungen**

Die Mitarbeit im Familienunternehmen macht Nadja Sternik-Mäder sehr viel Freude und wie ihr Vater sagt, hat sie der „Unternehmervirus" bereits erwischt. Auch der anstehenden Übernahme blickt Nadja Sternik sehr positiv entgegen. Gleichzeitig ist sie sich bewusst, dass es auch eine Herausforderung sein wird, alles unter einen Hut zu bekommen und eine gute Balance zwischen der Firma und der Familie zu finden; insbesondere, da sie seit zwei Jahren Mutter ist und auch diese Rolle mit viel Herz, Präsenz und Engagement wahrnehmen möchte.

Als weitere Herausforderung sieht sie ihr jugendliches Temperament, ihre vielen Ideen und Veränderungswünsche mit der zur Verfügung stehenden Zeit und den bestehenden Rahmenbedingungen in Einklang zu bringen. Sie hat sich für die kommende Zeit vorgenommen, ihren Zielen und ihrem Führungsstil treu zu bleiben, doch pragmatisch Schritt für Schritt eines nach dem anderen anzupacken. Glücklicherweise hat sie dabei wertvolle Unterstützung durch ihren Ehemann. Die beiden scheinen sich bei ihren Zielen und nächsten Schritten sehr einig zu sein und unterstützen sich gegenseitig.

- **Blick in die Zukunft**

Nadja Sternik-Mäder wird zum 01.01.2018 100 % der Aktien der JOMA Trading AG übernehmen und zusammen mit ihrem Ehemann Till Sternik die Geschäftsführung übernehmen.

Josef Mäder ist froh, dass er weiterhin gewisse Aufgaben für die JOMA Trading AG wahrnehmen kann. Er freut sich aber auch auf mehr Ferien und Wandern mit seiner Frau und mehr Zeit mit seiner Enkeltochter. Zudem denkt er, dass er sich eine neue Beschäftigung suchen möchte – dazu müsse er aber erst einmal mehr freie Zeit und Muße haben.

✅ **Lessons learned**
- Trennung von geschäftlichen und privaten Themen,
- vertrauensvolle Beziehungen innerhalb der Familie,
- eigenständige Entwicklung der Kinder zulassen und unterstützen,
- Freude am Unternehmertum,
- in der Übergangszeit Trennung der Verantwortlichkeiten und Zuständigkeiten,
- offene Kommunikation,
- Unterschiede in der Führung anerkennen und akzeptieren,
- gegenseitige loyale Unterstützung gegenüber Mitarbeitenden und Geschäftspartnern,
- finanzielle Themen ansprechen und für alle Beteiligten in der Familie faire Lösungen finden.
- Auch familieninterne Nachfolgeprozesse brauchen Zeit.

(Quelle: Interview mit Josef Mäder und Nadja Sternik-Mäder, 22.06.2017)

✅ **Was seither geschah – Unternehmerin mit Herzblut, Kreativität und viel Verantwortungsgefühl**
Nadja Sternik-Mäder hat per 01.01.2018 die Aktien der JOMA Trading AG übernommen. Seither führt sie das Unternehmen gemeinsam mit ihrem Mann Till Sternik. Im Interview vom 09.07.19 erzählt sie, was sich seither verändert hat und wie sie die Zukunft sieht.

Frau Sternik-Mäder, was hat sich seit dem 01.01.18 für Sie persönlich verändert?
Nadja Sternik-Mäder antwortet lachend: *„Ich bin in der Rolle als Chefin angekommen, wenn man das überhaupt je kann. In den vergangenen anderthalb Jahren habe ich gemerkt, was funktioniert und was nicht. Ich habe erkannt, dass ich als Chefin nicht Dienstleisterin für alle bin. Entsprechend habe ich meinen Führungsstil angepasst, meine Kommunikation ist noch klarer geworden – und ich habe gelernt, öfters auch mal nein zu sagen. Gleichzeitig haben mein Mann und ich unsere Mitarbeitenden ermuntert und möglichst befähigt, mehr selbstständig zu tun und zu entwickeln.*

Ich bin mit einer gewissen Blauäugigkeit gestartet. In der Zwischenzeit bin ich auf dem Boden der Realität angekommen. Mein Mann und ich verstehen meinen Vater in einigen Punkten besser. Ich empfinde die Verantwortung insgesamt und die Bedeutung der Vorbildfunktion gegenüber dem Team als sehr gross. Mein Vater rechtfertigte sich z. B. immer gegenüber den Mitarbeitenden, wenn er mal eine Stunde früher aus dem Geschäft ging. Ich verstand das nie, schliesslich wusste ich ja, wie viel er sonst noch arbeitete. Genau das gleiche ist nun aber mein Mann und mir passiert, als wir uns letzte Woche für ein längeres Wochenende verabschiedeten.

Hier gleich anknüpfend kann ich sagen, dass ich den Spagat zwischen Unternehmerin und Mutter als eine grosse Herausforderung erlebe. Immer wieder habe ich ein schlechtes Gewissen in alle Richtungen. Der Spagat gelingt mir dann besser, wenn ich mir als Unternehmerin flexibel und spontan Freiheiten einrichte und sie mir auch erlaube; z. B. kann ich dank der Nähe unseres Wohn- und Arbeitsortes ab und zu zum Frühstück zur Familie gehen und auch mal spontan Tage abtauschen."

Was hat sich im Geschäft verändert?
N. S.-M.: *„Durch den Wechsel der Geschäftsleitung und einige Pensionierungen weht in der Unternehmung ein frischer Wind. Wir haben unser CI (Corporate Identity) weiterentwickelt und die Kommunikation zeitgemäß angepasst. In den digitalen, sozialen Medien sind wir sehr präsent, wir treten dynamischer und jünger auf. Im vergangenen Jahr haben wir unseren Showroom neugestaltet und der Tag der offenen Tür war dank unserem großartigen*

Team und unseren Kunden/-innen ein grosser Erfolg. Weiter haben wir auf IT-Ebene ein Auftragsbearbeitungssystem eingeführt, was für unsere Kundenberater/innen eine grosse Veränderung bedeutete.

Sie sehen, der Start war kreativ und schwungvoll. Mich freut es sehr, dass wir viele zufriedene Kunden haben. Im Team herrscht eine sehr gute Stimmung und wir können auf viele motivierte, engagierte Mitarbeiter/innen zählen. Welche Herausforderungen der Markt uns noch bringen wird, wird sich zeigen. Mein Mann und ich sind zuversichtlich und wir geben unser Bestes."

Wie läuft die Zusammenarbeit mit Ihrem Mann?
N. St.-M.: „Die Tatsache, dass mein Mann im Geschäft ist, ist für mich sehr bereichernd und stärkend. Mir macht es viel Freude, in ihm einen Sparringspartner zu haben, gemeinsam die strategischen Themen zu erarbeiten und in der Umsetzung als Team zu funktionieren. Ich bin sehr froh, dass er viele Bereiche von meinem Vater übernommen hat, die ihm sehr liegen und mich entlasten.

Wichtig ist sicher, gut auf die Partnerschaft zu achten. Es geht sehr schnell und man spricht nur noch über das Geschäft und die Familie. Gemeinsame Auszeiten, wenn auch nur kurze, sowie Humor helfen uns, die aktuellen Herausforderungen zusammen zu meistern."

Wie geht die Zusammenarbeit mit Ihrem Vater?
N. St.-M.: „Mein Vater hat sich zurückgezogen und ist im Geschäft praktisch nicht mehr anwesend. Wenn wir ihn brauchen, so ist er sofort zur Stelle, sonst hält er sich zurück. Er schenkt uns viel Vertrauen und lässt uns gewähren, was ich und wir sehr schätzen. Besser kann ich es mir kaum vorstellen."

Welches sind für Sie die wichtigsten Themen der Führung in einem Veränderungsprozess?
N. St.-M.: „Ich finde es wichtig, als Geschäftsleitung eine Vision zu haben und den Mitarbeitenden klar zu kommunizieren, wohin man will. Eine offene und klare Kommunikation ist zentral, d. h. zusammen reden und sich zuhören. Dann braucht es viel Geduld, Anpassungsfähigkeit und Toleranz von allen Seiten."

Hat sich Ihre Unternehmenskultur verändert?
N. St.-M.: „Ja, sehr, wir sind heute viel heterogener aufgestellt als noch vor zwei Jahren, d. h. wir beschäftigen Männer und neu mehr Frauen, junge und ältere Mitarbeiter/innen. Dies führt zu mehr Reibungsfläche, die sich positiv, kreativ, dynamisch, vielfältig, offen und flexibel auswirkt. Gleichgeblieben sind sicher der sehr wohlwollende, fürsorgliche Umgang und die gute Stimmung."

Welches sind Ihre Erfolgsfaktoren, welche dazu geführt haben, dass Ihnen die Übernahme des Geschäftes so gut gelungen ist?
N. St.-M.: „Leben und leben lassen. Mein Vater und ich hatten unsere Differenzen, aber wir sind immer tolerant und grosszügig miteinander umgegangen. Alle wichtigen Schritte im Übernahmeprozess wurden mit der ganzen Familie (Eltern, Schwester, mein Mann) besprochen und von allen abgesegnet. Es sollte sich niemand benachteiligt fühlen.

Wichtig ist, dass man Geschäft und Familie klar trennt. Uneinigkeiten bei der Arbeit haben beim gemeinsamen Familienessen nichts verloren.

Ausserdem haben wir immer versucht, das Team mit einzubeziehen, wir haben transparent informiert und das wurde immer sehr geschätzt."

Wie sehen Sie den Bezug zur Arbeitswelt 4.0? Welches sind die wichtigsten Veränderungen/Projekte, die Sie vor sich sehen?
N. St.-M.: „Unser Kerngeschäftsmodell wird durch die Arbeitswelt 4.0 herausgefordert, denn die Rechtfertigung von Büros wird heute generell hinterfragt. Zudem ist unser Team aufgrund der Altersstruktur durch die Digitalisierung sehr gefordert.

Ich sehe mich als Geschäftsführerin und Vertreterin der jungen Generation als Vorreiterin und bringe die aktuellen Trends ins Unternehmen. Dabei achte ich darauf, was wir adaptieren können, ohne uns untreu zu werden. Bisher hat es genügt, mehr Bewegung am Arbeitsplatz anzubieten. Dies reicht nun nicht mehr und wir müssen diese Bewegung auf die Bürofläche bringen, Stichwort Multispacebüros. Es stehen riesige Veränderungen an, was ich genial, sehr spannend und eine Bereicherung für unsere Arbeit finde. Die Frage ist unter anderem: Wie können wir unseren bestehenden Kunden das Thema näherbringen. Hier sehe ich mich als Lösungsanbieterin, was mich täglich anspornt und motiviert."

(Quelle: Interview vom 09.07.19)

Auch für Herrn Josef Mäder hat sich seit dem 01.01.18 vieles verändert. Seine Sicht der Dinge hat er in einem Interview preisgegeben.

Welches sind für Sie persönlich die markantesten Veränderungen seit der Übergabe?

Josef Mäder steigt wie seine Tochter lachend ein: *"Ich bin pensioniert und es ist mir etwas langweilig.*

Früher bin ich immer um 6 Uhr aufgestanden, habe eine Stunde Fitness gemacht, geduscht und um 7:30 war ich im Büro. Heute stehe ich später auf, mache viel Sport, meine Frau und ich geniessen die Zeit mit unserer Enkelin und wir sind viel mit unserem Camper unterwegs auf Reisen. Das ist alles schön und gut. Die Befriedigung bezüglich Leistung ist aber nicht mehr da. Ich kann mir nicht mehr so gut auf die Schultern klopfen wie früher. Es bleibt ein Gefühl von nichts Gescheites zu tun.

Ich habe in den vergangenen 40 Jahren sehr viel gemacht und bewirkt. Nach der Übergabe des Geschäftes an meine Tochter und meinen Schwiegersohn habe ich mir eine 3 seitige „To-do"-Liste gemacht. Diese ist nun bald abgearbeitet. Auch habe ich noch ein paar Dinge im Geschäft aufzuräumen. Sobald dies alles erledigt ist, werde ich mir eine neue Herausforderung suchen, denn diese vermisse ich."

Was hat sich für die JOMA Trading AG verändert?

J. M.: *"In den letzten 10 Jahren hat sich unser Geschäftsumfeld sehr verändert. Es ist viel schwieriger geworden gute Zahlen zu schreiben. Für die JOMA AG gibt es eine Zukunft. Die Grösse der Firma ist ideal und sie ist sehr gut aufgestellt – die Arbeit ist jedoch anspruchsvoller geworden.*

Nadja macht alles sehr gut, viel besser als ich es je gemacht habe. Sie arbeitet sehr professionell, viel strukturierter, die Werbung inkl. Social Media ist hervorragend. Auch die Zusammenarbeit mit den Kunden/innen und Mitarbeitenden klappt sehr gut. Meine Tochter wird als neue Chefin akzeptiert und geschätzt. Ich habe grossen Respekt ihrer Arbeit gegenüber. Es braucht Zeit, Geduld und Vertrauen. Ups and downs gehören zum Geschäft. Ich sage immer: Wer besser ist als der Durchschnitt, dem passiert nichts im Leben.

Für die Zukunft wünsche ich meiner Tochter mehr Gelassenheit! Ich habe ihr eine Figur aus Thailand mitgebracht. Die steht auf ihrem Pult und winkt ihr entgegen: Gelassenheit und Wohlstand."

(Quelle: Interview vom 11.07.19)

9.3 Best Practice: Familienexterne Nachfolgeregelung bei MELCOM AG, Wallisellen

Unternehmensgeschichte

Gegründet wurde die MELCOM AG 1997 durch Franz Moser, damals 50-jährig. Innerhalb weniger Jahre entwickelte sich das Einmannunternehmen zu einem sehr erfolgreichen, mittelgroßen Unternehmen mit heute knapp 180 Mitarbeitenden. Die MELCOM AG hat heute Standorte in Wallisellen und Langenthal.

Die MELCOM AG steht für maßgeschneiderte Elektro- und IT-Lösungen für

Industrie- und Gewerbebauten, Banken und Versicherungen, Tankstellen, Krankenhäuser und Wohngebäude – von der Planung über die Installation bis zum Unterhalt. Die MELCOM AG ist auch Partnerin für alltägliche Strom- und EDV-Fragen für Privathaushalte.

2007 machte sich Franz Moser mit 60 Jahren erstmals Gedanken zu seiner Nachfolgeregelung. Er setzte sich mit verschiedenen Szenarien auseinander. Ihm war es sehr wichtig, dass die Firma mit ihrem Name bestehen bleibt, und ein externer Verkauf kam für ihn nicht infrage.

Von 2005 bis 2011 war seine Tochter Brigitte Moser für die MELCOM AG tätig. Als Kauffrau übernahm sie die Leitung der Administration und war zusätzlich verantwortlich für Marketing und Personalwesen. Dort lernte sie auch ihren heutigen Ehemann Silvan Hänggli kennen. Er war als Projektleiter im Bereich IT-Projekte tätig. 2012 verließ er die Firma, um in ein Großunternehmen im Bereich IT einzusteigen.

2008 setzte Franz Moser seinen langjährigen Mitarbeiter Stefan Eugster als Geschäftsführer ein. Zusammen waren sie in der Geschäftsleitung. Für das operative Geschäft war ab dem Zeitpunkt Stefan Eugster zuständig. Franz Moser konzentrierte sich auf Akquisition und Offerten.

2010 involvierte Franz Moser seine zwei Töchter Brigitte Hänggli und Barbara Moser sowie seinen Geschäftsführer Stefan Eugster. Der Geschäftsführer übernahm einen Anteil der Aktien und die Töchter übernahmen zusammen die Mehrheit. Alle drei bildeten zusammen mit Franz Moser den Verwaltungsrat. Franz Moser blieb weiterhin in der Geschäftsleitung.

Ende 2013 kamen die Töchter für sich zum Schluss, dass sie die Anteile der Firma verkaufen möchten. Seit Beginn des Nachfolgeprozesses stand im Raum, das Unternehmen dem Geschäftsführer, Stefan Eugster, zu verkaufen.

Dieser Verkauf wurde im Herbst 2014 realisiert. Obschon Franz Moser sein Unternehmen sehr gerne familienintern übergeben hätte, ist er heute mit der gefundenen Lösung zufrieden und froh, dass er die MELCOM AG an Stefan Eugster verkaufen konnte. Er ist weiterhin als Verwaltungsrat für die MELCOM AG tätig.

Seit 2017 ist Franz Moser zusammen mit der MELCOM AG Inhaber eines kleinen Elektrounternehmens, das ihm zum Kauf angeboten wurde – und somit weiterhin als Unternehmer tätig.

- **Als Unternehmer geboren**

Franz Moser wurde 1947 in Österreich geboren. Die Familie führte eine Ziegelei, die ihn von Kindsbeinen an prägte. Im Gespräch schildert er, dass er schon als kleiner Junge gelernt hat, was es heißt, Teil eines Familienunternehmens zu sein. Er wusste genau, was sich gehört, musste anständig daherkommen, die eigene Meinung behielt man besser für sich, politische Gruppierungen waren verpönt, Diplomatie wurde großgeschrieben. Für Franz Moser war früh klar, dass er das so nicht möchte und es zog ihn ins Nachbarland Schweiz. Als gelernter Elektriker fand er eine erste Stelle in einem kleinen Unternehmen. Ihm wurde es dort rasch zu eng und er wechselte nach zwei Jahren in ein größeres, dynamisches Familienunternehmen, die Mayer Elektroanlagen AG. Sehr schnell wurden seine unternehmerischen Fähigkeiten sichtbar und glücklicherweise erkannt. Bereits in jungen Jahren erhielt Franz Moser die Gelegenheit, das Unternehmen entscheidend mitzugestalten und voranzutreiben. Er half maßgeblich mit, aus dem 15-Personen-Unternehmen eine Firma mit 700 Mitarbeitenden aufzubauen und zu etablieren. Über einige Jahre war er Filialleiter mit verschiedenen Betrieben, was ihm sehr gut gefiel – er war Unternehmer im Unternehmen und griff auf vieles zurück, was er bereits als kleiner Junge gelernt hatte.

Als Franz Moser 40 Jahre alt wurde, fragte er sich, weshalb er das eigentlich für andere machte und nicht für sich selber. Genau in diesem Moment wurde die Mayer Elektroanlagen AG von der ABB gekauft und er erhielt das Angebot, oberster Chef der Firma zu werden. Damit hatte er nicht gerechnet und gerne wollte er die Herausforderung wahrnehmen. Dies lief sehr gut, er hatte viel Spielraum und die Chance, als „angestellter Unternehmer" in einen Großkonzern hineinzusehen, mitzuwirken und alle Vor- und Nachteile kennenzulernen.

Nach 10 Jahren kam es erneut zum Verkauf der Firma. Franz Moser hatte die Wahl, nochmals unter einem neuen Chef anzufangen – oder sich selbstständig zu machen. Mit 50 Jahren entschied er sich, alleine zu starten und sein eigenes Unternehmen aufzubauen. Zu Beginn saß er ganz alleine in seinem Büro und musste erst einmal wieder alles alleine machen. Die Anfangszeit war mit sehr viel Stress und Unsicherheit verbunden, denn es war nicht eindeutig, ob das Vorhaben klappen würde. Doch es hat geklappt und noch dazu sehr gut: Bereits nach 7 Jahren ist es Franz Moser gelungen, die MELCOM AG in der Branche zu einem führenden Unternehmen mit rund 170 Mitarbeitenden aufzubauen.

- **Die Familie**

Die stressige Anfangszeit der MELCOM AG haben auch die zwei Töchter Brigitte Hänggli und Barbara Moser in Erinnerung. Sie waren damals beide in der Pubertät, hatten anderes im Kopf, bekamen den Druck, unter dem der Vater stand, aber hautnah mit. Gerade für ihre Mutter sei diese Zeit nicht einfach gewesen. Nach zwei Jahren zeichnete es sich glücklicherweise ab, dass die MELCOM AG auf einem guten Weg war und die ganze Familie erfreute sich am Erfolg. Die Firma war eng mit der Familie verbunden und oft Thema am Familientisch. Die Verbundenheit und der Stolz auf den Vater und die Firma sind in den Gesprächen mit beiden Töchtern sehr gut spürbar.

Franz Moser betonte, dass dies alles ohne seine Frau nicht möglich gewesen wäre. Nur dank ihr, ihrer stabilen Beziehung und ihrer Präsenz zu Hause hätte er sich so voll und ganz dem Geschäft widmen können. Auch war es für ihn sehr wertvoll und wichtig, in ihr eine vertraute Gesprächspartnerin zu haben, mit der er auch spätabends noch seine Sorgen und Freuden der Firma teilen konnte.

- **Der Nachfolgeprozess**

Es fiel Franz Moser sehr schwer, den Nachfolgeprozess zu starten. Er war und ist mit Leib und Seele Unternehmer und die MELCOM AG ist sein Lebenswerk. Trotzdem gelang es ihm, bereits mit 60 Jahren den Prozess frühzeitig zu starten und verschiedene Optionen zu erarbeiten.

Er unterhielt sich mit seinen zwei Töchtern Brigitte und Barbara und klärte ihre Interessen und Standpunkte. Brigitte Hänggli, die ältere Tochter, war damals bereits bei der MELCOM AG tätig und verantwortlich für den gesamten kaufmännischen Bereich. Er hätte sie sich in der Geschäftsleitung gut vorstellen können, doch war ihm bewusst, dass sie sich nicht voll und ganz der Firma verschreiben mochte, noch andere Interessen hatte und eine eigene Familie gründen wollte. Barbara Moser, Berufs- und Laufbahnpsychologin, kam von ihrer Ausbildung und ihren Interessen her weniger für die Geschäftsführung infrage, doch auch mit ihr besprach er verschiedene Szenarien und Ideen – etwa eine Funktion im Personalwesen. Beide Töchter kamen trotz der großen Verbundenheit und Identifikation mit dem Unternehmen jedoch zu dem Schluss, dass sie nach dem Ausstieg ihres Vaters keine leitende Funktion in der Firma übernehmen wollten.

Franz Moser arbeitete bereits seit vielen Jahren eng mit seinem Geschäftsführer Stefan Eugster zusammen. Dieser war sehr interessiert, die MELCOM AG zu übernehmen. Franz Moser konnte sich nur einen schrittweisen Verkauf vorstellen. 2010 entschied er, erstmals einen Teil der Firma an Stefan Eugster zu verkaufen und über die Beteiligung der Töchter die Mehrheit der Firma weiterhin im Familienbesitz zu behalten. Damit waren alle Beteiligen einverstanden und dies funktionierte gut.

Franz Moser blieb weiterhin in der Geschäftsleitung und arbeitete engagiert und mit gleichem Pensum weiter wie zuvor.

■ In elterlicher Delegation – anspruchsvoll, sich daraus zu lösen

Die Rollen als Aktionärinnen und Verwaltungsrätinnen ermöglichte den Töchtern einen vertieften Einblick in das Unternehmen. Sie wurden sich zudem noch mehr bewusst, wie gross die Verantwortung war. Sie verfolgten andere berufliche und private Pläne und hatten nicht das Interesse, sich mehr in die Firma einzubringen. Brigitte Hänggli war in der Zwischenzeit Mutter geworden und selbst nicht mehr bei der MELCOM AG tätig. Beide Töchter sahen sich zu weit weg von den zentralen Geschäftsthemen. Sie fühlten sich in vielen Fragen auf das Wissen ihres Vaters oder des Geschäftsführers angewiesen. Nicht zuletzt wurden sie sich zunehmend bewusst, dass sie die über die vielen Jahre gewachsene Unternehmerpersönlichkeit ihres Vaters nicht so leicht ersetzen konnten.

Obwohl sie wussten, wie sehr sich ihr Vater eine familieninterne Übernahme in irgendeiner Form gewünscht hätte, und die Firma auch ihnen sehr am Herzen lag, entschieden sie sich 2013, ihre Anteile zu verkaufen. Sie hatten beide für sich persönlich geklärt, welche Ziele sie in ihrem Leben verfolgen wollen und welche nicht und dies mit ihrem Vater besprochen. Ihrem Vater fiel diese Entscheidung schwer, obwohl er sich bewusst war, dass die aktuelle Lösung nur eine Übergangslösung war und das Geschäft eine andere Lösung brauchte. Der Geschäftsführer sah sich in der Lage, die Firma zu übernehmen, und 2014 verkauften Franz Moser und seine Töchter ihre Anteile an Stefan Eugster.

■ Das Leben danach

Der Moment des Verkaufs und der Kommunikation an die Mitarbeitenden war für Franz Moser und die ganze Familie ein sehr schwieriger, emotionaler Moment. Mit der Entscheidung fiel aber auch viel Druck von ihren Schultern und er fühlte sich richtig an.

Erst durch den Verkauf, sagt Franz Moser, sei es für ihn möglich geworden, nicht mehr über 100 % im Geschäft involviert zu sein und Schritt für Schritt auszusteigen. Er geniesst heute mehr Ferien mit seiner Frau und kümmert sich sehr gerne um seine Enkelkinder.

Auch heute noch arbeitet er mit viel Freude einmal pro Woche für 2–3 Stunden im Geschäft mit und ist weiterhin als Verwaltungsrat für die MELCOM AG tätig. Franz Moser ist aber der Meinung, dass es ihm heute gelingt, sich zurückzunehmen und Entscheidungen, die er anders fällen würde, stehenzulassen. Er ist überzeugt, dass die gefundene Lösung für den Fortbestand des Unternehmens die beste ist. Der MELCOM AG geht es nach wie vor sehr gut und Stefan Eugster führt die Firma erfolgreich weiter.

Mit der erst kürzlich erfolgten Übernahme eines kleinen Elektrounternehmens, das Franz Moser zum Kauf angeboten worden war, führt er zu seinem 70. Geburtstag seine Leidenschaft fort – und wer weiss, vielleicht hat er dadurch bereits den Grundstein für eine weitere Erfolgsgeschichte gelegt.

✓ Lessons learned
- Nachfolgeprozesse frühzeitig starten,
- Interessen und Standpunkte der verschiedenen Akteure klären und respektieren,
- in Szenarien denken,
- trotz elterlichen Delegationen sich selber treu bleiben und zu seinen Interessen, Fähigkeiten und (Lebens-)Zielen stehen,
- im Gespräch sein und offenbleiben,
- gute Geschwisterbeziehungen pflegen und nutzen,
- Unternehmensinteressen den persönlichen Interessen überordnen,
- Ausstieg nach Möglichkeit sorgfältig und schrittweise realisieren,
- neue Perspektiven für die Zeit nach der Übergabe eröffnen.

(Quelle: Interview mit Franz Moser und seinen beiden Töchtern Brigitte Hänggli und Barbara Moser, Juni/Juli 2017)

Persönliche Botschaft des Autors

Abb. 9.2 Persönliche Worte: Ladina Schmidt Boner

Literatur

Bienert H, Eberhardt D, Hofmann R, Müller A, Sigg A (2008) Entscheidungsprozesse in der Unternehmensnachfolge im Familienunternehmen – Ein Prozessmodell: Forschungsbericht. ZHAW, Winterthur

Führen in der Arbeitswelt 4.0

Hans C. Werner und Ellen Gundrum

© Springer-Verlag GmbH Deutschland, ein Teil von Springer Nature 2020
C. Negri, D. Eberhardt (Hrsg.), *Angewandte Psychologie in der Arbeitswelt*, Der Mensch im Unternehmen: Impulse für Fach- und Führungskräfte, https://doi.org/10.1007/978-3-662-60465-6_10

Zusammenfassung

Die Arbeitswelt verändert sich. Die digitale Transformation erfordert neue Kompetenzen und neue Arbeitsformen. Agilität scheint das Gebot der Stunde, mit spürbaren Auswirkungen auf die Art und Weise, wie wir zusammenarbeiten und wie wir führen. Die Veranstaltung IAP Impuls 2018 widmete sich dem Thema „Führen in der Arbeitswelt 4.0". Im Keynote-Referat zeigte Dr. Hans C. Werner, Leiter Group Human Resources bei Swisscom, auf, wie sich Führung und Zusammenarbeit bei Swisscom verändert und welche Chancen und Herausforderungen sich aus agilen Organisations- und Zusammenarbeitsformen für Mitarbeitende und Führungspersonen ergeben.

Das Interview mit Dr. Hans C. Werner führte Ellen Gundrum

■■ **Herr Werner, die digitale Transformation erfordert neue Kompetenzen und neue Führungs- und Zusammenarbeitsformen. Welche signifikanten Veränderungen identifizieren Sie? Wie begegnen Sie diesen bei Swisscom?**

Im Kontext der Digitalisierung haben Kundinnen und Kunden in den letzten 10 bis 15 Jahren ihre Ansprüche und ihr Verhalten erheblich verändert. Unsere Kunden erwarten, dass wir Leistungen und Produkte viel schneller entwickeln, rascher und einfacher zugänglich machen, laufend aktualisieren und verbessern. Wir arbeiten heute mit Kunden anders zusammen. Kunden akzeptieren in verschiedenen Bereichen, dass Produkte nicht nur schnell, sondern auch in einem sehr frühen Entwicklungsstadium auf den Markt kommen. Sie sind bereit, Produkte auszuprobieren und Feedback zu geben und werden damit Teil der Entwicklung. Sie arbeiten mit und profitieren somit auch von jeder Neuerung. Für Kundinnen und Kunden ist es heute selbstverständlich, zeitnah nach der Einführung in einem schnellen Rhythmus verbesserte Versionen zu erhalten und zu nutzen.

Unternehmen generell, so auch Swisscom, sind gefordert sich anzupassen. Wir entwickeln heute schneller und in viel kleineren Entwicklungsschritten, wir probieren aus, bringen neue Produkte rascher auf den Markt, erhalten Feedback, verbessern und so weiter. Wir sind agiler geworden in der Art und Weise, wie wir entwickeln, zusammenarbeiten und führen.

Im Vergleich zu agiler Führung ist Führen „im Wasserfall" eher träge und oft auf einen

Flaschenhals kanalisiert, also auf eine oder wenige Personen.

Vor dem Hintergrund der veränderten Kundenbedürfnisse ist dies nicht mehr haltbar. Wir würden an Geschwindigkeit, Kundennähe und damit an Wettbewerbsfähigkeit einbüßen, wenn wir die Zusammenarbeit und die Führung in vielen Bereichen nicht viel flexibler aufgestellt hätten.

■ ■ **Wie verändern sich Führung und Zusammenarbeit konkret?**

Wir nutzen heute das Potenzial des ganzen Teams in der Führung.

Im Vergleich zu Führung in patriarchalischen Systemen, die stark von der Exzellenz einer Person leben, hat sich die Stärke der Vielfalt durchgesetzt.

Führung gibt mehr Gestaltungsspielraum und akzeptiert Lösungen, die nicht in „einem Kopf" entstanden sind, sondern in vielen Köpfen. Führung kann und soll heute nicht mehr die absolute Kontrolle haben über das, was im Unternehmen geschieht. Es geht darum loszulassen, Gestaltungsspielraum entstehen zu lassen, Unsicherheiten auszuhalten und sich selbst als Führungsperson einen permanenten Lernprozess zuzugestehen. Dazu gehört auch, Unwissen und eigene Schwächen transparent zu machen und dafür Wissen und Stärken aus der Organisation zu nutzen. Es gilt, Kontrolle und damit Sicherheit durch Vertrauen zu ersetzen. Dieses Vertrauen basiert auf Personen, die zusammen im Team funktionieren und die ihre Zusammenarbeit aktiv und positiv gestalten. Dabei kommen der Auswahl von Personen und der Zusammensetzung von Teams eine viel größere Bedeutung zu.

Das gleiche gilt für die Zusammenarbeit. Hierarchien gibt es ja nicht nur in Unternehmen. Hierarchie ist seit Langem Teil der europäischen und der Schweizer Kultur. Unsere Gesellschaft und wir alle sind von Kindesbeinen an davon geprägt. Nur damit, dass sich jetzt in vielen Unternehmen alle duzen, verschwindet Hierarchie noch lange nicht. Mitarbeitende und Führungspersonen sind gefordert umzulernen. Das bedeutet auch damit umgehen zu lernen, dass Hierarchie eben nicht mehr das „alles Entscheidende" ist, sondern Wissen, Gestaltungskraft und gute Ideen den Unterschied ausmachen.

Sich in diesem Veränderungsprozess selbst und mit dem Team zu orientieren und zeitweise keine Orientierung zu haben, ist für alle anstrengend. Dabei ist es wichtig, die neuen Formen der Zusammenarbeit realistisch zu betrachten und nicht hochzujubeln im Sinne von „Jetzt ist alles viel besser". Es ist sicher schneller, es liegt sehr viel Gestaltungskraft darin, aber es birgt auch sehr hohe Ansprüche an Mitarbeitende und Führungspersonen.

■ ■ **Bei Swisscom sind Führungspersonen Unternehmer, Netzwerker, Trainer und sie führen sich selbst. Wie unterstützen Sie Führungspersonen, damit sie diese Rollen ausfüllen können?**

Wir unterstützen vielfältig, z. B. mit unserer Leadership Academy, mit Coaching, Mentoring und vielen Weiterbildungsangeboten. Alle Unterstützungsmaßnahmen sind auf der Grundlage der Leadership-Map mit den Führungsrollen „Unternehmer, Netzwerker, Trainer und sich selbst führen" entstanden und richten sich danach aus. Wichtig ist, dass wir Führungspersonen diese Rollen zutrauen. Wir erwarten, dass sie sich mit den Rollen auseinandersetzen, diese reflektieren und adaptieren und sich überlegen, wie sie diese Rollen in ihrem vielfältigen Alltag situationsgerecht gestalten wollen. Darin unterstützen wir sie. Es ist ein langfristig angelegter Lernprozess, in dem wir die Führung bei Swisscom durch diese Rollen prägen.

■ ■ **Wenn Sie an die ideale Führungskraft in der Arbeitswelt 4.0 denken, welches Bild malen Sie? Welche Skills sind wichtig?**

Bei Swisscom sind Führungspersonen gefordert, die Rollen, die wir in der Leadership-Map definiert haben (Unternehmer, Netzwerker, Trainer und sich selbst führen) in ganz unterschiedlichen Situationen auszufüllen, d. h. zu wissen, was es braucht, um diese zusammen mit dem Team optimal gestalten zu können.

Mit optimal meinen wir immer im Sinne der Endkundinnen und -kunden des Unternehmens. Die wichtigste Fähigkeit dabei ist die Reflexionsfähigkeit.

Vor fünf Jahren hatten wir noch Führungsprinzipien, die konnten unsere Führungspersonen zum Teil sogar auswendig. Wir wollten damit Orientierung geben. Im Rückblick war es aber eher eine Scheinorientierung. Wir haben vorgegeben zu wissen, was gute Führung ist. Zwischenzeitlich haben wir viel darüber diskutiert, was gute Führung ausmacht oder was gute Führung braucht. Darauf gibt es keine einfache Antwort, weil wir so unterschiedliche Führungssituationen haben.

Zum Beispiel sieht Führung im Call Center, in dem Mitarbeitende sehr eng getaktet arbeiten und klare Vorgaben haben, ganz anders aus als in einem Start-up, das auch Teil von Swisscom ist und in dem ein Team zusammen etwas ganz Neues gestaltet. Deshalb haben wir gesagt, dass es vor allem die Fähigkeit zu reflektieren braucht, um Führung flexibel auszurichten. Ich sehe es ganz grundsätzlich so: Führungspersonen müssen für sich die Frage beantworten, was brauche ich, was braucht das Team in genau dieser Situation, um erfolgreich gestalten zu können? Das kann natürlich auch heißen, dass die Zügel wieder stärker in die Hand genommen werden, wenn es mal nicht gut läuft oder Erwartungen nicht erfüllt werden. Insgesamt wird das neue Rollenmodell den unterschiedlichen Anforderungen viel besser gerecht und ist flexibler.

Dabei ist es mir wichtig, nicht „schwarzweiß" zu malen. Bei uns sprechen wir über neue Führungsformen, die agiler und flexibler sind und mehr Gestaltungsspielraum geben. Es gibt aber nach wie vor Organisationen, in denen hierarchische Strukturen gewachsen sind, gut gelebt werden, gut funktionieren und nach wie vor erfolgreich sind.

■■ **Agilität scheint das Gebot der Stunde, mit spürbaren Auswirkungen auf die Art und Weise, wie wir arbeiten und zusammenarbeiten und wie wir führen. Welche Erfahrungen machen Sie mit agilen Arbeits- und Organisationsformen bei Swisscom? Was ist erfolgreich und wo stoßen Sie an Grenzen?**

Agilität wird derzeit als Begriff „gehypet". Dabei ist nicht Agilität selbst das Ziel, sondern es sind immer die Kundenbedürfnisse, die im Mittelpunkt stehen und im Wettbewerb besser bedient werden wollen.

Agilität hat es auch früher schon gegeben und es gibt sie auch in hierarchischen Strukturen. Agilität ist ein Weg, der ermöglicht, Zusammenarbeit so zu gestalten, dass das Potenzial der ganzen Gemeinschaft viel besser zum Tragen kommt.

Wir unterscheiden „being agile" und „doing agile".

„**Being agile**" ist eine Denkhaltung: Wie kann ich näher zu den Kunden rücken, schneller Bedürfnisse verstehen und umsetzen? Dies sollten alle Mitarbeitenden verinnerlichen, egal, ob sie in einer SAFe oder Holacracy-Umgebung arbeiten, ob sie Teil eines Squads sind oder in einem hierarchisch organisierten Team arbeiten. Es geht darum, welche (Denk-)Haltung wir einnehmen, um uns noch besser auf unsere Kunden auszurichten.

„**Doing agile**" benennt die fundamentale Umstellung der Zusammenarbeit. Dafür trainieren wir Mitarbeitende in agilen Methoden und begleiten sie bei der Anwendung. Mitarbeitende sind gefordert, Neues zu lernen und Altes zu „verlernen", neue Rollen zu verstehen und einzuüben. Es ist nicht damit getan, ein Buch zu lesen und einen Kurs zu besuchen. Das ist ein echter Transformationsprozess, der sehr intensiv begleitet werden muss. Das tun wir z. B. mit agilen Coaches, die Organisationseinheiten bei der Umstellung längerfristig begleiten.

Von den rund 17.000 Mitarbeitenden bei Swisscom in der Schweiz befinden sich derzeit rund 4000 im „doing agile". Sie sind entsprechend geschult, werden begleitet, arbeiten anders und haben ein differenziertes Rollenverständnis. Wir haben solche agilen Teams in verschiedenen organisatorischen Einheiten quer durch die Organisation. Das ist eine große Herausforderung auch auf anderer Ebene, z. B. in Finanz- und HR-Prozessen. Dabei stellen sich z. B. Fragen der Budgetverantwortung oder wie Führungsverantwortung auf mehrere Personen verteilt wird.

13.000 Mitarbeitende arbeiten jedoch nach wie vor in klassischen Strukturen. Und trotzdem sind wir auch dort vom Wettbewerb gefordert flexibler, schneller und näher am Kunden zu sein. Hier liegt der Unterschied zwischen „being agile" und „doing agile". Agilität als Denkhaltung gilt für alle Mitarbeitenden. Denn ich bin überzeugt, dass Menschen auch sehr gut in hierarchischen Formen agil denken und agieren können, was dazu führt, dass wir auch in klassischen Organisationen schneller und flexibler werden.

Wir werden aber nie alle in SAFe oder Holacracy schulen, das ergibt gar keinen Sinn. Wir tun dies nur dort, wo es einen Mehrwert bringt, der realisierbar ist.

Viele Mitarbeitende haben 10 bis 15 Jahre oder länger in sehr hierarchischen Strukturen gearbeitet. Es ist eine Herausforderung, die neuen Formen der Zusammenarbeit zu lernen und zu verinnerlichen, im Alltag zu erleben und zu spüren, was deren Umsetzung bedeutet. Und zwar nicht nur während der „Honeymoon-Phase" des ersten halben Jahres, in der alles neu und aufregend ist und man viel verzeiht, sondern auch noch nach drei Jahren, wenn Kontroversen da sind, wenn Dinge nicht funktionieren. Dann erst sieht man, was die Kraft, aber auch was die Probleme der neuen Methoden sind.

Agile Arbeits- und Organisationsformen einzuführen heißt eine diametrale Veränderung einzuleiten. Dies ist nicht zu unterschätzen. Ich warne davor, eine solche Entscheidung zu rasch zu treffen. Es ist wichtig, dies reiflich zu überlegen und Grundsätzliches vorher zu klären. Es sollte ganz klar sein, welche Ziele verfolgt werden. Wenn Organisationen sich dann entscheiden, diesen Schritt zu wagen, sollten sie dies in aller Konsequenz tun – halbherzig geht es nicht. Das braucht Ausdauer und dabei ist auch zu realisieren, dass nicht alle Mitarbeitenden und Führungspersonen damit leben wollen. Es ist ein Veränderungsprozess, in dem man Leute verliert, dafür aber auch für andere attraktiv wird. Man muss bereit sein, über mehrere Jahre dranzubleiben und auch Tiefschläge mitzunehmen und daraus zu lernen. Wenn man dazu bereit ist, können die neuen Arbeits- und Organisationsformen extrem viel Energie freisetzen und Motivation entfachen. Ich sehe die Kraft vor allem in Bereichen und Teams, die stark konzeptionell, gestalterisch und eigenverantwortlich an Themen arbeiten. Wir haben damit in einigen Bereichen gute Erfahrungen gemacht. Auch in meinem Bereich haben wir beispielsweise die Leadership Academy so aufgestellt. Es funktioniert überall dort gut, wo es um Innovation und Entwicklung, aber auch dort, wo es um das „operational delivery" geht, wenn Produkte in die Produktion gehen, Module umgesetzt und schnell angepasst werden müssen.

Grenzen sehe ich dort, wo die Leute es nur „fancy" finden, aber sich nicht richtig Rechenschaft darüber ablegen: Was wollen wir damit? Was versprechen wir uns davon? Was sind die Vorteile? Aber auch welche Risiken birgt es und was ist der Preis, den wir bereit sind dafür zu bezahlen?

■■ **Haben Sie die agilen Arbeitsmethoden und Organisationsformen, die Sie anwenden, entsprechend dem ursprünglichen Konzept implementiert?**

Für uns ist es wichtig, nicht eine beliebige Vielzahl von agilen Methoden parallel zu etablieren. Wir geben daher einen gewissen Rahmen mit Ansätzen vor und achten darauf, dass sowohl die Trainings und Ausbildungsmodule als auch der Erfahrungsaustausch standardisiert und leicht zugänglich sind. Vor jeder Veränderung legen wir die Ziele fest und teilen das Vorgehen in verdaubare Abschnitte auf. Es geht ja um Veränderung der Unternehmenskultur. Dabei ist es ratsam schrittweise vorzugehen, damit die Organisation die Entwicklung gut verarbeiten kann. Ein „fremdes" Modell der gesamten Organisation einfach überzustülpen, macht nur in extremen Umbruch-Situationen Sinn. In Phasen einer kontinuierlichen Veränderung gilt es, sich darüber klar zu werden, welche Wirkung man erzielen möchte, und danach zu verstehen, welche Schritte dafür notwendig und eben verdaubar sind. Eine weitere wichtige Voraussetzung ist Ausdauer. Gerade in grossen Organisationen beanspruchen Veränderungen Zeit und Fokus. Mit ‚Hauruck' und von oben verordneten Veränderungen wird man kaum nachhaltige Wirkung erzielen.

▪▪ **Welche Treiber für Agilität identifizieren Sie?**

Ich sehe vor allem zwei externe Faktoren: einerseits beschäftigen uns die Herausforderungen des Marktes, wir befinden uns in einem sehr kompetitiven Umfeld. Da brauchen wir die Fähigkeit, uns rasch anzupassen, um unseren Handlungsspielraum zu erhalten und auszubauen. Andererseits merken wir, dass die junge Generation von Talenten klare Vorstellungen hat, was sie tun und wieviel sie mitgestalten möchte. Feedbacks aus dem Arbeitsmarkt bestätigen das. Potenzielle Talente sagen uns: „Ich suche ein Umfeld, in dem ich mitgestalten kann. Wenn mir jemand ständig vorschreibt, was ich zu tun habe, ist das für mich nicht spannend". Es ist also auch für die Arbeitgeberpositionierung wichtig, ein Arbeitsumfeld zu gestalten, das diejenigen Talente anzieht, die viel Gestaltungskraft mitbringen und einen signifikanten Beitrag leisten wollen. Das ist ein wichtiger externer Treiber, den wir für uns nutzen wollen.

▪▪ **Wie haben Sie den Change-Prozess – also den Weg hin zu mehr Agilität gestaltet?**

Für uns war klar: wenn wir Agilität anstreben, wollen wir auch die Transformation dahin entsprechend gestalten. Wir haben deshalb die Auseinandersetzung mit den Themen bewusst nicht isoliert in der Konzernleitung geführt, sondern Mitarbeitende quer durch die Organisation in die Diskussion mit einbezogen. In Workshops konnten Mitarbeitende aus allen Einheiten und Hierarchiestufen einen Beitrag leisten. So haben wir unsere Vision mit konkreten Businesszielen erarbeitet und besprochen, welche Hebel wichtig sind, um die Vision erfolgreich umzusetzen. Einer dieser Hebel ist ‚Führung und Zusammenarbeit'. Wir haben uns die Frage gestellt: Welches sind die wichtigsten Themenbereiche und wo legen wir die Prioritäten fest, die für uns im Rahmen von Führung und Zusammenarbeit hin zu mehr Agilität entscheidend sind? Jedes dieser Themen wurde einem Team zur Bearbeitung zugewiesen und so die Verantwortung für Transformation in der Organisation verankert. Bei Swisscom gibt es daher keinen Chief Transformation Officer, stattdessen haben wir die Verantwortungen auch für die Transformation von Beginn an aufgeteilt und häufig haben Mitarbeitende aus der Linie und aus HR gemeinsam Verantwortung übernommen, dies in Ergänzung zur bisherigen Arbeit. Aus unserer Sicht war es ein Erfolgskriterium, dass viele Köpfe, bestehende und neue, mitarbeiten. Nur so, wenn möglichst viele zu Beteiligten werden, kann Veränderung in der gesamten Organisation entstehen und gelebt werden.

▪▪ **Womit tun sich Mitarbeitende schwer?**

Für Mitarbeitende, die es gewohnt sind, nach klaren Vorgaben zu arbeiten, Dinge zu tun und dafür bewertet zu werden, kann mehr Gestaltungsfreiraum belastend sein. Wenn Eigenverantwortung im Vordergrund steht und man diese spürt, z. B. wenn Kolleginnen und Kollegen unzufrieden mit dem Beitrag Einzelner im Team sind, kann das für diejenigen sehr unangenehm sein.

Führungspersonen können sich schwertun, wenn ihre eigenen Erwartungen an die Führungsaufgabe nicht mit der agilen Organisationsform zusammengehen. Holacracy z. B. ist sehr konsequent in der Abgabe der Führungsrolle. Einige Führungspersonen finden dann nicht mehr genug Erfüllung, wenn sie die Gestaltung wirklich an das Team abgeben und dann vielleicht nur noch in einer Rolle mitwirken, aber nicht mehr leiten. Wertschätzung in einer hierarchischen Kultur wird oft damit verbunden, wie viele Leute man führt. Das lässt sich mit Holacracy nicht mehr verbinden. Personen, denen das wichtig ist, werden die Organisation verlassen.

Dafür sehen andere das als Entlastung oder wir gewinnen neue Personen dazu, die nur in einer solchen Form arbeiten wollen.

■ ■ **Was ist Ihre Prognose? Braucht es in Zukunft mehr oder weniger Führung? Oder führen wir in Zukunft einfach anders?**

Ich meine, es braucht gleichviel Führung, aber sie wird breiter und auf verschiedene Rollen verteilt. In agilen Organisationsformen wird Führung durch mehr Mitarbeitende getragen als in hierarchischen Organisationsformen.

Wenn führen heißt, den Weg zu gestalten, Kundenzufriedenheit zu erzielen, im Wettbewerb die beste Position einzunehmen, dann braucht es Führungsarbeit, um das zu erreichen. Bisher wurde das in hierarchischen Strukturen von einigen wenigen gemacht, in den neuen Zusammenarbeitsformen tun dies mehr Leute.

■ ■ **Bei Swisscom arbeiten verschiedene Generationen. Sie selbst sind ein Baby-Boomer und wurden in der Arbeitswelt der 1990er/2000er sozialisiert. Ist es eine Frage des Alters, wie Mitarbeitende mit den Herausforderungen in einer „digitalen" und „agilen" Arbeitswelt umgehen?**

Es ist eine Mischung. Es wäre zu einfach, nur das Alter heranzuziehen.

Ich erlebe viele ältere Kolleginnen und Kollegen, die ich bewundere, weil sie über Jahrzehnte in anderen Systemen gearbeitet haben und jetzt mit großer Begeisterung im neuen System treibende Kräfte der Transformation sind.

Ich sehe jüngere Leute, die mit einem Karrieremodell im Kopf kommen und Mühe haben, weil sie erkennen, dass sich ihr Karrierebild nicht mehr erfüllt und Erreichtes nicht mehr in einem hierarchischen Status sichtbar wird. Tendenziell ist es aber schon so, dass es für diejenigen, die schon länger in „traditionellen" Strukturen gearbeitet haben, die größere Reise ist.

Oft erlebe ich jedoch große Vereinfachungen, wenn die junge Generation beschrieben wird. Es heißt, sie wollen mehr Gestaltungsspielraum oder nur noch Teilzeit arbeiten. Das stimmt aus meiner Sicht überhaupt nicht. Es gibt auch in der jungen Generation alle Ausprägungen, das ist vielleicht der größte Unterschied. Ich erlebe die junge Generation vielfältiger. Bei den älteren Generationen war das Rollenbild und das, was anzustreben ist, relativ klar. Das ist bei den Jüngeren anders. Da gibt es Leute, die sagen, ich will nur 80 % arbeiten, ich will einfach einen interessanten Job machen, aber Karriere ist mir nicht so wichtig, klare Abgrenzung zum Privatleben hingegen schon. Und es gibt andere, die kommen, geben Vollgas, wollen am liebsten 150 % arbeiten und schnell vorwärtskommen. Vereinfachung wird den neuen Generationen nicht gerecht. Früher war es einheitlicher, es gab weniger Ausbrechende, Selbstverwirklichende, Andersmachende. Der Mut, die eigenen Bedürfnisse in den Vordergrund zu stellen, war früher nicht so verbreitet. Heute sind für mich dieser Mut und die daraus resultierende Vielfalt prägnanter.

■ ■ **Wie meistern Sie es, die Arbeitswelt von Swisscom für junge und reifere Generationen attraktiv zu entwickeln?**

Für mich ist es weniger eine Frage des Alters als vielmehr eine Frage der Denkhaltung. Wir wollen die Nummer 1 in der Schweiz sein. Wir wollen Kunden und Kundinnen begeistern. Um das zu erreichen, geben wir Mitarbeitenden viel Gestaltungsspielraum und Vertrauen. „Work anywhere" ermöglicht es Mitarbeitenden, selbst zu entscheiden, wann sie wo arbeiten. Wir machen niemandem einen Vorwurf, wenn man ihn oder sie nicht sieht – am Schluss zählt das Ergebnis und nicht, wo und wann dies erarbeitet wurde.

Wir suchen Leute aller Generationen, die sich in dieser Kultur wohlfühlen. Dann ist die Verbindung der Generationen einfach, weil die Denkhaltung ähnlich ist.

Wir selektieren auf der Grundlage unserer Kultur, also ob Menschen zu uns passen. Welcher Generation sie angehören ist nicht so wichtig.

■ ■ **Eigenverantwortung erfordert Selbstkompetenz – wie meistern Mitarbeitende das?**

Einerseits darf ich mein Leben, meine Arbeit gestalten, andererseits bin ich dabei auch für mich selbst und meinen Aufgabenbereich im Unternehmen verantwortlich. Dies bedingt, dass schwierige Themen wie beispielsweise Ressourcenengpässe offen diskutiert werden können. Einige Mitarbeitende kommen mit dieser Verantwortung und dem unternehmerischen Druck nicht gleich zurecht und geraten an ihre Belastungsgrenzen. Wir beobachten das und machen diesen Mitarbeitenden vielfältige Unterstützungsangebote, dazu gehört z. B. auch die Möglichkeit, das Arbeitspensum vorübergehend zu reduzieren oder zusätzliche Ferien zu kaufen.

Belastungssituationen sind aber nicht nur der Agilität oder dem Unternehmen geschuldet. Es ist auch ein Teil der Gesellschaft. Neben einer höchst anspruchsvollen Arbeit leben viele auch noch eine durchgeplante, anstrengende Freizeit. Wirklich freie Zeit, um sich z. B. von der Arbeit zu erholen, gibt es zu wenig.

Es kommt auch vor, dass Mitarbeitende so involviert sind, dass die Euphorie für eine interessante, anspruchsvolle Arbeit zu ungesundem Verhalten führt. Wir sehen es als unsere Verantwortung, insbesondere neue Mitarbeitende, für die unsere Kultur der Verantwortung Neuland ist, darin zu unterstützen, dass sie Grenzen erkennen und nicht permanent überschreiten.

■■ **Was tun Sie, um Ihre Mitarbeitenden und Führungspersonen laufend für die Arbeitswelt der Zukunft weiter zu qualifizieren? Wo findet Lernen bei Swisscom statt?**

Die Arbeitsmarktfähigkeit der Mitarbeitenden ist bei Swisscom ein Schlüsselkriterium. Ich sehe es so: Wenn Mitarbeitende bei Headhuntern auf der Liste stehen, aber bei uns bleiben, weil sie das Gefühl haben, dass sie die Aufgaben bei Swisscom weiterbringen, dann ist das eine ideale Situation. Im Mittelpunkt unseres aktuellen Gesamtarbeitsvertrages steht die Arbeitsmarktfähigkeit. Neu können Mitarbeitende mittels „Employability Check" ihre Arbeitsmarktfähigkeit überprüfen. Sie haben zudem Anrecht auf fünf Tage Weiterbildung pro Jahr. Diese werden situationsgerecht und individuell eingesetzt. Weiterbildung geschieht jedoch nicht nur in Kursen oder Workshops. Viele Mitarbeitende übernehmen neue Rollen, neue Projekte, neue Positionen und lernen damit täglich „on the job".

Durch die Digitalisierung eröffnen sich ganz neue Möglichkeiten für das individuelle Lernen. Bei Swisscom bedienen wir alle Möglichkeiten des Lernens: offline, online, mobile, on the job, off the job. Dabei sehen wir Lernen als geteilte Verantwortung.

Lebenslanges Lernen muss sich anpassen. Es findet zukünftig in höherer Frequenz, in kleineren Einheiten sowie individualisierter und interaktiver statt.

■■ **Als Leiter Group Human Resources gestalten Sie die Führungsrolle von HR bei Swisscom maßgeblich mit. Aus heutiger Sicht: Wo muss ein zukunftsfähiges Human Ressources Management (HRM) in der Arbeitswelt 4.0 Schwerpunkte setzen?**

HR ist wie die ganze Gesellschaft stark von Digitalisierung betroffen. Dabei muss HR die Möglichkeiten wie z. B. die Automatisierung operativer Prozesse nutzen.

Die Kundinnen und Kunden von HR sind jene Kunden, die bei Swisscom Leistungen einkaufen und bezahlen. Wir tragen dazu bei, dass diese Kunden ein tolles Erlebnis haben. HR muss sich deshalb noch viel stärker auf diese Kunden ausrichten, sich nicht nur als „strategischer Partner der Linie" positionieren und auf das fokussieren, was für den Kunden einen Mehrwert bringt. Konkret heißt das: Gestalten wir einen Rekrutierungsprozess so, dass er für den Linienmanager möglichst einfach ist, oder so, dass genau die Personen kommen, die wir brauchen, um unsere Kunden zu begeistern?

Darüber hinaus erwarte ich von HR eine führende Rolle in der kontinuierlichen und gezielten Weiterentwicklung der Unternehmenskultur. Wichtig ist dabei, dass wir die Transformation über alle Dimensionen hinweg abstimmen: von der Verankerung der Werte, der Festigung der Führungskultur, der Ausgestaltung der Zusammenarbeit bis hin zu den transversalen Prozessoptimierungen. Damit wird HR zum wichtigen Partner bei der strategischen und businessorientierten Ausgestaltung der Unternehmenskultur. Dies ist meiner Ansicht nach mehr denn je eine Schlüsselaufgabe von HR.

▪▪ **Take-aways:**
- Veränderte Kundenbedürfnisse erfordern schnellere Entwicklung und laufende Verbesserung. Agile Organisations- und Zusammenarbeitsformen sind ein Weg, Führung und Zusammenarbeit flexibler zu gestalten, Geschwindigkeit zu erhöhen, näher am Kunden zu sein und Wettbewerbsfähigkeit zu erhalten.
- Es ist wichtig, die neuen Formen der Zusammenarbeit realistisch zu betrachten und nicht vorzugeben „jetzt sei alles viel besser". Sie sind schneller, sie ermöglichen mehr Gestaltungskraft, sie stellen aber auch sehr hohe Ansprüche an Mitarbeitende und Führungspersonen.
- Führung kann heute nicht mehr die absolute Kontrolle haben. Führung sollte Gestaltungsspielraum entstehen lassen, Unsicherheiten aushalten und sich selbst einen permanenten Lernprozess zugestehen. Es gilt, Kontrolle durch Vertrauen zu ersetzen.
- Vertrauen basiert auf Personen, die zusammen im Team funktionieren und die ihre Zusammenarbeit aktiv und positiv gestalten. Die Auswahl von Personen und die Zusammensetzung von Teams werden noch wichtiger.
- Führung situationsgerecht und flexibel auszurichten erfordert Reflexionsfähigkeit – eine wichtige Fähigkeit, die Führungskräfte in der Arbeitswelt 4.0 unbedingt brauchen.
- „Being agile" ist eine Denkhaltung: Wie kann ich näher bei Kunden sein, schneller Bedürfnisse verstehen und umsetzen? „Doing agile" ist die fundamentale Umstellung der Zusammenarbeit. „Doing agile" betrifft einige, die ein anderes Rollenverständnis haben und anders zusammenarbeiten. „Being agile" sollte alle betreffen, auch jene, die in hierarchischen Formen unterwegs sind.
- Agile Arbeits- und Organisationsformen einzuführen heißt, eine große Veränderung einzuleiten. Dabei sollte ganz klar sein, welche Ziele verfolgt werden. Wenn Organisationen sich dafür entscheiden, sollten sie dies in aller Konsequenz tun. Dabei wird die Organisation Mitarbeitende und Führungspersonen verlieren, die damit nicht leben wollen, aber auch neue gewinnen, denen diese Art der Zusammenarbeit zusagt.
- In agilen Organisationsformen wird Führung durch mehr Mitarbeitende getragen als in hierarchischen Organisationsformen. Führung braucht es nach wie vor, sie ist nur breiter verteilt.
- Die Selektion von Mitarbeitenden und die Zusammensetzung von Teams sollten vielmehr auf Grundlage der Unternehmenskultur erfolgen. Welcher Generation sie angehören, ist dabei nicht so wichtig.
- Die jüngeren Generationen haben mehr Mut, die eigenen Bedürfnisse in den Vordergrund zu stellen. Dies war früher nicht so verbreitet. Deswegen ist die Vielfalt bei den Jungen ausgeprägter.
- Die Arbeitsmarktfähigkeit der Mitarbeitenden ist ein Schlüsselkriterium. Lebenslanges Lernen muss sich anpassen. Es sollte zukünftig in höherer Frequenz, in kleineren Einheiten, individualisierter und interaktiver stattfinden. Dabei ist Lernen geteilte Verantwortung von Mitarbeitenden und Organisation.
- HR muss sich noch stärker auf die wirklichen Endkundinnen und -kunden ausrichten und dazu beitragen, dass

diese eine sehr gute Erfahrung mit dem Unternehmen machen. Dafür sollte sich HR nicht nur als „strategischer Partner der Linie" positionieren und auf das fokussieren, was dem Endkunden tatsächlich einen Mehrwert bringt.
- HR ist Treiber der kulturellen Transformation und ein wichtiger Partner bei der strategischen und businessorientierten Ausgestaltung und Weiterentwicklung der Unternehmenskultur.
- Agilität wird vor allem durch zwei externe Faktoren getrieben: die Fähigkeit sich in einem kompetitiven Markt schnell anzupassen und ein attraktiver Arbeitgeber für Talente zu sein.
- Wenn Agilität angestrebt werden soll, muss auch die Transformation dahin entsprechend gestaltet werden, unter Einbezug von Mitarbeitenden quer durch die Organisation, unabhängig von Hierarchie.
- Der Weg in die Agilität verlangt Ausdauer, Fokus und Konsequenz.

SRF auf dem Weg zu einem digitalen Medienhaus

Auswirkungen auf die interne journalistische Aus- und Weiterbildung

Gabriela Brönimann

11.1 Einleitung – 149

11.2 Von SF und DRS zu SRF – 150

11.3 Aus- und Weiterbildung SRF – 151

11.4 Von der getrennten zur konvergenten Ausbildung – 151

11.5 Neues Lernen durch die Digitalisierung – 151

11.6 Kurz und knackig – 152

11.7 Digitalisierung erfordert neues Ausbildungsprogramm – 152

11.8 Neue Lern-Angebote – 153

11.9 Die Rolle des Ausbilders, der Ausbilderin verändert sich – 154

11.10 Newsroom Academy – 155

11.11 Digital Leadership verlangt den Spagat zwischen Offenheit und Führung – 155

Elektronisches Zusatzmaterial Die elektronische Version dieses Kapitels enthält Zusatzmaterial, das berechtigten Benutzern zur Verfügung steht. https://doi.org/10.1007/978-3-662-60465-6_11. Die Videos lassen sich mit Hilfe der SN More Media App abspielen, wenn Sie die gekennzeichneten Abbildungen mit der App scannen.

© Springer-Verlag GmbH Deutschland, ein Teil von Springer Nature 2020
C. Negri, D. Eberhardt (Hrsg.), *Angewandte Psychologie in der Arbeitswelt*, Der Mensch im Unternehmen: Impulse für Fach- und Führungskräfte, https://doi.org/10.1007/978-3-662-60465-6_11

11.12 Vorbildfunktion auch in der digitalen Welt – 156

11.13 Reorganisation Ausbildung – 156

11.14 Fazit – 157

Persönliche Botschaft des Autors – 158

Literatur – 159

11

SRF auf dem Weg zu einem digitalen Medienhaus

Zusammenfassung

Die Digitalisierung hat zu einem massiven Umbruch der Medienwelt geführt. Nichts ist mehr übrig geblieben von den alten Zeiten, als bei den TV-Sendern um Mitternacht Sendeschluss war und längst Geschichte sind auch die Schreibmaschinen in den Redaktionen, die Musik von der Compact Disc im Radio und die Telex, aus denen nonstop Agenturmeldungen ratterten.

11.1 Einleitung

Die Digitalisierung hat zu einem massiven Umbruch der Medienwelt geführt. Nichts ist mehr übrig geblieben von den alten Zeiten, als bei den TV-Sendern um Mitternacht Sendeschluss war und längst Geschichte sind auch die Schreibmaschinen in den Redaktionen, die Musik von der Compact Disc im Radio und die Telex, aus denen nonstop Agenturmeldungen ratterten.

Heute stehen uns Hunderte von Video- und Audiokanälen zur Verfügung, Handys erlauben es uns, überall erreichbar zu sein und sich über alles jederzeit zu informieren.

Die neue Medienlandschaft ist charakterisiert durch eine massive Nutzungsveränderung; die Nutzung verschiebt sich zunehmend vom stationären Konsum linearer Programme zur mobilen Nutzung dynamischer Inhalte.

Ebenfalls stark verändert hat sich die Produktion von Medieninhalten. Die technischen Entwicklungen haben zu völlig neuen Abläufen und Arbeitsweisen geführt. Als Radiojournalistin musste ich früher mit einem zehn Kilogramm schweren Tonbandgerät Interviews aufzeichnen und die Aufnahme bzw. das Tonband mit einer Schere schneiden und die Bänder zusammenkleben. Die Radiojournalistin von heute muss für ein Interview nur noch ein Mikrofon mit einem Chip mitnehmen und sie kann den Beitrag auf dem Computer sendefertig bereitstellen. Neben solchen Anpassungen in den Tätigkeitsbereichen selbst, sind auch neue Berufe entstanden wie z. B. Datenjournalisten, cross-mediale Produzenten, trimediale Planerinnen.

Der Motor, der die Medienlandschaft derart verändert hat und die modernen Medien weiter antreibt, heisst Digitalisierung. Der digitale Wandel verändert unseren Arbeitsalltag als Medienschaffende, unseren Arbeitsplatz und letztendlich auch uns selbst. Er nimmt Einfluss auf das Führungsverhalten und die Art und Weise, wie wir im Rahmen unserer Unternehmenskultur miteinander die täglichen Herausforderungen meistern.

Gemäss der IAP-Studie 2017 – Der Mensch in der Arbeitswelt 4.0 – besteht kein einheitliches

Verständnis davon, was unter der Digitalisierung zu verstehen ist, und in der Literatur wird darauf hingewiesen, dass es „die" Digitalisierung an sich nicht gibt (Passig und Scholz 2015). Ich orientiere mich an der Definition der IAP-Studie 2017:

> „In der vorliegenden IAP-Studie verstehen wir unter Digitalisierung der Arbeitswelt und Arbeitswelt 4.0 jene Veränderungsprozesse, die in erster Linie durch das zunehmend mobile Internet und das Internet der Dinge ausgelöst werden." (Genner et al. 2017)

Im vorliegenden Beitrag wird anhand konkreter Beispiele aus der Praxis aufgezeigt, wie sich die interne Aus- und Weiterbildung, die Führungsausbildung und das innerbetriebliche Lernen bei SRF Schweizer Radio und Fernsehen aufgrund der Digitalisierung verändert haben.

11.2 Von SF und DRS zu SRF

Das Schweizer Fernsehen SF und Radio DRS wurden 2011 zusammengeführt zu SRF Schweizer Radio und Fernsehen. „Mit diesem Entscheid, hat SRF die Weichen für die digitale Medienwelt gestellt: Redaktionen erarbeiten ihre Inhalte zunehmend bi- und trimedial; für Radio, TV und Online zugleich", sagte damals SRF Direktor Ruedi Matter in verschiedenen Interviews.

SRF ist eine Unternehmenseinheit der SRG SSR (Schweizerische Radio- und Fernsehgesellschaft). Die öffentlich-rechtlichen Radio- und Fernsehprogramme von SRF sind Gebühren finanziert. SRF beschäftigt knapp 2100 Mitarbeitende, die sich rund 1600 Vollzeitstellen teilen.

Die Ausbildungsbereiche der beiden bisher unabhängigen Unternehmenseinheiten wurden 2011 ebenfalls zusammengeführt. Der neue fusionierte Bereich im Stab der Direktion hatte den Auftrag, die Ausbildung trimedial auszurichten. Mit trimedial sind die Bereiche TV, Radio und Online gemeint. Obwohl schon damals vorauszusehen war, dass Journalistinnen und Journalisten zukünftig bi- oder trimedial arbeiten müssen, wurde weiterhin getrennt ausgebildet: Eine Fernsehjournalistin bekam eine TV-Ausbildung, der Radiojournalist lernte das Radiohandwerk und für die Online-Journalisten gab es einige wenige Ausbildungsangebote. Dies entsprach dem Alltag in den Redaktionen. Es wurde bedarfsgerecht ausgebildet, kritisiert wurde von den Online-Redaktionen lediglich der kleine Anteil an Online-Ausbildungen. Nur die 12 Volontärinnen und Volontäre, die alle zwei Jahre bei SRF ausgebildet werden, konnten eine trimediale Ausbildung geniessen. Diese umfassende Ausbildung war zwar sehr fortschrittlich und wurde von den Teilnehmenden geschätzt. Sie führte jedoch auch zu Frustrationen, weil die multimedial ausgebildeten Berufsleute im Arbeitsalltag ihr Know-how nicht anwenden konnten. Das heisst, die Ausbildung kam zu früh mit ihrem trimedialen Ausbildungsangebot.

Man sprach bei SRF schon damals über die Veränderungen durch die Digitalisierung, doch der Begriff war für die meisten noch sehr abstrakt und weit weg von ihrem Arbeitsalltag. Das hat sich inzwischen geändert. Heute arbeiten die Redaktionen bi- oder multimedial (TV, Radio, Online, soziale Medien). Hierzu seien neue Kompetenzen notwendig, sagt Hansruedi Schoch, stellv. Direktor SRF, in einer internen Umfrage zur „Zukunft Broadcast Video und Ausbildung":

> „Wir sind stolze Handwerker, müssen uns aber zum Fliessband hinbewegen, wo wir qualitativ hochstehendes Rohmaterial liefern, das dann konfektioniert wird."

Diese Aussage widerspricht dem Selbstverständnis, das viele Journalistinnen und Journalisten bei SRF haben. Sie verstehen sich als Autoren, die ihren Beitrag in Eigenregie von A-Z erstellen können. Doch auch die Leiterin SRF News, Sandra Manca, sagt in derselben Umfrage:

> „Die einen recherchieren und sammeln, die anderen bereiten auf und konfektionieren, entscheiden das Storytelling."

Dazu ergänzt David Angehrn, Leiter SRF Programmstrategie:

» „Wir müssen heute sogar Storytelling neu lernen – nicht nur für einen User eine Geschichte erzählen, sondern für verschiedene User auf verschiedene Arten."

11.3 Aus- und Weiterbildung SRF

Die Ausbildung SRF gehört organisatorisch zum Stabsbereich der Direktion. Die Ausbildungsabteilung ist hauptsächlich für die journalistische Aus- und Weiterbildung bei SRF zuständig ist. Rund 434 Standardkurse und massgeschneiderte Workshops wurden 2018 durchgeführt und mehr als 900 Stunden Einzelcoaching in der Sprechausbildung. Das laufend aktualisierte und ziemlich konstante Programm, das in den letzten Jahren angeboten wurde, war erfolgreich und wurde geschätzt. Wie effektiv die Trainings tatsächlich waren, wurde hingegen nie ausgewiesen. Wie bei anderen innerbetrieblichen Ausbildungsinstitutionen fehlt auch bei SRF ein Instrument zur Messung der Effektivität von Trainings.

11.4 Von der getrennten zur konvergenten Ausbildung

Vor dem Zusammenschluss von SF und Radio DRS zu SRF wurden TV, Radio und Onlinejournalisten getrennt und ausschliesslich in ihren Fachrichtungen ausgebildet. Mit der Zusammenführung der Unternehmenseinheiten 2011 gab es erste Versuche für gemeinsame Kurse bei Themen, die nicht fachspezifisch behandelt werden mussten, z. B. Medienrechts- oder Interviewkurse. Der Anfang war harzig, es war den Teilnehmenden nicht klar, weshalb Radiojournalisten zusammen mit TV-Journalisten einen Kurs besuchen sollten. Die Kursteilnehmenden betonten die Unterschiede, statt die Gemeinsamkeiten zu sehen. Im Laufe der Zeit wurden jedoch die verschiedenen Erfahrungen und der Austausch zunehmend als wertvoll bezeichnet. Der Hauptauslöser für die Akzeptanz des gemeinsamen Lernens war letztendlich die Veränderung hin zu fachübergreifendem Arbeiten.

Im Laufe dieses Prozesses liess sich gut beobachten, dass es den Vorgesetzten und auch der Ausbildungsabteilung nicht immer gelang, den Mitarbeitenden das „Warum" zu vermitteln. Erst als die Mitarbeitenden immer deutlicher wahrnehmen, wie sich die Medienwelt um sie herum und in ihrem eigenen Alltag verändert, konnten sie sich öffnen und das konvergente Angebot der Ausbildung annehmen.

Alle Ausbildungsangebote sind für SRF Mitarbeitende, die i. d. R. journalistisch arbeiten. Es gibt einige Kurse, die auch von externen Kunden gebucht werden können (srf.ch). Bei neuen SRF-Mitarbeitenden erstellt ein Fachausbildner zusammen mit der Mitarbeiterin und dem Vorgesetzten einen Ausbildungsplan. Dieser wird individuell abgestimmt auf die Vorkenntnisse und die Anforderungen in der neuen Funktion. Zur Auswahl stehen rund 60 Kurse und weitere Angebote wie Coaching, Einzelunterricht bei der Sprechausbildung, e-learning.

Auch für neue Führungskräfte wird jeweils beim Einstieg in die neue Funktion ein Ausbildungsplan erstellt.

Die Kurse werden von den Fachausbildnern, die bei der Ausbildung angestellt sind bzw. von Journalisten bzw. Journalistinnen geleitet, die als Programmschaffende tätig sind und eine Zusatzausbildung in der Erwachsenenbildung erworben haben (SVEB1, Train the Trainer).

11.5 Neues Lernen durch die Digitalisierung

Durch die Digitalisierung an Bedeutung gewonnen hat das Lernen on the Job innerhalb der Redaktionen untereinander oder begleitet durch die Ausbildungsabteilung.

Weil die Geschwindigkeit der Entwicklungen rasend schnell ist und somit das Wissen eine immer kürzere Halbwertszeit hat, setzen wir für Schulungen in Kursen bzw. on the Job vermehrt interne Fach-Experten ein, die von einem Ausbildner oder einer Ausbildnerin begleitet werden. Wir setzen auch Superuser ein. Superuser sind Mitarbeitende, die wir so ausbilden, dass sie fachliches Know-how möglichst adressatengerecht weitergeben können. Dafür bekommen sie neben der fachlichen Vertiefung oft auch eine „Train-the-Trainer"-Weiterbildung. Ob interner Experte oder Superuserin, beide Varianten sind auch Personalentwicklungsmassnahmen für SRF Mitarbeitende.

Immer weniger gefragt, sind Kurse mit „Frontalunterricht, bei denen jemand vorne steht und Fachwissen doziert. Auch genügt es nicht mehr, ein Curriculum zu erstellen und den Kurs über längere Zeit in der gleichen Art und Weise durchzuführen." Die klassischen Trainingsmassnahmen verlieren an Akzeptanz. Das zeigt sich an den Anmeldezahlen und an den Feedbacks. Wobei Kurse nach wie vor geschätzt werden, bei denen von den Erfahrungen der anderen Teilnehmerinnen und Teilnehmern profitiert werden kann und die Leute sich vernetzen können.

Insgesamt werden die Ansprüche der Teilnehmerinnen und Teilnehmer an die Ausbildung grösser und das Zeitbudget kleiner. Die Ausbildungsangebote müssen noch stärker als bisher einen nachweisbaren Mehrwert bieten und mit grosser methodischer bzw. didaktischer Vielfalt überzeugen. Derzeit steht das Skill-Training nach wie vor an erster Stelle. Wir müssen die Mitarbeitenden „fit machen" für die Ausübung ihrer journalistischen Tätigkeit. Dazu gehört z. B. der Einsatz des Handys im Berufsalltag. Tristan Brenn, Chefredaktor TV:

> » „Jeder Journalist sollte heute in der Lage sein, mit einem so einfachen aber brillanten Gerät wie dem Smartphone gezielt zusätzliches Material vom Ort des Geschehens mitzubringen".

Skill-Training wird bei SRF wichtig bleiben, unterstützt durch Multichannel Learning. Also Vermittlung von Lerninhalten auf unterschiedlichen Kanälen, Formen und Endgeräten: Video, Podcast, Webinare, Blogging, Chatrooms, Push-Messages.

Als Weiterbildungseinrichtung im Bereich Service public stellt sich selbstverständlich auch immer wieder die Frage, welche Werte wir grundsätzlich vermitteln möchten.

11.6 Kurz und knackig

Wegen mangelnder Teilnehmerzahl mussten wir in letzter Zeit immer häufiger mehrtägige Ausbildungen absagen. Heute müssen die Ausbildungen kürzer und modulartig aufgebaut sein. Die Vorgesetzten sind nicht mehr bereit ihre Mitarbeitenden für mehrere Tage Aus- und Weiterbildung freizustellen und auch viele Mitarbeitende haben uns gesagt, sie hätten gerne kürzere Ausbildungseinheiten.

Mit der generellen Nachfrage nach kurzen, knackigen Weiterbildungen haben z. B. unsere informellen Mittagsveranstaltugen eine stärkere Bedeutung bekommen, insbesondere wenn internes Expertenwissen geboten wird z. B. zu „Künstlicher Intelligenz", „Datenjournalismus", „Smart Speaker". Diese Lernveranstaltungen stehen später online zur Verfügung. Bei den Führungskräften ist es die Reihe „Leadership am Mittag" mit internen und externen Gästen zu „Digital Leadership", „Holocracy", „Digital Diet" etc.

11.7 Digitalisierung erfordert neues Ausbildungsprogramm

Bis vor wenigen Jahren konnte die Ausbildung SRF ein Ausbildungs-Programm anbieten, das von Jahr zu Jahr leicht aktualisiert werden musste. Grundlage für das Programm war die Bedarfsanalyse in den Redaktionen. Der gemeldete Bedarf und die Anforderungen der Unternehmensleitung (mehr digitale Angebote) stimmten jedoch immer weniger überein. Die Ausbildung hat deshalb neben den Broadcastausbildungen vermeht Online Ausbildungen ins Jahresprogramm aufgenommen. Doch diese Anpassungen genügten nicht mehr. SRF hat sich in den letzten Jahren stark verändert. Die Digitalisierung hat gemäss dem stellv. Direktor Hansruedi Schoch zu „einer radikalen Transformation des Unternehmens SRF geführt" SRF ist zum digitalen Medienanbieter geworden, der sich nicht mehr als Einwegmedium sondern als Interaktionsmedium versteht. Stichworte für die Ausbildung dazu sind „Mobile First", „User zentriert", „Social Media".

Die neuen betrieblichen Anforderungen und Sparvorgaben für die Ausbildungsabteilung stellten unsere bisherige Kursplanung in Frage. Wir stellten deshalb 2018 das bisherige Ausbildungsprogramm völlig auf den Kopf. Mit der Unterstützung von Kolleginnen und Kollegen von LDA „Leitung digitales Angebot" entwickelten wir ein „Drei-Säulen-Modell", in dem alle Ausbildungsangebote enthalten sind. Die drei Säulen sind: „Go Digital" „Classics" und „Learn Hub". Im Bereich „Go Digital" sind alle Fach- und Führungskurse mit einem digitalen Anteil (Video! kompakt, Audioinhalte gestalten, Facebook Hands on, Instagramm kennenlernen etc.), zusammengefasst, im „Classics" alle Broadcastkurse, die wir bei genügend Anmeldungen weiterhin anbieten wollen (Nachricht und Eigenbericht, selbstverständlich Hochdeutsch, Audiointerview etc.), und unter „Learn Hub" findet man u. a. alle massgeschneiderte Workshops, Coachings, e-learnings.

Die Kursverantwortlichen mussten in einem aufwändigen Prozess ihre Kurse überarbeiten, sofern möglich digitaler ausrichten, und den verschiedenen Säulen zuordnen. Als Orientierung diente der Digitale Aktionsplan SRF mit den wichtigsten Anforderungen im Bereich digitale Ausbildung die Bedarfserhebung in den Abteilungen und die SRF Strategie. Einige Kurse wurden aus dem Programm gestrichen, weil sie nicht mehr zeitgemäss sind, kein Bedarf mehr vorhanden ist oder weil sie uns zu viel kosten. Erfreulicherweise wurde das neue Ausbildungsangebot im Betrieb positiv aufgenommen.

Bei den Kursverantwortlichen hat dieser „Change" vereinzelt zu Widerstand und Ablehnung geführt. Sie mussten bisher gültige Prozesse und Gewohnheiten verabschieden und sich intensiv mit der Digitalisierung und deren Auswirkungen auf den eigenen Arbeitsbereich auseinandersetzen. Die Ablehnung zeigte sich dabei eher versteckt: Termine wurden nicht eingehalten, es wurden wiederholt die gleichen Grundsatzdiskussionen initiiert oder es gab Klagen über mangelnde Information. Ich musste immer wieder erklären, weshalb diese Veränderungen notwendig sind und oft mehrmals dieselben Fragen beantworten. Für die Kursadministration war der Prozess sehr anstrengend, da sie von den Fachausbildnern die Informationen für die Kurs-Ausschreibung (LMS) verspätet, unvollständig oder gar nicht erhielt. Es kam zu Konflikten, die die Mitarbeitenden untereinander nicht lösen konnten. Wir von der Leitung mussten eingreifen und die Situation beruhigen. Schliesslich konnte das neue Programm 2019 doch noch fristgerecht aufgeschaltet werden. Aus dieser Erfahrung heraus haben wir nun die Planung für das Programm 2020 früher gestartet, wir führen den Prozess straffer, haben engere Terminvorgaben und verlangen mehr Verbindlichkeit.

11.8 Neue Lern-Angebote

Das neue Kursprogramm und die Veränderungen bei SRF mit agilen Arbeitsweisen, Arbeiten im Newsroom und im Workflow erfordern auch eine Überprüfung unserer Lern-Angebote. Seit zwei Jahren erweitern wir intensiv die Vielfalt unserer Lehr- und Lernformen zusätzlich und kombiniert mit unseren klassischen Kursen. Ulf Grüner, SRF Fachausbildner Digital hat sich vertieft mit zeitgemässen Lernangeboten auseinandergesetzt. Ausgangspunkt dafür war eine umfassende interne Befragung von Kursteilnehmenden und Auftraggebern im Herbst 2017 mit 465 Einzelantworten aus 1440 Minuten strukturieren Interviews.

Die neuen Lernformen zeichnen sich aus durch einen schnellen und effizienten Lerntransfer in den Alltag. Sie bieten beispielsweise direkt nutzbare Checklisten, Lern-Nuggets mit konkreten Lösungen für konkrete Probleme/Aufgaben und persönliche Lern-Reflexion.

Generell bieten wir damit mehr nachhaltige und langfristige Lern-Begleitung bzw. ergänzend zur vereinzelten Lern-Intervention unserer traditionellen Kurse. Unsere Lern-Module unterstützen individuelles Training, Lernen im Team und Lernen in konkreten Projekten

Als Basis unserer neuen Lernformen orientieren wir uns am didaktischen Konzept der dänischen Business School *Kaospilot*, sowie des Konzeptes *Problem/Team Based Learning*. Für die Umsetzung nutzen wir die Facilitation-Toolsets der schwedischen Digital Creative Business School *HyperIsland* und die *Gameful-Design*-Adaptionen, die wir zusammen mit dem *Institut für Ludologie* der Hochschule für Kommunikation und Design Berlin entwickelt haben. Diese Lern-Formen setzen auf eine höhere Verantwortung der Teilnehmenden für ihr eigenes Lernen: Sie sind Stakeholder ihres eigenen Lernprozesses. Wir begleiten mit Impulsen und Struktur.

Konkret nutzen wir derzeit:
eLearning
- Selbstlernen (unbegleitet) via Reader und Checklisten:
  - Be Social – Grundlagen Social Media
  - Basics SEO (Suchmaschinenoptimierung)
  - Web-Video in Theorie und Praxis
- Selbstlernen (begleitet) mit Trainer-Feedback und Aufgaben via E-Mail als Vertiefung zu den Readern:
  - Headline/Teaser-Training
  - Anwendung Basics SEO

Blended Learning
Kurs-Programme, die analoge Workshops mit eLearning kombinieren:
- Bild-Auswahl (Reader, Checklisten, E-Mail-Gruppe mit Trainer-Feedback, Workshop/BrushUps)
- Be Social als Programm in 4 Stufen vom Selbstlern-Reader mit Anleitungen über Kurse bis zu Coaching in Kleingruppen und individuell

Team Based Learning
Lernen in Teams, lösungsorientiert entlang von Projekten und mit konkreten Produkten, die für den Alltag entstehen, wie z. B. Brainstorming-System für Crossteaser, Checklisten für Projekte, Auswertungshilfen für Beta-Tests etc.

Gameful Design
Bestandteil verschiedener Kurse; auch im Einsatz im neuen Lehrgang für Volontäre.
- Lern-Journale zur persönlichen Definition und Reflexion der Lern-Ziele ersetzen herkömmliche Feedback-Formulare z. B. im SEO-Lehrgang: jeweils vor, während und nach einem Lern-Modul. Drei verschiedene Varianten dieses Systems sind im Einsatz und bieten uns zudem die Möglichkeit genauerer Steuerung der Lern-Inhalte und -Module.
- Kurs „Go Digital Start" mit interaktiven Spielen zu Social Media und der Mediennutzungstypologie
- Kurs „Kreativität im Alltag"

11.9 Die Rolle des Ausbilders, der Ausbilderin verändert sich

Die Verlagerung des Lernens in den Arbeitsalltag und neue Lernformen verändern die Rolle unserer Ausbilder und Ausbilderinnen. Durch die verstärkte Verbindung von Arbeiten und Lernen kann eine neue Lernkultur entstehen, die von der Ausbildungabteilung unterstützt wird. Die Lernenden können ihre Lernsituation selbst steuern und dadurch erfahrungsbezogen handeln und lernen – vorausgesetzt, er oder sie verfügt über eine hohe Selbstverantwortung. Die Ausbildungspersonen haben dann neu die Rolle von Beratenden, Prozessbegleitenden und Coachs. Wir haben ausbildungsintern diskutiert, was wir von einer Person in dieser Rolle erwarten: sie müsste eine offene und direkte Kommunikation ermöglichen, einen freien Informationszugang schaffen, transparent sein, Wissen teilen, Partizipation ermöglichen und vernetzt und interdisziplinär arbeiten

Solche Veränderungen sind eine grosse Herausforderung für die Mitarbeitenden im Bereich Ausbildung. Es müssen Gewohnheiten, die über viele Jahre Gültigkeit hatten, aufgegeben werden. Die Fachausbilder werden weniger eigene Kurse leiten, es werden neue Kompetenzen verlangt und das „Silodenken" bzw. das Denken nur im eigenen Fachbereich hat keinen Platz mehr. Und sie müssen in dieser sich rasant verändernden Arbeitswelt lernen, Unsicherheit auszuhalten. Dabei ist klar, nicht alle Mitarbeitenden können und wollen mit gleicher Geschwindigkeit und Intensität in die neue Arbeitswelt voranschreiten, nicht alle verspüren denselben Druck. Doch eines haben alle gemeinsam: Sie sollten sich auf den Weg machen und ausprobieren, sonst könnten sie den Anschluss verlieren.

11.10 Newsroom Academy

Das derzeit grösste Veränderungsprojekt bei SRF ist die Zusammenlegung der tagesaktuellen Fernsehredaktionen im neuen Newsroom, der im Frühling 2020 startet. In der Broschüre „Newsroom 19" schreibt Urs Leuthard, Projektleiter Publizistik: „Der Newsroom steht für einen grundlegenden Wandel bei SRF. Wir müssen in einer Zeit der rasant fortschreitenden Digitalisierung unsere Arbeitsweise, unsere Strukturen und technischen Möglichkeiten auf den Prüfstand stellen. Auch wenn die linearen Angebote immer noch stark nachgefragt werden, sinkt deren Nutzung, dafür nimmt die nicht lineare Nachrichtennutzung exponentiell zu. Fast alle Schweizer nutzen das Internet, vier Fünftel der Nutzerinnen greifen mobil darauf zu, das Smartphone ist mittlerweile der bevorzugte Weg, um Nachrichten zu konsumieren. Ziel muss es daber sein, uns strukturell, redaktionell und technologisch so aufzustellen, dass den Nutzern jederzeit auf allen Verbreitungswegen die bestmögliche Informationsqualität zur Verfügung gestellt werden kann. Wir streben eine integrierte, crossmediale Newsproduktion an, die von den Bedürfnissen der User und Zuschauer ausgeht, bei der das Netz der Treiber und „mobile first" die Lösung ist" (Leuthard 2018).

Wobei für SRF nach wie vor an erster Stelle der Service-public-Auftrag steht, wie er in Verfassung, Gesetz und Konzession verankert ist, und die publizistischen Qualitäts-Standards, wie sie in den SRF Leitlinien festgehalten sind (SRF Intranet-News, Newsroom 19, 12.07.2018).

Für diesen Veränderungsprozess brauchen die ca. 300 redaktionellen Mitarbeitenden (News und Sport) Unterstützung und diversifizierte Aus- und Weiterbildungsangebote. Eine möglichst frühe Einbeziehung in solche Grossprojekte ist für die Ausbildung zentral, was hier im Teilprojekt „Change Management" der Fall war. Für eine optimale Betreuung vonseiten Ausbildung wurde für die Mitarbeitenden vom Newsroom eine „Newsroom Academy" gegründet, die von einer Fachausbildnerin geleitet wird. Hier werden in enger Zusammenarbeit mit den Vorgesetzten Aus- und Weiterbildungen konzipiert, organisiert, durchgeführt und evaluiert. In der Newsroom Academy ist uns wichtig, interdisziplinär und vernetzt zu lernen, Wissen zu teilen und die Zusammenarbeit zu vertiefen. Gefördert werden soll auch selbstorganisiertes, selbstgesteuertes bzw. selbstbestimmtes Lernen, das von Bildungsverantwortlichen und Führungskräften ermutigt und unterstützt wird (Hart 2018).

11.11 Digital Leadership verlangt den Spagat zwischen Offenheit und Führung

Michael Lehner, Leiter Führungsausbildung SRF (bis Ende 2018):

» „Durch die Digitalisierung hat sich auch in der Führungsarbeit bei SRF vieles verändert. Noch ist nicht allen bewusst, dass die Digitalisierung der Treiber hinter diesen Veränderungen ist".

Die Führungskräfte müssten heute mehr denn je Führungsentscheidungen in einem volatilen, unsicheren, komplexen und vielschichtigen Kontext treffen. Sie sollten sowohl Treiber als auch Coach für die digitale Transformation ein, also aktiv Veränderungen anstossen und zugleich genügend Freiräume für Veränderungen und Innovationen schaffen. Dass die Hierarchien immer flacher werden, ist bei SRF bereits in einigen Bereichen der Fall. Ein Beispiel ist eine grosse Abteilung, in der alle Redaktionsleitungen aufgehoben wurden, um die Zusammenarbeit flexibler und offener zu organisieren. Statt auf reine Chefposten setzt man auf selbstverantwortliche Mitarbeitende und Teams, die interdisziplinär zusammenarbeiten. Dadurch ist man nicht zuletzt flexibler und besser gewappnet für komplexe Entwicklungen im Medienumfeld.

Eine neue Entwicklung ist gemäss M. Lehner zudem die Verlagerung von der klassischen Linienführung hin zur Führung auf Augenhöhe, was auch den Bedarf an Führungskursen zur lateralen Führung erhöht.

11.12 Vorbildfunktion auch in der digitalen Welt

Die Vorbildfunktion der Führungskräfte ist in unserem hektischen Berufsumfeld nicht zu unterschätzen insbesondere im Umgang mit den digitalen Möglichkeiten: Was bedeutet es, wenn ich als Vorgesetzte mitten in der Nacht, Mails an Mitarbeitende verschicke? Muss man in den Ferien erreichbar sein? Wie regeln wir das On/Off-Verhalten?" Solche Fragen zu reflektieren wird immer wichtiger. SRF Führungskräfte haben dazu die Möglichkeit in den Führungskurse bei SRF, bei der SRG SSR oder im Redaktionsmanagement an der Journalistenschule maz sowie in internen Workshops, Intervisionen und persönlichen Coachings bei externen Beratungspersonen.

Neben der Digitalisierung ist für Vorgesetzte auch der Generationenwechsel ein grosses Thema. Eine neue Talentgeneration kommt in die Unternehmen – gut ausgebildet, gut informiert, social-media-affin und mit ausgeprägtem Selbstbewusstsein, gestärkt duch die demografische Entwicklung und den drohenden Fachkräftemangel. Die leitenden Werte der sog. „Generation Y" und auch deren Erwartungen an den Arbeitgeber scheinen sich erheblich von denen früherer Generationen abzuheben (Deutsche Gesellschaft für Personalführung 2011). Das beobachtet auch Pascal Scherrer, der als Programmleiter Radio SRF3 ein 50-köpfiges Team geleitet hat, dem drei Viertel der Generation Y angehören. Im Rahmen der internen Veranstaltungsreihe „Leadership am Mittag" 2018 sagte er über seine Erfahrung mit dieser neuen Generation:

» „Die Generation Y, also die Generation der 1980 bis 2000 Geborenen, ist fordernder, skeptischer und hat eine höhere Freiheitsorientierung. Sinnstiftung ist für die Y-er ungleich wichtiger als für die Generation X. Sie haben deshalb am Arbeitsplatz einen höheren Anspruch auf Nachvollziehbarkeit".

Auch solche Erfahrung werden in der Führungsausbildung thematisiert.

11.13 Reorganisation Ausbildung

Mit all diesen Veränderungen stieg auch der Druck die Organisation und Struktur der Ausbildungsabteilung anzupassen. Als Verantwortliche für den Bereich Ausbildung bei SRF (seit 2016) habe ich eine Reorganisation in die Wege geleitet, mit dem Ziel: „Die Ausbildung muss flexibler, agiler, digitaler werden und noch stärker auf die SRF-Strategie bzw. auf die Digitalstrategie ausgerichtet sein."

Zusammen mit meinem Stellvertreter und in Absprache mit dem direkten Vorgesetzten starteten wir 2017 die Reorganisation der Ausbildung SRF. Der Bereich sollte sowohl organisatorisch wie auch inhaltlich neu ausgerichtet werden. Wir waren davon überzeugt, das bisherige Organisationsmodell, streng getrennt in TV, Radio, Online, Sprechausbildung und überfachliche Kurse, sei in der neuen digitalen Arbeitsumgebung und bei einer digitalen Ausrichtung der Ausbildung SRF nicht mehr zielführend.

Für die Reorganisation bildeten wir eine Kerngruppe mit Vertretern aus dem Ausbildungsteam. Wir banden die Ausbildungsdelegierten der Abteilungen sowie punktuell interessierte Kolleginnen und Kollegen aus dem Betrieb ins Projekt ein. Mit der Unterstützung einer externen Beratung wurde mit dem SRF-Ausbildungsteam (20 Personen) in verschiedenen Workshops am Organisationsmodell gearbeitet und schliesslich konnten wir gemeinsam den Zweck der Ausbildung, unsere Werte und die Spielregeln für die Zusammenarbeit definieren.

Strukturell haben wir die Hierarchie verschlankt. Es wurden zwei Kaderstellen und eine Teamleiterstelle gestrichen. Die Fachbereiche wurden aufgelöst und die Ausbildung hat sich thematisch neu in Kreisen organisiert: Dieses Kreismodell aus der Soziokratie (Döhring 2017) wurde teilweise übernommen, teilweise unseren spezifischen Bedürfnissen angepasst. Entstanden sind u. a. ein Leitungskreis, ein Technikkreis, ein Kreis „Digitaler Journalismus" mit den Unterkreisen Video, Audio, Digital, Sprechen. Jeder Kreis erfüllt einen konkreten Zweck. Zum Teil entsprechen die Kreise den früheren Ressorts, jedoch ohne Fachführung und es wird interdisziplinär und vernetzt gearbeitet. Durch diese agile Organisationsform können wir heute flexibler und schneller auf Kundenbedürfnisse reagieren, Synergien werden besser genutzt, es wird mehr kommuniziert und interdisziplinärer zusammengearbeitet. Das „Silodenken" (ausschliesslich für den eigenen Fachbereich) verschwindet langsam.

In den Kreisen gibt es die Regel: Die Mitarbeitenden lösen ihre Probleme selbst, und zwar bilateral mit den Personen, die vom Thema betroffen sind. Und sie entscheiden selber, wie sie innerhalb der definierten Verantwortlichkeiten ihre Rollen gestalten. Es müssen Aushandlungsprozesse stattfinden, Abspra chen getroffen und Vereinbarungen eingehalten werden.

Nur was auf hierarchisch flachem Weg nicht gelöst werden kann, kommt in den Leitungskreis.

Diese Arbeitsweise erfordert viel Selbstverantwortung, es gibt wenig Struktur und viel Freiheit, was für die Mitarbeitenden, die bisher in ausgeprägten Hierarchien gearbeitet haben, Neuland bedeutet. Daher braucht es von der Führung mehr Begleitung im Veränderungsprozess, was wir bei der Einführung der neuen Struktur unterschätzten. Erstaunt hat uns auch, wie oft die Mitarbeitenden Entscheidungen weiterhin „nach oben" delegierten. „Das Leitungsteam soll entscheiden", war immer wieder zu hören. Wir von der Leitung mussten lernen, nicht reflexartig einen Entscheid zu fällen, sondern uns zu überlegen, was tatsächlich in unseren Verantwortungsbereich gehört und was wir wieder in die Kreise zurückgeben können.

11.14 Fazit

Die Digitalisierung hat mir als Leiterin der Ausbildungsabteilung SRF geholfen, anstehende Veränderungen rasch in die Wege zu leiten und die Ausbildung neu auszurichten: vom Dienstleister für alles zum strategischen Partner der Unternehmensleitung. Damit haben wir einen grossen Schritt weg von der traditionellen, ausschliesslich bedarfsorientierten Ausbildungsorganisation und -planung vollzogen. Die Digitalisierung, Sparmassnahmen und der Wunsch nach Modernisierung waren die Treiber für diese Neupositionierung. Für die Ausbildung SRF ist diese Veränderung und der Imagewechsel überlebenswichtig, denn bei der letzten Sparrunde wurde in der SRF-Geschäftsleitung über die Streichung des ganzen Ausbildungsbudgets diskutiert. Die Skepsis gegenüber innerbetrieblicher Aus- und Weiterbildung hat in den letzten Jahren bei vielen Unternehmen zugenommen: In 2004 a well-publicised survey found that only 17 per cent of business leaders reported being „very satisfied" with the performance of their learning functions (Accenture 2004). Yet nothing much seems to have changed because in early 2012 another survey found that more than half o line managers believe that employee performance would not change if the company's learning function were eliminated (Ben-Hur 2013). Diesen ernüchternden Befund für die innerbetriebliche Ausbildung kommentiert IMD Professor Shlomo Ben-Hur mit „So we have a crisis, and a big one at that." Doch für ihn gibt es Hoffnung: „We may be under greater pressure to deliver, but we also have the stage and the opportunity to put things right. Indeed, there is already a seismic shift occurring, as the corporate learning function strives to move from being a responsive service function to an agenda-setting, value-producing enterprise (Duke 2009)." Dazu ergänzt er: „There is still widespread agreement that learning can be one of the keys to corporate survivial and success and to maintaining competitive advantage."

Diese Aussage bestärkt mich, als Leiterin der Ausbildung SRF, darin den eingeschlagenen Weg zu einem schlanken, effizienten, agilen Anbieter von individuellen Lernangeboten, die auf die Strategie abgestimmt sind, beizubehalten – und uns laufend den neuen Bedürfnissen anzupassen, immer mit dem Anspruch, Journalistinnen und Journalisten aus- und weiterzubilden, die Qualitätsjournalismus bieten wollen. Auch ist es mir ein Anliegen, gute Rahmenbedingungen für die Ausbildungs-Mitarbeitenden zu schaffen, damit sie ihr Potenzial entfalten und ihre Talente zum Ausdruck bringen können.

Obwohl der Veränderungsprozess für alle Akteure manchmal auch anstrengend ist, erlebe ich die digitale Entwicklung als etwas Positives. Gerade im Bereich der Bildung gibt es viele neue Ansätze und Entwicklungsmöglichkeiten, andere Formen von Zusammenarbeit, Kooperationen und Lernen. Ich bin sehr gespannt darauf weiter zu beobachten welche Trends und Tools sich langfristig durchsetzen werden und in welcher Art wir auch wieder auf bewährte, traditionelle Arbeitsweisen zurückgreifen werden.

Wie es mit dem Arbeiten 4.0 weitergehen wird, kann derzeit niemand voraussehen. Die ehemalige deutsche Bundesministerin für Arbeit und Soziales (2013–2017) Andrea Nahles schreibt in ihrem Geleitwort zu Arbeiten 4.0:

> „Die Zukunft ist offen – niemand kann wissen, wie wir in zehn, zwanzig oder fünfzig Jahren arbeiten werden. Aber nicht wissen heisst nicht, dass wir die Arbeitswelt der Zukunft nicht gestalten könnten." (Bundesministerium für Arbeit und Soziales 2016).

Persönliche Botschaft des Autors

Abb. 11.1 Persönliche Worte: Gabriela Brönimann

Literatur

Accenture (2004) The rise oft the high-performance learning organization: results from the Accenture 2004 survey of learning executives. Accenture, London

Ben-Hur S (2013) The business of corporate learning. Insights form practice. Cambridge University Press, Cambridge, S 1–3

Bundesministerium für Arbeit und Soziales Deutschland (2016) Arbeiten 4.0. Werkheft 01 Digitalisierung der Arbeitswelt. S 3

Deutsche Gesellschaft für Personalführung e.V. (2011) Zwischen Anspruch und Wirklichkeit: Generation Y finden, fördern und binden. PraxisPapier. S 5

Döhring C (2017) Soziokratie Potenziale und Hindernisse für moderne Organisationen. Masterthesis Fachbereich 4 – Wirtschaftskommunikation Hochschule für Technik und Wirtschaft Berlin. S 16–20

Duke CE (2009) Learning and development in 2011: a focus on the future. Duke Corporate Education, Durham

Genner S, Probst L, Huber R, Werkmann-Karcher B, Gundrum E, Majkovic A-L (2017) IAP Studie 2017. Der Mensch in der Arbeitswelt 4.0. Zürich. IAP Institut für Angewandte Psychologie der ZHAW. Zürcher Hochschule für Angewandte Wissenschaften. S 5

Hart J (2018) Modern workplace learning. Centre for Learning & Performance Technologies. E-Book. C4LPT, London, S 11–12

Leuthard U (2018) Newsroom 19 News, aber richtig. Broschüre. SRF Schweizer Radio und Fernsehen, Zürich, S 1

Passig K, Scholz A (2015) Schlamm und Brei und Bits. Warum es die Digitalisierung nicht gibt. Merkur 69(11):75–81

Psychologie und künstliche Intelligenz (KI) – Parallelen, Chancen, Herausforderungen und ein Blick in die nahe Zukunft

Marc Schreiber und Peter A. Gloor

12.1 Einleitung – 163

12.2 Psychologie – 164
12.2.1 Menschliches Verhalten und Erleben als Zusammenspiel von analytischer und intuitiver Intelligenz – Die Theorie der Persönlichkeits-System-Interaktionen (PSI-Theorie) – 164
12.2.2 Psychologische Forschung fokussiert auf die analytische Intelligenz und beforscht vorwiegend Merkmale anstatt Individuen – 168

12.3 Künstliche Intelligenz (KI) – 171
12.3.1 Definition und Anwendungsbereiche der künstlichen Intelligenz (KI) – 171
12.3.2 KI kann den Menschen (nicht) ersetzen – 172

12.4 Einfluss der KI auf die Arbeitswelt – Unterschiedliche Disziplinen mit unterschiedlichen Perspektiven – 174

Die Originalversion des Kapitels/Buchs wurde revidiert. Ein Erratum ist verfügbar unter https://doi.org/10.1007/978-3-662-60465-6_13

Elektronisches Zusatzmaterial Die elektronische Version dieses Kapitels enthält Zusatzmaterial, das berechtigten Benutzern zur Verfügung steht. https://doi.org/10.1007/978-3-662-60465-6_12. Die Videos lassen sich mit Hilfe der SN More Media App abspielen, wenn Sie die gekennzeichneten Abbildungen mit der App scannen.

© Springer-Verlag GmbH Deutschland, ein Teil von Springer Nature 2020, korrigierte Publikation 2022
C. Negri, D. Eberhardt (Hrsg.), *Angewandte Psychologie in der Arbeitswelt*, Der Mensch im Unternehmen: Impulse für Fach- und Führungskräfte, https://doi.org/10.1007/978-3-662-60465-6_12

12.5 KI und Psychologie – ein konkretes exploratives
Beispiel im Bereich der Beratungspsychologie – 175

12.6 Fazit und Ausblick – 177

Persönliche Botschaft des Autors – 178

Literatur – 179

Psychologie und künstliche Intelligenz (KI) – Parallelen, Chancen, …

12

Zusammenfassung

Im vorliegenden Kapitel wird die KI im Kontext der Psychologie, der Lehre des menschlichen Verhaltens und Erlebens, betrachtet. Dabei wird mit der Theorie der Persönlichkeits-System-Interaktionen (PSI-Theorie) (Kuhl 2001) eine psychologische Theorie als Basis genommen, die von zwei Arten der Intelligenz ausgeht, nämlich einer analytischen und einer intuitiven. Die PSI-Theorie eignet sich als Grundlage für eine Reflexion der Chancen und Herausforderungen im Zusammenhang mit der KI, weil sich dabei die konkrete Frage stellt, ob KI „nur" die analytische Intelligenz abdecken oder ob sie auch intuitiv intelligent sein und dadurch menschliche Züge annehmen kann.

Nach einer Auslegeordnung auf der Basis der PSI-Theorie wird ein spezieller Fokus auf die psychologische Intelligenzforschung gelegt. Dabei wird aufgezeigt, dass sich Theorie und Praxis aufgrund der unterschiedlichen erkenntnistheoretischen Schwerpunkte in den vergangenen Jahren auseinanderentwickelt haben und eine neue Praxis- und Forschungsagenda postuliert. Mit Bezug zur Intelligenzforschung werden sodann Gedanken zur Entwicklung der KI in der nahen Zukunft formuliert.

Das Kapitel wird abgerundet durch die Beschreibung eines konkreten praxisbezogenen Projektes mit starkem Explorationscharakter, welches zum Ziel hat, KI und psychologische Beratungspraxis in den Bereichen Emotions- und Spracherkennung zu verbinden.

12.1 Einleitung

Künstliche Intelligenz (KI) betrifft uns alle. Die Onlinehändlerin Amazon schlägt uns geeignete Bücher vor, der Sprachassistent Siri (Apple) liest uns die Wetterprognose für den aktuellen Standort vor, Google Play Music weiss, welche Musik wir mögen, DeepL übersetzt uns beliebige Texte in eine andere Sprache, unser Fahrzeug parkt autonom ein und Google individualisiert unsere Suchergebnisse auf der Suchmaschine. Darüber hinaus fürchten wir uns vielleicht davor, dass mit KI gefütterte Roboter unsere Arbeit künftig besser und kostengünstiger machen werden als wir Menschen. Wir hoffen aber auch, dass uns die KI in Zukunft Tätigkeiten abnimmt, die wir als mühsam betrachten (z. B. Einkaufen, putzen, Steuererklärung ausfüllen, …) oder dass uns die KI bei wichtigen Entscheidungen unterstützt und dadurch Arbeitsschritte erleichtert werden (z. B. bei der Rekrutierung von Mitarbeitenden oder beim Auswerten von grossen Datenmengen).

Im vorliegenden Kapitel wird die KI im Kontext der Psychologie, der Lehre des menschlichen Verhaltens und Erlebens, betrachtet. Dabei wird mit der Theorie der Persönlichkeits-System-Interaktionen (PSI-Theorie) (Kuhl 2001) eine psychologische Theorie als Basis genommen, die von zwei Arten der Intelligenz ausgeht, nämlich einer analytischen und einer intuitiven. In der PSI-Theorie wird ein funktionsanalytischer Ansatz verfolgt, was bedeutet, dass es um das wirksame „Funktionieren" in konkreten Situationen unter ausgewogenem Einbezug der der analytischen und intuitiven Intelligenz geht. Die PSI-Theorie eignet sich als Grundlage für eine Reflexion der Chancen und Herausforderungen im Zusammenhang mit der KI, weil sich dabei die konkrete Frage stellt, ob KI „nur" die analytische Intelligenz abdecken oder ob sie auch intuitiv intelligent sein und dadurch menschliche Züge annehmen kann.

Nach einer Auslegeordnung auf der Basis der PSI-Theorie wird ein spezieller Fokus auf die psychologische Intelligenzforschung gelegt. Dabei wird aufgezeigt, dass sich Theorie und Praxis aufgrund der unterschiedlichen erkenntnistheoretischen Schwerpunkte in den vergangenen Jahren auseinanderentwickelt haben und eine neue Praxis- und Forschungsagenda postuliert. Mit Bezug zur Intelligenzforschung werden sodann Gedanken zur Entwicklung der KI in der nahen Zukunft formuliert.

Das Kapitel wird abgerundet durch die Beschreibung eines konkreten praxisbezogenen Projektes mit starkem Explorationscharakter, welches zum Ziel hat, KI und psychologische Beratungspraxis in den Bereichen Emotions- und Spracherkennung zu verbinden.

12.2 Psychologie

12.2.1 Menschliches Verhalten und Erleben als Zusammenspiel von analytischer und intuitiver Intelligenz – Die Theorie der Persönlichkeits-System-Interaktionen (PSI-Theorie)

Die PSI-Theorie (Kuhl 2001, 2005, 2010, 2018) stellt eine umfassende Theorie für die Beschreibung und Erklärung menschlichen Verhaltens und Erlebens unter Einbezug von Motiven, Affekten, dem Temperament sowie Zielerreichungs- und Selbststeuerungsprozessen dar. Der Fokus wird dabei auf das „Funktionieren" einer Person in konkreten Situationen gelegt und nicht auf das Erfassen von zeitüberdauernden Persönlichkeitseigenschaften (Traits). Kuhl (2010) spricht von einem „funktionsanalytischen" Ansatz, welcher von zwei wesentlichen Komponenten des menschlichen Verhaltens und Erlebens ausgeht, nämlich einer analytischen sowie einer intuitiven Intelligenz. Diese beiden höheren kognitiven Ebenen der Informationsverarbeitung werden durch je eine niedrigere Ebene, welche jeweils als Antagonisten oder Gegenspieler angeordnet sind, ergänzt. Insgesamt wird in der PSI-Theorie von einem komplexen Zusammenspiel vierer kognitiver und zweier modulierender emotionaler Systeme ausgegangen. Diese sind in ◘ Abb. 12.1 abgebildet. Sie bestimmen das menschliche Verhalten und Erleben und liefern hilfreiche Impulse und konkrete Ansatzpunkte für die Beratungspraxis (siehe dazu (Kuhl und Strehlau 2014; Schreiber 2020; Schreiber et al. 2018)). In der Folge werden die Hauptmechanismen der PSI-Theorie und die

Psychologie und künstliche Intelligenz (KI) – Parallelen, Chancen, …

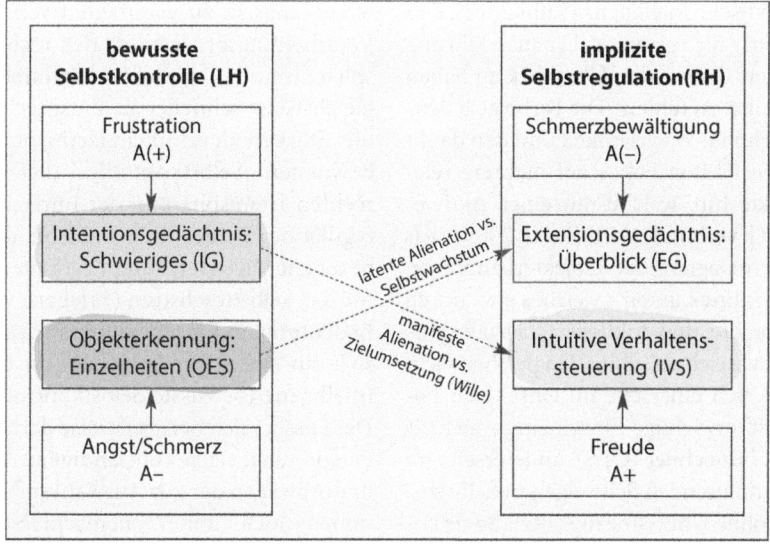

Abb. 12.1 Die PSI-Theorie im Überblick

Hautcharakteristika der Funktionsweise der unterschiedlichen Systeme erläutert.

Im Intentionsgedächtnis (IG; links oben) werden abstrakte Pläne unter Einbezug des analytischen Denkens in positiv herausfordernden und dadurch schwierigen Situationen geschmiedet. Die Farbe rot signalisiert analog zu einer Ampel, dass beim Planen, also bei einer hohen Aktivierung des IG, innegehalten werden muss bevor gehandelt wird (Kuhl 2005). Als Gegenspielerin fungiert die niedrigere Ebene der Informationsverarbeitung der Intuitiven Verhaltenssteuerung (IVS; rechts unten). Diese beinhaltet das spontane und intuitive Handeln und das damit verbundene unmittelbare Umsetzen. Die Farbe grün steht dafür, dass unmittelbar gehandelt wird (Kuhl 2005). Für eine erfolgreiche willensbezogene Zielumsetzung (Verhalten), sei dies im Berufsalltag oder in anderen Lebensbereichen, sind IG und IVS gleichermassen erforderlich. Sowohl ein Verharren im Planen (IG) als auch ein allzu spontanes Umsetzen eines Vorhabens (IVS) führen im Normalfall nicht zum erwünschten Ergebnis. Wirksames und zielorientiertes Verhalten benötigen einen flexiblen Einbezug der beiden Systeme. Dabei spielt das emotionale System des positiven Affektes eine zentrale Rolle: In **Abb. 12.1** ist der positive Affekt (Freude; A+) rechts unten abgebildet, weil er gemäss der PSI-Theorie einhergeht mit einer Aktivierung der IVS. Positive Stimmung fördert einerseits spontanes und kreatives Handeln wie beispielsweise kreatives Schaffen, Smalltalk oder Networking. Andererseits fällt es einer Person in positiver Stimmung gemäss der PSI-Theorie schwerer, komplexe Pläne zu schmieden oder umfassende Konzepte zu erstellen. Planen im Sinne einer Aktivierung des IG ist dann möglich, wenn der positive Affekt gedämpft ist (Frustration; A(+)). Das ist beispielsweise in einer Situation der Fall, in der eine Person ein Ziel nicht unmittelbar erreichen kann, sie deswegen Frustration verspürt und sich Gedanken darüber macht, wie sie ihr Ziel dennoch erreichen kann. Zielorientiertes Verhalten bedarf beider kognitiver Systeme und daher einer flexiblen emotionalen Dialektik bezogen auf die positiven Affekte.

Die intuitive Intelligenz wird durch das Extensionsgedächtnis (EG; rechts oben) verkörpert und bezieht sich auf das Erleben einer Person. Sie wird auch als „Selbst" bezeichnet und ist gemäss Kuhl mindestens genauso wichtig wie die analytische Intelligenz (Kuhl 2018). Das EG integriert die gesamte Lebenserfahrung und fokussiert darauf, den Überblick zu haben und „sich selbst zu fühlen". Die Farbe gelb deutet auf die erhöhte Wachsamkeit und den damit verbundenen breiten Fokus auf mehrere relevante Objekte hin, welche mit einer Aktivierung des EG verbunden ist (Kuhl 2005). Als Gegenspielerin agiert das Objekterkennungssystem (OES; links unten), welches sich durch eine ausgeprägte und fokussierte Detailwahrnehmung auszeichnet. Ein Ungleichgewicht manifestiert sich einerseits im einseitigen Fokussieren auf unwichtige Einzelheiten, auch als Tunnelblick bezeichnet (OES), andererseits im weltfremd anmutenden Schwelgen in Selbstzufriedenheit ohne Umweltbezug (EG). Beide kognitiven Erkenntnissysteme sind wichtig für ein wirksames Verarbeiten erlebter Situationen und das damit verbundene Selbstwachstum. Dabei ist das emotionale System des negativen Affektes zentral: In ◘ Abb. 12.1 ist der negative Affekt (Angst/Schmerz, A-) links unten abgebildet, weil er gemäss der PSI-Theorie einhergeht mit einer Aktivierung des OES. Deswegen ist das OES auch mit blauer Farbe gekennzeichnet („feeling blue") (Kuhl 2005). In negativer Stimmung fällt es einer Person leichter, den Fokus auf Einzelheiten, beispielsweise auf das Erkennen von Fehlern, zu richten. Andererseits fällt es einer Person in negativer Stimmung gemäss der PSI-Theorie schwerer, den Überblick zu wahren und die Details in einen übergeordneten Kontext zu setzen und zu integrieren. Das ist dann möglich, wenn die Person es schafft, den negativen Affekt herunter zu regulieren (Schmerzbewältigung, A(-)) und dadurch den Zugriff zum EG wieder sicherzustellen. Selbstwachstum und Selbstentfaltung bedürfen einer flexiblen emotionalen Dialektik bezogen auf die negativen Affekte.

Kuhl geht in der PSI-Theorie, welche hier nur grob vereinfacht dargestellt wurde, davon aus, dass die beiden Hemisphären des menschlichen Gehirns unterschiedliche Qualitäten aufweisen. Während die linke Hemisphäre vorwiegend analytisch und sequenziell funktioniert und dadurch Informationen vergleichsweise langsam zu verarbeiten vermag, laufen Verarbeitungsprozesse in der rechten Hemisphäre intuitiv, parallel und dadurch auch vergleichsweise schneller ab. Entsprechend liegen die Stärken der linken Hemisphäre in der bewussten Selbstkontrolle, diejenigen der rechten Hemisphäre in der impliziten Selbstregulation. Beides ist sowohl für die willensbezogene Zielerreichung (Verhalten) als auch für das Selbstwachstum (Erleben) von grosser Bedeutung. In Entscheidungssituationen kann sich ein einseitiger Fokus auf die analytische Intelligenz (bewusste Selbstkontrolle) rächen. Das äussert sich beispielsweise darin, dass eine Person auch nach vollständigem Analysieren und Abwägen der zur Auswahl stehenden Optionen noch immer unentschlossen ist und sich in einzelnen Details verliert. Aussagen wie „Irgendetwas stimmt noch nicht" oder „Mein Bauch sagt mir, dass noch etwas fehlt" signalisieren, dass die intuitive Intelligenz (implizite Selbstregulation) im Entscheidungsprozess vernachlässigt wurde oder dass die Person keinen Zugriff darauf hat. Wie bereits erwähnt ist die intuitive Intelligenz gemäss der PSI-Theorie im fühlenden EG lokalisiert. Charakteristisch für das EG ist, dass darüber aufgrund der enormen Menge an parallel verarbeiteten Eindrücken und Bildern nicht immer über die Sprache kommuniziert werden kann. Aussagen wie „Es fühlt sich (nicht) stimmig an" sollten demnach sehr ernst genommen und weiter vertieft werden. Im Beratungsprozess hilft der Weg über Bilder oder Geschichten, welche häufig mit impliziten Emotionen einhergehen. Dadurch können die relevanten impliziten Aspekte des Selbst in der Beratung mindestens partiell über die Sprache ausgedrückt und so in den Entscheidungsprozess einbezogen werden.

Parallelen zur PSI-Theorie zeigen sich bei McGilchrist, der von der leicht unterschiedlichen Anatomie der Hirnhemisphären ausgeht und ebenfalls unterschiedliche Qualitäten und Funktionsweisen der beiden Hirnhemisphären postuliert (McGilchrist 2009). Während die rechte Hemisphäre die Welt ganzheitlich wahrnimmt und im Stande ist, Beziehungen,

Körpersprache und Kunst wahrzunehmen und zu verstehen, nimmt die linke Hemisphäre die Welt als einzelne und unzusammenhängende Details wahr. Die wahrgenommenen Details werden von der linken Hemisphäre in Kategoriensysteme und allgemeine Regeln gruppiert, wobei die Individualität keine Rolle spielt und vernachlässigt wird. Auch McGilchrist betont die Wichtigkeit beider Qualitäten. Er hält fest, dass wir aktuell in einer Gesellschaft der grossen Dominanz der Kontextlosigkeit und des Versuchs, die Welt aufgrund einzelner, unzusammenhängender Details zu erklären, leben.

Einen etwas anderen Ansatz verfolgt Kahneman mit der Unterscheidung zwischen dem schnellen Denken (System 1) und dem langsamen Denken (System 2) (Kahneman 2011). Er betont, wie aufwändig und dementsprechend langsamer rationale Denkprozesse ablaufen. Demgegenüber stellt er das schnelle, intuitive und häufig durch Emotionen gesteuerte Denken, welches aufgrund der Schnelligkeit zwar hocheffizient, aber auch fehleranfällig ist. Auch hier wird die Parallele zur PSI-Theorie deutlich: System 1 entspricht der rechten Hemisphäre und System 2 der linken.

Übereinstimmend mit der Position von McGilchrist wird im folgenden Kapitel am Beispiel der Intelligenzforschung aufgezeigt, dass sich auch die psychologische Forschung über mehrere Jahrzehnte allzu sehr mit unzusammenhängenden Details im Sinne der analytischen Intelligenz der PSI-Theorie auseinandergesetzt hat. Persönlichkeitspsychologische Theorien, wie diejenigen von Kuhl (2010), aber auch neuere Ansätze von Dweck (2017), Cervone und Little (2019), Fleeson und Jayawickreme (2015), Jayawickreme et al. (2019) oder Sheldon und Prentice (2019) zeigen aber deutlich, dass aktuell innerhalb der psychologischen Forschung und Theoriebildung wieder mehr nach übergeordneten und integrierenden Theorien Ausschau gehalten und dafür auch ein theoretischer Rahmen gelegt wird.

◘ Tab. 12.1 bildet die soeben beschriebene Gegenüberstellung zwischen Aspekten der analytischen und der intuitiven Intelligenz im Kontext der PSI-Theorie ab. Zudem beinhaltet die Abbildung auch einen Versuch, die Gegen-

◘ **Tab. 12.1** Analytische Intelligenz und intuitive Intelligenz – Gegenüberstellung im Kontext der PSI-Theorie

	Analytische Intelligenz	Intuitive Intelligenz
PSI-Theorie (Kuhl 2010)	Linke Hemisphäre: analytisch, sequenzielle Informationsverarbeitung	Rechte Hemisphäre: intuitiv, parallele Informationsverarbeitung
McGilchrist (2009)	Linke Hemisphäre: kontextfrei, Suche nach allgemeinen Regeln	Rechte Hemisphäre: ganzheitlich, Suche nach Beziehungen, Kontext und Individualität
Kahneman (2011)	System 2 (langsames Denken)	System 1 (schnelles Denken)
Erkenntnistheoretisches Paradigma nach Gergen (2001) sowie McMahon & Watson (2015)	Empirismus, Positivismus	Konstruktivismus, sozialer Konstruktionismus
Differenzialpsychologische Forschungsansätze nach Stern (1911)	Merkmalsorientierung (Variations- und Korrelationsforschung), Nomothetik Intelligenzforschung	Individuumsorientierung (Psychografie und Komparationsforschung), Ideografie Einbezug des Intelligenzkonzeptes in Selektion, Beratung, etc.
Forschungsmethode	Quantitativ	Qualitativ

überstellung auf erkenntnistheoretische Paradigmen und sozialwissenschaftliche Forschungsansätze sowie -methoden zu erweitern. Darauf wird im folgenden Kapitel eingegangen, wobei der Schwerpunkt auf die differentialpsychologische Unterscheidung zwischen der Merkmals- und der Individuumsorientierung gelegt wird.

12.2.2 Psychologische Forschung fokussiert auf die analytische Intelligenz und beforscht vorwiegend Merkmale anstatt Individuen

Nach dem Vorbild der Naturwissenschaften verfolgt die persönlichkeitspsychologische Forschung seit mehreren Jahrzehnten einen quantitativ vermessenden Ansatz, mit dem versucht wird, objektivierte und dadurch allgemeingültige Zusammenhänge zu identifizieren. Man spricht dabei vom erkenntnistheoretischen Paradigma des Empirismus oder Positivismus (Aliyu et al. 2014; McAdams 1996; McMahon und Watson 2015). Dieses geht in der Psychologie einher mit einer starken Merkmalsorientierung, also dem Untersuchen von einzelnen, möglichst voneinander unabhängigen Merkmalen (Schreiber 2020). Objektivität, statistische Signifikanz sowie die damit einhergehende Allgemeingültigkeit sind wichtig, damit die Erkenntnisse möglichst über verschiedene Zielgruppen und Kulturen hinweg verallgemeinert werden können und nicht „nur" für die untersuchten Personen gelten. Ganzheitliche und eher individuumsorientierte Theorien, wie die beschriebene PSI-Theorie oder früher auch die Theorien von Freud, Jung oder Erikson, die mehrere Konzepte in Bezug zueinander setzen, und versuchen, das Verhalten und Erleben des Menschen umfassend zu erklären, entsprachen über Jahrzehnte nicht dem Zeitgeist der psychologischen Theoriebildung (Cervone und Little 2019; Dweck 2017). Die in ◘ Tab. 12.1 aufgeführte Unterscheidung zwischen Merkmals- und Individuumsorientierung geht auf Stern (Stern 1911) zurück. Sie ist von grosser Bedeutung, weil sie aufzeigt, wie sich die psychologische Forschung aufgrund der Merkmalsorientierung und der damit einhergehenden einseitig quantitativen Ausrichtung (Aliyu et al. 2014; Amelang 2004) von der häufig individuumsorientierten Praxis entfernt hat. Praxisfelder wie Personalselektion, Personalentwicklung oder auch Beratung, Coaching und Therapie, welche sich mit dem Verhalten und Erleben in konkreten Situationen beschäftigen, sind individuumsorientiert. Subjektivität ist dabei häufig erwünscht, weil es geht darum, die Dynamik des Verhaltens und Erlebens einer einzelnen Person zu verstehen. Individuumsorientierte Praxisfelder sind angewiesen auf anwendungsorientierte Erkenntnisse aus der Forschung. Deswegen drängt sich eine Integration der beiden Perspektiven auf, um sowohl in der Theoriebildung als auch in der praktischen Anwendung möglichst von den Vorteilen beider Ansätze profitieren zu können. So fordern auch verschiedene Autorinnen und Autoren, dass die beiden Ansätze nicht als Gegensätze, sondern als sich ergänzende Pole verstanden werden sollten (Gergen 2001; McMahon und Watson 2007). Doch bevor der Fokus auf eine mögliche Integration, unter Einbezug von KI, gelegt wird, wird die positivistische und merkmalsorientierte Dominanz und die damit verbundenen Herausforderungen für die Praxis am konkreten Beispiel der Intelligenzforschung aufgezeigt.

Der Ursprung des Intelligenzkonzeptes kann als mindestens teilweise individuumsorientiert bezeichnet werden. So ging es beispielsweise bei Binet und Simon um 1900 um den Auftrag aus der Praxis, eine objektive Grundlage für die Identifikation von Jugendlichen mit spezifischem Unterstützungsbedarf in der Schule zu schaffen. Individuumsorientiert ist die Fragestellung deshalb, weil es darum geht, herauszufinden, ob ein einzelnes Individuum Unterstützung benötigt oder nicht. Daraus sind die ersten Intelligenztests für Jugendliche entstanden (Amelang 2004; Asendorpf 2015). Die Forderung nach Messbarkeit (Psychometrie) und Objektivität, also einer Vergleichbarkeit über möglichst grosse und repräsentative

Stichproben geht mit einem Fokus in Richtung Merkmalsorientierung einher. Das Forschungsinteresse gilt also nicht mehr nur dem Individuum, sondern auch dem Merkmal der Intelligenz und dessen Zusammenhänge mit anderen Merkmalen, wie beispielsweise der schulischen oder beruflichen Leistung. Je nach Intelligenzkonzept und Intelligenztest wird der Fokus heute auf den Umgang mit der Sprache, mit Zahlen, auf das räumliche Vorstellungsvermögen sowie das logische schlussfolgernde Denken und die Merkfähigkeit gelegt. Dabei zeigen sich bei der Intelligenz im Vergleich zu anderen Merkmalen wie der Persönlichkeit oder den Berufsinteressen meist die höchsten Zusammenhänge mit wichtigen abhängigen Variablen wie der schulischen oder der beruflichen Leistung: Personen, die intelligenter sind, sind im Allgemeinen auch erfolgreicher in Schule und Beruf (Kramer 2009; Schmidt und Hunter 2004). Die Intelligenzforschung hat also zweifellos eine beeindruckende Entwicklung hinter sich und gemäss Stern und Neubauer hat man sich in der Forschung auch auf ein allgemein akzeptiertes Intelligenzmodell geeinigt (Stern und Neubauer 2016). Doch obwohl die Intelligenz die höchste Varianzaufklärung bezüglich der schulischen oder beruflichen Leistung aufweist, gilt es festzuhalten, dass Intelligenz als unabhängige Variable in den zahlreichen Studien praktisch nie eine Varianzaufklärung von mehr als 25 % der Varianz der abhängigen Leistungsmasse erreicht.[1] Ohne den Nutzen und die Wichtigkeit der Intelligenz für die Praxis bestreiten oder im Vergleich zu anderen Konzepten schmälern zu wollen, sollte ausdrücklich darauf hingewiesen werden, dass die merkmalsorientierte psychometrische Forschung innerhalb der Psychologie, auch wenn sie wie im Falle der Intelligenz perfektioniert wurde, nur eine geringe Varianzaufklärung leisten kann.

Für die praktische Anwendung mit dem Einzelfall (z. B. Beratung, Therapie, Coaching oder Personalentwicklung) bedeutet das, dass sich diese nicht alleine auf die merkmalsorientierte Forschung abstützen kann. Es drängt sich auf, Einzelfälle ganzheitlich und individuumsorientiert zu betrachten und dadurch den Fokus auch auf individuelle Einflussfaktoren auf die schulische oder berufliche Leistung sowie andere relevante Merkmale wie Lebenszufriedenheit zu richten. In der Beratungspraxis oder auch in der Personalselektion ist dieser Ansatz selbstverständlich: Man betrachtet eine Person aus unterschiedlichen Perspektiven (Selbst- und Fremdbild) und unter Einbezug verschiedener Merkmale wie Intelligenz, Persönlichkeit, Interessen, Werte, aber auch unter Berücksichtigung des Verhaltens in konkreten (herausfordernden) Situationen oder des Umgangs im Falle eines Misserfolgs. Die praktische Anwendung ähnelt so also sehr stark einer qualitativen Versuchsanordnung. Dabei spielen subjektive Konstruktionen der einzelnen Menschen eine zentrale Rolle. Die Frage, wie ein Individuum sich selbst mit all seinen Bedürfnissen, Eigenschaften, Werten, Motiven und Interessen in seine unmittelbare Lebenswelt einbettet, steht häufig sogar im Vordergrund. Dadurch wird die Forderung des erkenntnistheoretischen Paradigmas des Positivismus nach Objektivität und Allgemeingültigkeit verletzt. Die in ◘ Tab. 12.1 enthaltene Gegenüberstellung zwischen Empirismus, Positivismus auf der einen Seite und Konstruktivismus, sozialer Konstruktionismus (Young und Collin 2004) auf der anderen sowie die damit verbundenen erkenntnistheoretischen Forderungen stellen sich deshalb als schwer vereinbar heraus. Während die positivistische, merkmalsorientierte Forschung objektive Erkenntnisse über einzelne Merkmale und deren Zusammenhänge mit anderen Merkmalen anstrebt und auf möglichst grossen und repräsentativen Stichproben basiert, hat die konstruktivistische, individuumsorientierte Praxis primär das Individuum und dessen subjektive Realität im Fokus. Das hat zur Folge, dass Praktikerinnen und Praktiker aktuell mit Forschungsergebnissen leben müssen, die, wie im Falle der Intelligenz, bestenfalls 25 % an Va-

---

1 Die Varianzaufklärung von 25 % ergibt sich aus einer Korrelation von r = .50. (Bühner und Ziegler 2017).

rianzaufklärung leisten können. Wenn wir mit dem Raster der PSI-Theorie darauf schauen, kann daraus der Schluss gezogen werden, dass die psychologische Forschung einseitig linkshemisphärisch ausgerichtet ist und sich dadurch auch einseitig auf die objektivierbare analytische Intelligenz konzentriert. Ansätze, wie die Theorie der multiplen Intelligenzen (Gardner) oder die emotionale Intelligenz (Goleman), die versuchen, in Richtung der intuitiven Intelligenz zu gehen, werden – natürlich aus der positivistischen Perspektive absolut zu recht – als wenig wissenschaftlich abgetan und für nichtig erklärt (siehe Stern und Neubauer 2016).

Zusammenfassend kann festgehalten werden, dass sich der einseitige Fokus der psychologischen Forschung am Beispiel der Intelligenz auf zwei Komponenten bezieht: Erstens die Merkmalsorientierung mit der damit verbundenen quantitativen Ausrichtung und zweitens, als unmittelbare Folge davon, die inhaltliche Einschränkung auf Konzepte, die der analytischen Intelligenz entsprechen und zugänglich sind. Die geringe Varianzaufklärung der merkmalsorientierten Forschung von maximal 25 % (wie im Falle der Intelligenz) kann als quantitatives Indiz für den einseitigen Fokus betrachtet werden. Praktikerinnen und Praktiker, welche sich nicht (mehr) an der Forschung orientieren, haben – vielleicht intuitiv und aufgrund ihres subjektiven Erfahrungswissens – realisiert, dass die Erkenntnisse aus der Forschung häufig kontextfrei, isoliert und auf einzelne Details bezogen sind und deshalb nur beschränkt zu einer wirksamen Praxis beitragen können.

> **Eye Catcher**
>
> Daraus können die Forderungen abgeleitet werden, den erkenntnistheoretischen Fokus auf den Positivismus aufzuweichen und insbesondere die Merkmals- und die Individuumsorientierung miteinander zu kombinieren sowie eine Praxis- und Forschungsagenda zu etablieren, die sich beider in ◘ Tab. 12.1 aufgeführter Pole bedient. An dieser Stelle sei auf die Experience Sampling Methode (ESM; auch Ambulatory Assessment oder Tagebuchmethode) hingewiesen, mit welcher sowohl Merkmale (interindividuelle Varianz) als auch Individuen (intraindividuelle Varianz) beforscht werden können (Conner et al. 2009; Csikszentmihalyi und LeFevre 1989). Bei der ESM geht es darum, Personen mehrmals täglich zu befragen mit dem Ziel, möglichst unmittelbar das Verhalten und Erleben der Personen in konkreten Situationen zu erfassen. Die breite Abdeckung von Internet und Smartphones sowie der Trend zu Persönlichkeitstheorien, die sowohl inter- als auch intraindividuelle Varianzen berücksichtigen (z. B. Whole Trait Theorie (Fleeson und Jayawickreme 2015; Gergen 2001)), machen die Methode zunehmend beliebt. Darüber hinaus gilt es aber, in einer neuen Praxis- und Forschungsagenda die in ▶ Abschn. 12.2.1 beschriebene intuitive Intelligenz explizit einzubeziehen und auch vermehrt auf qualitative Forschungsdesigns zurückzugreifen. Dabei stellt sich die Herausforderung, dass die intuitive Intelligenz aufgrund ihres mindestens teilweise impliziten Charakters sowie der nicht immer über die Sprache fassbaren Qualität der positivistischen Forschung nicht sehr gut zugänglich ist.

Im Kontext der soeben skizzierten Praxis- und Forschungsagenda kann das enorme Potenzial von KI genutzt werden. So können mit deren Hilfe sehr grosse Datenmengen („big data") analysiert werden. Bevor dieser Gedanke weiterverfolgt und schliesslich in ▶ Abschn. 12.5 in Form eines konkreten Beispiels konkretisiert wird, enthält das folgende Kapitel eine Definition der KI und eine Auslegeordnung ihrer möglichen Anwendungsbereiche.

12.3 Künstliche Intelligenz (KI)

12.3.1 Definition und Anwendungsbereiche der künstlichen Intelligenz (KI)

Der Begriff der KI ist im Moment in aller Munde, obwohl es keine allgemein akzeptierte Definition gibt. Intuitiv ist das Ziel der KI, die autonome „natürliche" Entscheidungsintelligenz des menschlichen Gehirns nachzubilden. Im Stanford AI (Artificial Intelligence, AI) Bericht (Stone et al. 2016) wird die Definition der KI von Nilsson (2010) übernommen: „Artificial intelligence is that activity devoted to making machines intelligent, and intelligence is that quality that enables an entity to function appropriately and with foresight in its environment." Dabei wird im Bericht aber auch erwähnt, dass gerade das Fehlen einer einheitlichen Definition des Begriffs der KI dazu geführt hat, dass sich diese so vielfältig und breit entfaltet hat in Forschung, Theorie und Praxis (Stone et al. 2016). Die Grundlagen der KI wurden in den sechziger Jahren des letzten Jahrhunderts von Informatikpionieren wie John McCarthy, Allen Newell, Herbert Simon, und Marvin Minsky gelegt. Die Algorithmen sind seit mehreren Jahrzehnten bekannt, wurden aber während der sogenannten KI-Eiszeit belächelt und ignoriert. Erst in den letzten fünf bis zehn Jahren, seit hochleistungsfähige Computer in der Lage sind, die immensen Datenmengen, die das Internet zur Verfügung stellt, in Echtzeit zu verarbeiten, sind praktische Anwendungen explodiert. Aufgaben wie natürliche Sprachverarbeitung und Gesichtserkennung können mittlerweile vom Computer viel schneller und besser als von menschlicher Intelligenz ausgeführt werden. KI wird zum einen an Hochschulen beforscht und zum anderen von Technologieunternehmen wie Apple, Google, Microsoft oder Facebook vorangetrieben. Die grossen Technologieunternehmen haben den enormen Vorteil, dass ihnen im Feld, in dem sie tätig sind, aufgrund ihrer Kundinnen und Kunden eine gigantische Datenmenge zur Verfügung steht. Diese kann sowohl merkmalsorientiert als auch individuumsorientiert ausgewertet werden. Im Gegensatz zu Hochschulen, deren Analysen häufig auf Daten von Studierenden basieren, haben die Unternehmen den grossen Vorteil, dass sie auf echte Kundendaten aus den entsprechenden Anwendungsfeldern zurückgreifen können. Analog zu den Universitätsspitälern können die Daten ohne grossen Aufwand gesammelt und ausgewertet werden.

> Mit Blick auf die konkreten Anwendungsbereiche wird im oben erwähnten Bericht zwischen den folgenden Methoden und Anwendungsbereichen von KI unterschieden (Stone et al. 2016):
> - **Large-scale Machine Learning:** Lernalgorithmen sowie Algorithmen, die bereits bestehende Algorithmen integrieren und sehr grosse Datenmengen verarbeiten können.
> - **Deep Learning:** Lernprozeduren, welche die Objekterkennung in Bildern, das Generieren von Untertiteln in Videos und das Erkennen spezifischer Aktivitäten erleichtern und zunehmend auch in andere Bereiche der Wahrnehmung vordringen (z. B. natürliche Sprachverarbeitung).
> - **Reinforcement Learning:** Rahmen dafür, dass der Schwerpunkt des maschinellen Lernens von der Mustererkennung auf sequenzielle und erfahrungsbezogene Entscheidungen im Alltag verlagert wird.
> - **Robotics:** Training von Robotern, die mit der unmittelbaren Welt um sie herum auf generalisierbare und vorhersehbare Weise interagieren, Objekte in interaktiven Umgebungen bewegen und mit Menschen interagieren können.
> - **Computer Vision:** Form der maschinellen Wahrnehmung, die durch den Aufstieg von Deep Learning am

stärksten profitieren konnte, weil Computer dadurch in der Lage sind, visuelle Wahrnehmungsaufgaben besser zu erfüllen als Menschen. Ein Großteil der aktuellen Forschung konzentriert sich auf die automatische Bilderkennung und die Untertitelung von Videos, insbesondere Gesichtserkennung.
- **Natural Language Processing:** Natürliche Sprachverarbeitung, oft in Verbindung mit der automatischen Spracherkennung, mit dem Ziel im Dialog mit Menschen interagieren und dabei nicht nur auf standardisierte Anfragen reagieren zu können.
- **Neuromorphic Computing:** Reihe von Technologien, die darauf abzielen, biologische neuronale Netzwerke nachzuahmen, um die Hardware-Effizienz und Robustheit von Computersystemen zu verbessern und dadurch den Fokus wegbewegen von Input/Output-Prozessen, Datenverarbeitung und Speicherkapazitäten.

12.3.2 KI kann den Menschen (nicht) ersetzen

Am Beispiel des Kundendienstes eines beliebigen Unternehmens als möglichem Einsatzbereich von KI soll nun der Bezug zu den Ausführungen zur Psychologie in ▶ Abschn. 12.2 gemacht werden. Mit Blick auf die Unterscheidung zwischen Merkmals- und Individuumsorientierung kann der Kundendienst, beispielsweise beim Onlineversand, am Bahnschalter oder bei Finanzdienstleistungen als genuin individuumsorientiert bezeichnet werden: Ein Individuum kommt mit einer konkreten Frage oder Herausforderung und sucht Unterstützung. Treffen dabei zwei Menschen aufeinander, so ist (zumindest potenziell) auf beiden Seiten sowohl analytische als auch intuitive Intelligenz im Spiel. Konkret bedeutet das, dass ein Kundendienstmitarbeiter auf Erfahrungswissen zurückgreifen kann, auch wenn die konkrete Fragestellung, die eine Kundin gerade hat, noch nie dagewesen ist. Der Mitarbeiter hat vielleicht eine ähnliche Frage schon einmal bearbeitet und kann die Lösung daraus ableiten oder er weiss, wen er fragen kann, falls er selbst nicht weiterhelfen kann. Im Zuge von Digitalisierung und KI versuchen viele Unternehmen, zumindest einen Teil ihres Kundendienstes zu digitalisieren und mit KI-Elementen anzureichern. Dabei wird ein merkmalsorientierter Fokus verfolgt, weil entweder Kundenanliegen in ähnliche Gruppen (z. B. Produkt, Sprache, Wichtigkeit, …) zusammengefasst werden oder Prozessschritte sequenziell zerstückelt werden. Das kann beispielsweise dazu führen, dass bei einer Kundenanfrage einzelne E-Mails mit einer vorgegebenen Reaktionszeit von z. B. 24 Stunden bearbeitet werden und dabei vom System kein Bezug zum einzelnen Kunden hergestellt wird. Bei einer noch so kleinen aber vielleicht wichtigen Rückfrage auf eine Antwort des Kundendienstes muss ein Kunde abermals eine Wartezeit von 24 Stunden in Kauf nehmen, weil seine E-Mail wieder hinten im System eingespeist wird. Die E-Mails werden in der Folge von unterschiedlichen Mitarbeitenden im Kundendienst beantwortet, was zur Folge hat, dass sich mehrere Mitarbeitende in die Fragestellung des Kunden einarbeiten müssen. Hat man die Möglichkeit, den Kundendienst per Telefon zu erreichen, so ändert sich die Perspektive automatisch wieder hin zur Individuumsorientierung (zumindest, wenn man den automatisierten Telefonassistenten überstanden hat und dabei vom System nicht in eine lange Warteschlaufe umgeleitet wird). Viele Kunden bevorzugen deswegen den Griff zum Telefonhörer, weil sie am Telefon ihr Anliegen anbringen können und als Individuum wahrgenommen werden.

Dieses einfache, aber durchaus aktuelle Beispiel macht deutlich, dass die Digitalisierung und der damit verbundene Wechsel zur Merkmalsorientierung dazu führen können, dass der gesunde Menschenverstand ausgehebelt wird und dass dies weder der Kundenzufriedenheit noch der Effizienz – beides häufig treibende Kräfte einer solchen Entwicklung – zuträglich ist. Dabei stellt sich die Frage, welche Rolle die KI in der soeben skizzierten Kundendienstsituation heute und in Zukunft spielen kann. Es ist sehr wahrscheinlich, dass KI in der geschilderten Situation vieles zu einem optimierten Prozessablauf beitragen kann. Jedoch basiert KI auf Algorithmen, welche wiederum mit konkreten Daten gefüttert werden müssen. Mit Hilfe von KI könnte die Kundendienstsituation unter Einbezug aller bekannter relevanter sowie messbarer Parameter optimiert werden. Im Sinne der PSI-Theorie kann dadurch die analytische Intelligenz perfektioniert werden. Analog zur beschriebenen Intelligenzforschung in der Psychologie dürfte eine KI-optimierte Lösung in Alltagsfragestellungen wie sie die Kundendienstsituation oder auch das autonome Fahren darstellen aufgrund der nicht vollständig bekannten Einflussfaktoren nicht zu einer perfekten Lösung führen. Dies ganz im Gegensatz zu Fragestellungen, wie wir sie beim Schach- oder Go-Spiel vorfinden. Auch wenn die Komplexität bei beiden Spielen enorm hoch ist, so ist die Anzahl der potenziellen Lösungen nicht unendlich. Zudem sind die Einflussfaktoren im Sinne der Regeln vollständig bekannt. Die analytische Intelligenz, durch KI zur Perfektion trainiert, kann dabei den Menschen problemlos übertreffen, wie im Falle der von Google DeepMind entwickelten Software AlphaGo.

Komplexe Alltagsfragestellungen, und seien diese für uns Menschen auch noch so einfach, wie das Unterscheiden eines Hundes von einer Katze auf einem Bild, stellen für die KI eine grosse Herausforderung dar, die aber mittlerweile konzeptionell gelöst ist. Wenn man von der Existenz einer intuitiven Intelligenz im Sinne der PSI-Theorie ausgeht, so kann man zum Schluss kommen, dass KI komplexe Alltagsentscheidungen zwar massgeblich unterstützen, sie aber (vorläufig noch) keine menschlichen Züge annehmen kann und den Menschen nicht zu ersetzen vermag. Insbesondere im Bereich der emotionellen Intelligenz weist die KI noch grosse Lücken auf. Praktisch alle Alltagsfragestellungen, wie beispielsweise auch das autonome Fahren, würden bedingen, dass es die KI schafft, auf komplexe und unvorhergesehene Situationen zu reagieren, was heute noch nicht möglich ist. Dazu gehört auch, dass ein Fahrzeug entscheiden kann, wie es in einer noch nie vorher dagewesenen (Gefahren-)Situation reagieren soll. Auch wenn dabei bisweilen auch der Mensch überfordert ist, würde ein Wechsel in Richtung KI bedingen, dass neben den technischen auch die politischen, gesellschaftlichen und rechtlichen Aspekte geklärt sind.

Die Schlussfolgerung, dass KI im Bereich der intuitiven Intelligenz noch nicht mit dem Menschen mithalten kann, stellt eine subjektive Perspektive dar. Es ist sehr gut denkbar, dass jemand an der Stelle zu einem anderen Schluss kommt und davon ausgeht, dass KI auch die intuitive Intelligenz abdecken kann, dass es also nur eine Frage der Zeit ist, bis die KI auch alles Menschenmögliche kann. So ist es allenfalls eine philosophische, rechtliche, politische oder gar ökonomische Frage, ob und wann KI Aufgaben des Menschen komplett übernehmen kann. Unabhängig davon, ob man glaubt, dass KI in Zukunft Mensch sein kann oder nicht: Sinnvoll erscheint der Ansatz, den Fokus darauf zu richten, wie KI und Mensch optimal miteinander interagieren und zusammenarbeiten können (siehe dazu auch McAfee und Brynjolfsson 2017).

In naher Zukunft wird sich für jeden beliebigen Beruf und für jede beliebige Aufgabe einer beruflichen Funktion die Frage stellen, inwiefern KI einzelne Aufgaben, ganze Aufgabenkomplexe oder gar die gesamten Aufgaben eines Berufes übernehmen kann (siehe Frey und Osborne 2017; IAB 2019; Süddeutsche.de 2019). Mit Blick auf die Beratungspraxis kann davon ausgegangen werden, dass verschiedene Prozessschritte, wie beispielsweise die Durchführung und Interpretation von quantitativen Diagnostikinstrumenten, relativ einfach digitalisiert und mit Hilfe von KI automatisiert werden können. Dennoch kann wahrscheinlich in der

Beratungssituation auch künftig nicht auf den Menschen verzichtet werden und es bedarf einer geschickten Interaktion zwischen Computer und Mensch. Geschickt bedeutet im Fall der Beratung, dass die Vorteile von KI zwar genutzt werden, dass dabei aber die Einschränkungen der Möglichkeiten von KI berücksichtigt werden.

> **Eye Catcher**
>
> Ein sorgfältiger Umgang ist insbesondere deswegen wichtig, weil KI unabhängig davon, ob sie „richtige" Ergebnisse produziert, eigene Realitäten und vermeintliche Fakten schafft. Da wir unser Selbst auch über aktuelle Erfahrungen und Rückmeldungen aus der unmittelbaren Umwelt konstruieren (z. B. über KI-gesteuerte Musik-, Restaurant- oder Buchvorschläge), hat KI einen grossen Einfluss auf unser Verhalten und Erleben, genauso, wie wenn wir einen Tipp von einer uns vertrauten Person erhalten. Zu den Fakten schaffenden Systemen sind auch die zahlreich zur Verfügung stehenden Ratingsysteme (z. B. Google Maps, Tripadvisor, …) zu zählen.

12.4 Einfluss der KI auf die Arbeitswelt – Unterschiedliche Disziplinen mit unterschiedlichen Perspektiven

Unsere Arbeit wird sich aufgrund der Entwicklungen in der Arbeitswelt, die stark durch KI getrieben werden, verändern. Daraus resultieren – wie immer bei Veränderung und Entwicklung – Chancen und Herausforderungen. So wird es Arbeitnehmende geben, die ihre Stelle verlieren und solche, die aufgrund der Entwicklungen eine spannende neue Herausforderung finden werden. Im politischen und gesellschaftlichen Diskurs prallen Stimmen unterschiedlicher Disziplinen und Perspektiven aufeinander. Technische Disziplinen sehen in der KI tendenziell eine grosse Chance und Möglichkeit, Innovation und Weiterentwicklung betreiben zu können. Datenschützerinnen sehen in den Entwicklungen rund um KI eine potenzielle Gefahr des Missbrauchs des Persönlichkeitsschutzes. Eine volkswirtschaftliche Betrachtung fokussiert auf den Strukturwandel sowie die Gesamtwirtschaft. Strukturwandel geht in einigen Branchen mit Stellenabbau einher. Dafür führt er in anderen Branchen zu neuen Arbeitsplätzen. In der Gesamtbetrachtung wird der Strukturwandel nicht primär als Bedrohung wahrgenommen. Diese Perspektive übernimmt auch der Schweizer Bundesrat im Bericht über die Auswirkungen der Digitalisierung auf Beschäftigung und Arbeitsbedingungen in der Schweiz (Schweizerische Eidgenossenschaft 2017). Die Psychologie richtet den Blick auf das Individuum und fokussiert in der Tendenz eher auf die Herausforderungen, die im Zusammenhang mit KI auf uns zukommen werden. So beispielsweise der drohende Stellenverlust von Arbeitnehmenden, deren Tätigkeiten künftig von Robotern übernommen werden. Aber auch die Gefahr der Entgrenzung der Arbeit, welche mit der Möglichkeit des ständig Online-Seins verbunden ist. Natürlich werden auch in der Psychologie die Chancen gesehen, welche mit der Anwendung der KI verbunden sind. So kann diese helfen, einzelne Arbeitsschritte zu erleichtern und das Arbeiten so angenehmer machen, beispielsweise in der Logistik, aber auch bei der Rekrutierung und Entwicklung von Mitarbeitenden.

Inter- oder transdisziplinäres Arbeiten ist dadurch gar nicht so einfach, zumal es zuerst einmal darum geht, die Perspektive der anderen Disziplin zu verstehen zu versuchen. Im folgenden abschliessenden Kapitel wird ein konkretes Praxisprojekt vorgestellt, welches KI und Psychologie zu integrieren versucht. Das Projekt ist im praktischen Kontext der Beratung anzusiedeln und integriert KI in den Bereichen Emotionserkennung und Sprachanalyse (Deep Learning, Computer Vision und Natural Language Processing).

12.5 KI und Psychologie – ein konkretes exploratives Beispiel im Bereich der Beratungspsychologie

Auf der Plattform Laufbahndiagnostik (ZHAW/IAP 2019) werden verschiedene quantitative Fragebogen und qualitative Arbeitsmittel kostenlos zur Verfügung gestellt. Die Instrumente werden im Beratungskontext, insbesondere in der Berufs-, Studien- und Laufbahnberatung, aber auch im Coaching eingesetzt. Deren praktische Anwendung ist individuumsorientiert – es geht um die Unterstützung der Individuen in ihrer Fragestellung (▶ Abschn. 12.2.2). Die kontinuierliche Weiterentwicklung der quantitativen Fragebogen geschieht auf der Plattform analog zur Tradition der psychologischen Forschung merkmalsorientiert. Objektivität, Reliabilität, Validität und Skalierbarkeit stehen dabei im Vordergrund.

Bei den qualitativ ausgerichteten Arbeitsmitteln soll ein neuer Ansatz verfolgt werden. Übergeordnetes Ziel ist es, Aspekte der Individuums- mit Aspekten der Merkmalsorientierung zu verbinden. Ausgangspunkt soll aber das Individuum und dessen subjektive Perspektive sein. Die qualitativen Arbeitsmittel sollen Individuen dabei unterstützen, die für sie persönlich relevanten Parameter zu identifizieren und diese zu einem stimmigen „Selbst"-Bild zusammenzufügen. Dabei spielen subjektive Konstruktionen eine zentrale Rolle und potenziell sollen alle vier kognitiven Systeme der PSI-Theorie und insbesondere die analytische und intuitive Intelligenz einbezogen werden (▶ Abschn. 12.2.1).

Konkret etablieren wir ein Setting, in welchem wir das Arbeitsmittel der Ressourcenbilder (Schreiber 2020; ZHAW/IAP 2019) mit KI-Elementen ergänzen. Die Ressourcenbilder bestehen aus 80 Bildern, welche dahingehend eingeschätzt werden, ob sie die Versuchspersonen ansprechen oder nicht (siehe ◘ Abb. 12.2).

In der Folge können alle Bilder, die als ansprechend markiert wurden, individuell kategorisiert und zuletzt ein Bild als Favorit ausgewählt werden. Das ausgewählte Bild wird sodann als Ausgangslage für weitere Reflexionen verwendet. In einem ersten Schritt wird eine Geschichte zum gewählten Bild

◘ Abb. 12.2 Beispiel Ressourcenbild Plattform Laufbahndiagnostik

verfasst. Die Einleitung wurde übernommen vom Thematischen Apperzeptionstest (Murray 1943):

> **Einleitung Verfassen einer Geschichte**
> Bitte versuchen Sie jetzt, eine Geschichte darüber zu erfinden, was in diesem Bild gerade vorgeht und was vorher geschehen ist. Versuchen Sie eine abgeschlossene Geschichte zu erzählen, die einen Anfang, ein Mittelstück, und ein Ende hat. Es gibt keine „richtigen" oder „falschen" Geschichten. Schreiben Sie also die Geschichte darüber, was Ihnen als erstes in den Sinn kommt. Rechtschreibung und Grammatik sind völlig unwichtig. Es ist dagegen wichtig, dass Sie sich vorzustellen versuchen, was in diesem Bild vorgeht, und darüber eine Geschichte schreiben.
> Die folgenden Fragen sollen Ihnen beim Schreiben der Geschichte helfen:
> Was passiert gerade?
> Was passierte vorher?
> Was wird als nächstes passieren?
> Schauen Sie sich das Bild für einen kurzen Moment an (ca. 15–20 Sekunden). Sie sollten für die Geschichte nicht mehr als 10 Minuten Zeit brauchen.

Im nächsten Schritt werden die folgenden vier Reflexionsfragen für das favorisierte Bild beantwortet:
- Was kommt Ihnen spontan in den Sinn beim Betrachten Ihres Ressourcenbildes? Bitte halten Sie die spontanen Gedanken fest.
- Welche Emotionen und Gefühle löst das Bild bei Ihnen aus? Bitte halten Sie diese ebenfalls fest.
- Was in diesem Bild gibt Ihnen Kraft? Welche Ressourcen erkennen Sie darin? (Positive innere Bilder, Werte, Kompetenzen, Erfahrungen etc.)
- Wie können Sie diese Ressourcen aktuell für sich nutzen?

Die kurze Erläuterung des qualitativen Arbeitsmittels der Ressourcenbilder macht deutlich, dass verschiedene quantitative und qualitative Daten gesammelt werden. Diese werden in der Praxis im konstruktivistisch ausgerichteten Beratungsprozess gemeinsam mit der Klientin interpretiert. Dabei kann mit dem gewählten Bild ein berufliches Ziel verankert oder darin enthaltene Motive verdeutlicht werden. Dasselbe gilt für die Geschichte, welche jemand verfasst hat: Im Beratungsprozess können daraus relevante Bedürfnisse, Werte oder Motive und Interessen erschlossen werden, wobei eine Beratungsperson nicht zur Expertin der Klientin wird. Sie unterstützt diese als Prozessbegleiterin dabei, aus dem gewählten Bild oder der verfassten Geschichte die Aspekte zu identifizieren, die für ihre (berufliche) Identität von Relevanz sind (Schreiber 2020). Geschichten und Bilder eignen sich für diesen Prozess, weil sie anregen, Aspekte des nicht immer über die Sprache erfassbaren Extensionsgedächtnisses (Selbst) im Sinne der PSI-Theorie zu explizieren.

Hier knüpft die KI an, indem parallel zum beschriebenen Prozess des Bearbeitens der Ressourcenbilder die Kamera aktiviert werden kann und die Klienten, welche dafür explizit ihre Zustimmung geben, aufgenommen werden (siehe ◘ Abb. 12.3). Die Videoaufnahme liefert die Grundlage, mit Hilfe von KI die im Gesicht zum Ausdruck kommenden Emotionen zu identifizieren. Neben der Betrachtung der verschiedenen Bilder und der expliziten Angabe, ob ein Bild einen Klienten anspricht oder nicht, werden aufgrund der KI Informationen zu den damit verbundenen Emotionen zur Verfügung stehen. Dasselbe gilt für den qualitativen Reflexionsprozess, in welchem die Klienten die Geschichte zum favorisierten Bild verfassen. Wir können so analysieren, ob die durch KI identifizierten Emotionen kongruent sind mit den expliziten Angaben der Klienten: Gehen Bilder, die eine Person ansprechen, mit mehr positiven Emotionen einher? Gibt es allenfalls Unterschiede zwischen den in den verfassten Geschichten genannten Emotionen und denjenigen, wel-

○ Abb. 12.3 Beispielbild Emotionserkennung Peter A. Gloor

che durch den Emotionserkennungsalgorithmus identifiziert werden?

Neben der Emotionserkennung werden wir die von den Klienten verfassen Texte auch mit Hilfe einer KI-basierten Sprachanalyse untersuchen und dadurch analysieren können, inwiefern der Algorithmus, welcher den Text analysiert und der Algorithmus, welcher den Gesichtsausdruck interpretiert zu denselben oder unterschiedlichen Ergebnissen gelangen.

Der Ansatz hat zum Ziel, zu explorieren, inwiefern KI qualitative psychologische Masse wie Videoaufnahmen und geschriebenen Text auszuwerten vermag und inwiefern die Erkenntnisse in den Beratungsprozess einbezogen werden können. Sollte es mit Hilfe von KI „per Knopfdruck" möglich sein, grosse Mengen an qualitativ strukturierten Daten auszuwerten, so kann KI dazu beitragen, dass in der Psychologie in Zukunft vermehrt ein individuumsorientierter Ansatz verfolgt und dass dieser mit der traditionell merkmalsorientierten Herangehensweise kombiniert werden kann.

12.6 Fazit und Ausblick

Im vorliegenden Kapitel wird die KI in Bezug zur Psychologie gesetzt. Dabei wird zum einen die PSI-Theorie (Kuhl 2001), welche zwischen der analytischen und der intuitiven Intelligenz unterscheidet, als Grundlage genommen. Zum anderen wird auf die Unterscheidung zwischen Merkmals- und Individuumsorientierung in der psychologischen Forschung eingegangen (Stern 1911).

Als zentrales Fazit kann festgehalten werden, dass die persönlichkeitspsychologische Forschung über weite Strecken quantitativ ausgerichtet ist und Merkmale beforscht, während die angewandte Psychologie wie beispielsweise in der Personalentwicklung oder in den zahlreichen Beratungskontexten auf das Individuum fokussiert und deswegen auf individuumsorientierte Erkenntnisse angewiesen ist. Es wird eine neue Praxis- und Forschungsagenda postuliert, welche den Fokus auch auf individuumsorientierte Erkenntnisse legt. Aus diesem Grund sollte der Praxis als Feld der Erkenntnisgewinnung wieder viel mehr Beachtung geschenkt werden. Dazu gehört, dass das Erfahrungswissen der Praktikerinnen explizit in qualitative und quantitative Versuchsanordnungen einbezogen und dass vermehrt qualitativ ausgerichtet Forschung in konkreten Anwendungssituationen durchgeführt werden. Im Rahmen der quantitativen Forschung kann der Fokus beispielsweise auf die Experience Sampling Methode (ESM) gelegt werden.

Eine neue Praxis- und Forschungsagenda kann zusätzlich die KI einbeziehen. Insbesondere bei der qualitativen Auswertung von Text- oder Bildmaterial kann KI dazu beitragen, enorme Datenmengen auszuwerten und dabei sowohl den Beratungsprozess (Praxis) als auch die Forschung zu unterstützen. Dazu ist aber noch viel Arbeit nötig. Mit dem im vorliegenden Kapitel skizzierten explorativen Projekt möchten wir neue Erkenntnisse gewinnen und herausfinden, ob und inwiefern KI im Kontext der Psychologie sinnvoll genutzt werden kann.

Persönliche Botschaft des Autors

Abb. 12.4 Persönliche Worte Marc Schreiber

Abb. 12.5 Persönliche Worte Peter Gloor

Literatur

Aliyu AA, Bello MU, Kasim R, Martin D (2014) Positivist and non-positivist paradigm in social science research: conflicting paradigms or perfect partners? J Manage Sustain 4(3):79–95. https://doi.org/10.5539/jms.v4n3p79

Amelang M (2004) 100 Jahre Psychologie: Differenzielle Psychologie, Persönlichkeitspsychologie und Psychologische Diagnostik. Z Differentielle Diagnostische Psychol 25(4):265–276. https://doi.org/10.1024/0170-1789.25.4.265

Asendorpf JB (2015) Persönlichkeitspsychologie für Bachelor. Springer, Berlin/Heidelberg

Bühner M, Ziegler M (2017) Statistik für Psychologen und Sozialwissenschaftler, 2. Aufl. Pearson, Hallbergmoos

Cervone D, Little BR (2019) Personality architecture and dynamics: the new agenda and what's new about it. Personal Individ Differ 136:12–23. https://doi.org/10.1016/j.paid.2017.07.001

Conner TS, Tennen H, Fleeson W, Barrett LF (2009) Experience sampling methods: a modern idiographic approach to personality research. Soc Personal Psychol Compass 3:292–313. https://doi.org/10.1111/j.1751-9004.2009.00170.x

Csikszentmihalyi M, LeFevre J (1989) Optimal experience in work and leisure. J Pers Soc Psychol 56(5):815–822. https://doi.org/10.1037/0022-3514.56.5.815

Dweck CS (2017) From needs to goals and representations: foundations for a unified theory of motivation, personality, and development. Psychol Rev 124(6):689–719. https://doi.org/10.1037/rev0000082

Fleeson W, Jayawickreme E (2015) Whole trait theory. J Res Pers 54:82–92. https://doi.org/10.1016/j.jrp.2014.10.009

Frey CB, Osborne MA (2017) The future of employment: how susceptible are jobs to computerisation? Technol Forecast Soc Chang 114:254–280. https://doi.org/10.1016/j.techfore.2016.08.019

Gergen KJ (2001) Psychological science in a postmodern context. Am Psychol 56(10):803–813. https://doi.org/10.1037/0003-066X.56.10.803

IAB (2019) Job-Futuromat. Institut für Arbeitsmarkt- und Berufsforschung (IAB) der Bundesagentur für Arbeit. https://job-futuromat.iab.de/. Zugegriffen am 21.07.2019

Jayawickreme E, Zachry CE, Fleeson W (2019) Whole trait theory: an integrative approach to examining personality structure and process. Personal Individ Differ 136:2–11. https://doi.org/10.1016/j.paid.2018.06.045

Kahneman D (2011) Thinking, fast and slow. Farrar, Straus and Giroux, New York

Kramer J (2009) Allgemeine Intelligenz und Beruflicher Erfolg in Deutschland Vertiefende und Weiterführende Metaanalysen. Psychol Rundsch 60(2):82–98. https://doi.org/10.1026/0033-3042.60.2.82

Kuhl J (2001) Motivation und Persönlichkeit. Hogrefe, Göttingen

Kuhl J (2005) Eine neue Persönlichkeitstheorie. Retrieved January 2, 2019, from Web Page Julius Kuhl website: https://www.psi-theorie.com/app/download/11284415293/EineneuePersönlichkeitstheoriePSI-Theorie-lightJuliusKuhl-1.pdf?t=1540137188. Zugegriffen am 21.07.2019

Kuhl J (2010) Lehrbuch der Persönlichkeitspsychologie. Hogrefe, Göttingen

Kuhl J (2018) Individual differences in self-regulation. In: Heckhausen J, Heckhausen H (Hrsg) Motivation and action, 3. Aufl. Springer, Cham, S 529–577

Kuhl J, Strehlau A (2014) Handlungspsychologische Grundlagen des Coaching. Anwendung der Theorie der Persönlichkeits-System-Interaktionen (PSI). Springer VS, Wiesbaden

McAdams DP (1996) Personality, modernity, and the storied self: a contemporary framework for studying persons. Psychol Inq 7(4):295–321. https://doi.org/10.1163/004249310X12577537066873

McAfee A, Brynjolfsson E (2017) Machine, platform, crowd: Harnessing our digital future. W. W. Norton, New York

McGilchrist I (2009) The master and his emissary: the divided brain and the making of the western world. Yale University Press, New Haven and London

McMahon M, Watson M (2007) An analytical framework for career research in the post-modern era. Int J Educ Vocat Guid 7:169–179. https://doi.org/10.1007/s10775-007-9126-4

McMahon M, Watson M (Hrsg) (2015) Career assessment: qualitative approaches. Sense Publishers, Rotterdam/Boston/Taipei

Murray HA (1943) Thematic appercetion test manual. Harvard University Press, Cambridge, MA

Nilsson NJ (2010) The quest for Artificial Intelligence. a history of ideas and achievements. Cambridge University Press, New York. https://doi.org/10.1017/CBO9780511819346

Schmidt FL, Hunter J (2004) General mental ability in the world of work: occupational attainment and job performance. J Pers Soc Psychol 86(1):162–173. https://doi.org/10.1037/0022-3514.86.1.162

Schreiber M (2020) Wegweiser im Lebenslauf. Kohlhammer, Stuttgart

Schreiber M, Gschwend A, Iller M-LS (2018) The vocational ID – connecting life design counselling and personality systems interaction theory. Br J Guid Couns 0(0):1–14. https://doi.org/10.1080/03069885.2018.1538495

Schweizerische Eidgenossenschaft (2017) Auswirkungen der Digitalisierung auf Beschäftigung und Arbeitsbedingungen – Chancen und Risiken (Bundesrat).

Schweizerische Eidgenossenschaft website. https://www.newsd.admin.ch/newsd/message/attachments/50248.pdf. Zugegriffen am 21.07.2019

Sheldon KM, Prentice M (2019) Self-determination theory as a foundation for personality researchers. J Pers 87(1):5–14. https://doi.org/10.1111/jopy.12360

Stern W (1911) Die Differentielle Psychologie in ihren methodischen Grundlagen. Verlag von Johann Ambrosius Barth, Leipzig

Stern E, Neubauer A (2016) Intelligenz: Kein Mythos, sondern Realität. Psychol Rundsch 67(1):1–13. https://doi.org/10.1026/0033-3042/a000290

Stone P, Brooks R, Brynjolfsson E, Calo R, Etzioni O, Hager G et al (2016) Artificial Intelligence and life in 2030. In: One hundred year study on artificial intelligence: report of the 2015–2016 study panel. Stanford University, Stanford. https://ai100.stanford.edu. Zugegriffen am 21.07.2019

Süddeutsche.de (2019) Wie wahrscheinlich ist es, dass ich durch einen Computer ersetzt werde? Süddeutsche Zeitung. http://gfx.sueddeutsche.de/pages/automatisierung/. Zugegriffen am 21.07.2019

Young RA, Collin A (2004) Introduction: constructivism and social constructionism in the career field. J Vocat Behav 64(3):373–388. https://doi.org/10.1016/j.jvb.2003.12.005

ZHAW/IAP (2019) Plattform Laufbahndiagnostik. https://laufbahndiagnostik.ch. Zugegriffen am 21.07.2019

Erratum zu: Psychologie und künstliche Intelligenz (KI) – Parallelen, Chancen, Herausforderungen und ein Blick in die nahe Zukunft

Marc Schreiber und Peter A. Gloor

Erratum zu:
Marc Schreiber & Peter A. Gloor (Authors), Psychologie und künstliche Intelligenz (KI) – Parallelen, Chancen, Herausforderungen und ein Blick in die nahe Zukunft
▶ https://doi.org/10.1007/978-3-662-60465-6

Leider ist in diesem Beitrag ein Fehler enthalten. Der korrekte Satz in Abschn. 12.2.1 im 5. Absatz lautet: Auch hier wird die Parallele zur PSI-Theorie deutlich: System 1 entspricht der rechten Hemisphäre und System 2 der linken.

Die aktualisierte Originalversion des Kapitels finden Sie unter:
▶ https://doi.org/10.1007/978-3-662-60465-6_12

© Springer-Verlag GmbH Deutschland, ein Teil von Springer Nature 2022
C. Negri, D. Eberhardt (Hrsg.), *Angewandte Psychologie in der Arbeitswelt*, Der Mensch im Unternehmen: Impulse für Fach- und Führungskräfte, https://doi.org/10.1007/978-3-662-60465-6_13

Serviceteil

Stichwortverzeichnis – 183

Stichwortverzeichnis

A

Agilität 140
Allparteilichkeit 33
Anamnese 59
Anforderungsklärung 114
Anpassung 30
– von Softwareprogrammen 99
Arbeiten, fachübergreifendes 151
Arbeitsmarktfähigkeit 144
Arbeits- und Organisationsform, agile 141
Aufgaben
– der/des Nachfolger/in in der Familie 127
– des/der übergebenden Unternehmer/in 127
Ausbildung, agilere 156
Autopoiese 35

B

Beförderung 114
Being agile 140
Beraterperson 31
Beratungssystem, gemeinsames 28
Business-Blueprint-Methode 9

C

Change-Landkarte 13
Coffee Talk 12

D

Debriefing 60
Desensibilisierung 60
Diagnostik 111
Dialogplattform 17
Dienstleistungsverständnis 98
Digitalisierung 144, 149
Doing agile 140
Dokument 100
Drama-Dreieck 33

E

Ebene, psychosoziale 26
Eignung 111
Einzel-Assessment 110
Entwicklung 111
– des IAP 89
Entwicklungspotenzial 119
Entwicklungsstrategie 27
Ermöglicher 26

F

Familiendynamik 122, 123
Familienunternehmen 122
Fertigkeitstraining 59
Fokus, langfristiger 124
Frage, systemische 34
Führung 139, 143
– agile 138
– Vielfalt der 93
– von Vielfalt 94
Führungsanforderung 110
Führungsfähigkeit 110
Führungskompetenz 112
Führungskräfte-Portfolio 16
Führungsmotivation 118
Führungsqualität 110
Führungs-Retreat 10
Führungsrolle 139
Führungssituation 140
Führungsstil 112

G

Gedankenstopp 63
Generation 143
– Y 156
Generationswechsel 92
Geschäftsfeld, strategisches 94
Geschichten 37
Glaubenssätze 34
Grundlagentraining 58
Grundzüge der Psychotechnik 89
Gruppenwirksamkeitsüberzeugung 60, 62

H

Hierarchie 139
Hilfsmittel 100
HR-Businesspartner 9
Human Ressources Management (HRM) 144

I

IAP-Strategie 95
Identität 35
IDEO 14
Initiator 26
Intersubjektivität 32
Intervention, sportpsychologische 58

K

Klima der Anpassung 30
Kommentar, eingebetteter 32
Komplementärberatung 58
Konfliktpotenzial 124
Konstruktivismus 33
Konstrukt; kognitives 33
Kreismodell 157
Krisenintervention 59
Krisenmanagement 107
Kultur 29, 30, 143
– traditionsbewusste 92
Kundennähe 139

L

Länderverantwortliche 103
Landkarten, innere 35
Leadership 117
Leistungsauftrag, vierfacher 91
Leistungsvermögen, optimales 63
Leistungsziel 60
Lernen, lebenslanges 144
Lessons learned 130, 135
Levels of Change 13

M

Management-Diagnostik 111
Medienlandschaft 149
Metaebene 48
Methoden 46
- psychoregulative 61
Monitoringteam 15
Multimedialität 150

N

Nachfolgeprozess, erfolgreicher 122
Nachfolgeregelung
- familienexterne 132
- familieninterne 127
- Grundsätze für eine erfolgreiche 125
Nachfolger/in in der Familie, Aufgaben der/des 127
Narzissmus 116
Neuorganisation 96

O

Organisation 29
- fragmentierte 90
Organisationsentwicklungsansatz, systemischer 26
Organisationsform, agile 142
Organisationskultur 45

P

Partner-Workshop 11
Persönlichkeitsentwicklung 64
Perspektive 38
Polarität 37
Position, eigene 35
Praxistransfer 97
Prozess 100
- diagnostischer 110
- ergebnisoffener interaktiver 26
Prozessgestaltung 94

Prozessziel 60
Psychoregulation 61
Psychotechnik 89

R

Rahmen 30
Rangziel 60
Reflecting Team 11
Reflexionsfähigkeit 140
Risiko Management 118

S

Schwächen 118
Selbstkompetenz 143
Selbstkontrolle 28
Selbstoptimierungsprozess 31
Selbstorganisation 30
Selbststeuerung 28
Selbstverantwortung 157
Skalierungsfragen 35
Stabsbereich Administration, Prozesse und Systeme 91
Stabsstelle strategische Marktbearbeitung 91
Stärken 118
Standard, berufspolitischer 102
Strategie 29
Strategieprozess 93
Struktur 29
Strukturprozess 93
Superuser 152
System, soziales 29

T

Team 57, 139
Teamentwicklung 44
Teamzielsetzung 60
Transformation, digitale 138
Transformationsprozess 140
Trimedialität 150

U

U-Funktion, umgekehrte 62
Unternehmenskultur 144
Unternehmer/in, Aufgaben des/der übergebenden 127
Unternehmerpersönlichkeit 123

V

Veränderungsprozess 139
Veränderungsrahmen 30
Verantwortung 28
- Übernahme von 28
Vereinheitlichung administrativer Prozesse und Hilfsmittel 99
Vertragsdreieck 36
Vertrauen 107, 139
- in die eigenen Mitarbeitenden 108
Vielfalt
- als Ressource 98
- der Führung 93, 103
- der Leitungsaufgaben 94
- der Personalführung 101
Vorgehensweise, partizipative 28

W

Wandel
- evolutionärer 27
- Initiator und Ermöglicher von 26
Weiterbildungsverständnis 98
Work anywhere 143
Wunderfrage 36, 38

Z

Zielsetzung, duale 27
Zurückhaltung 30
Zusammenarbeit 139
- aller Führungspersonen 94
Zusammenarbeitsform 143
Zustand des optimalen Leistungsvermögens 63

The manufacturer's authorised representative in the EU is Springer Nature Customer Service Centre GmbH, Europaplatz 3, 69115 Heidelberg, Germany. If you have any concerns regarding our products, please contact ProductSafety@springernature.com

Printed and bound by CPI Group (UK) Ltd, Croydon, CR0 4YY

25/03/2026

02078224-0005